15 pasos
para la selección
de personal
con éxito

Paidós Empresa

Últimos títulos publicados:

7. K. Albrecht - *Servicio al cliente interno*
8. A. Bartoli - *Comunicación y organización*
9. M. T. Brown - *La ética de la empresa*
10. B. Reddin - *La organización orientada al resultado*
11. E. G. Flamholtz e Y. Randle - *El juego interno del management*
12. J. H. Donnelly - *Cómo conquistar al cliente*
13. E. De Bono - *Seis pares de zapatos para la acción*14. C. Altschul y E. Fernández - *Todos ganan*
15. A. F. Acland - *Cómo utilizar la mediación para resolver conflictos en las organizaciones*
16. S. R. Covey - *Los 7 hábitos de la gente altamente efectiva*
17. L. Leritz - *Negociación infalible*
18. C. Manz y H. P. Sims - *Superliderazgo*
19. J. Wareham - *Anatomía de un gran ejecutivo*
20. M. Bazerman y M. Neale - *La negociación racional*
21. E. De Bono - *Más allá de la competencia*
22. S. R. Covey - *El liderazgo centrado en principios*
23. E. De Bono - *La revolución positiva*
24. B. Fromm - *Los diez mandamientos de los negocios y cómo quebrantarlos*
25. P. L. Townsend y J. E. Gebhardt - *Calidad en acción*
26. R. McKenna - *Marketing de relaciones*
27. B. y C. Holton - *Curso breve para gerentes*
28. E. De Bono - *El pensamiento creativo*
29. C. Burton y N. Michael - *Guía práctica para la gestión por proyecto*
30. K. Albrecht - *Todo el poder al cliente*
31. G. de Sainte-Marie - *Dirigir una PYME*
32. S. R. Covey y otros - *Primero, lo primero*
33. S. R. Covey - *Meditaciones diarias para la gente altamente efectiva*
34. J. C. Collins y J. I. Porras - *Empresas que perduran*
35. M. E. Douglass y D. N. Douglass - *El management del tiempo en el trabajo en equipo*
36. J. W. Jones - *Management de alta velocidad*
37. J. Whitmore - *Entrenando para el desempeño empresarial*
38. A. Semprini - *El marketing de la marca*
39. F. Pacetta y R. Gittines - *No los despida, motívelos*
40. V. A. Howard y J. H. Barton - *Pensemos juntos*
41. A. de Ansorena - *15 pasos para la selección de personal con éxito*
42. R. M. Tomasko - *Repensar la empresa*
43. T. M. Siebel y M. S. Malone - *La venta virtual*
44. K. Albrecht - *La misión de la empresa*
45. M. E. Gerber - *El mito del emprendedor*
46. B. Harrison - *La empresa que viene*
47. B. Tracy - *Estrategias eficaces de ventas*
48. T. y J. Hope - *Transformando la cuenta de resultados*
49. R. Benfari - *Cambiando el estilo de gestión*
50. S. Campbell - *Del caos a la confianza*
51. J. Slywotzky - *La migración del valor de la empresa*
52. The Hay Group - *Personal, rendimiento y sueldo*
53. A. Brooking - *El capital intelectual*
54. J. Musgrave y M. Anniss - *La dinámica de las relaciones personales*
55. J. James - *Pensando en el tiempo futuro*
56. R. Tomasko - *En busca del crecimiento*
57. M. H. Meyer y A. P. Lehnerd - *El poder de las plataformas de productos*
58. S. Ghoshal y C. A. Bartlett - *El nuevo papel de la iniciativa individual en la empresa*
61. I. Morrison - *La segunda curva*
62. L. K. Geller - *¡Respuestas!*
63. F. Cairncross - *La muerte de la distancia*
64. R. Moss Kanter - *Las nuevas fronteras del management*
65. S. R. Covey y otros - *Primero, lo primero. Reflexiones diarias*

Álvaro de Ansorena Cao

15 pasos para la selección de personal con éxito
Método e instrumentos

Cubierta de Gustavo Macri

Quedan rigurosamente prohibidas, sin la autorización escrita de los titulares del
«Copyright», bajo las sanciones establecidas en las leyes, la reproducción total o
parcial de esta obra por cualquier método o procedimiento, comprendidos la
reprografía y el tratamiento informático, y la distribución de ejemplares de ella
mediante alquiler o préstamo públicos.

© 1996 de todas las ediciones en castellano,
   Ediciones Paidós Ibérica, S. A.,
   Mariano Cubí, 92 - 08021 Barcelona
   y Editorial Paidós, SAICF,
   Defensa, 599 - Buenos Aires
   http://www.paidos.com

ISBN: 84-493-245-5
Depósito legal: B-4.434/1999

Impreso en Hurope, S.L.,
Lima, 3 bis - 08030 Barcelona

Impreso en España - Printed in Spain

Índice

Prólogo 9
Nota previa 15
Introducción y aspectos generales 19

Parte Primera
ANÁLISIS DE PUESTOS DE TRABAJO Y DEFINICIÓN DE REQUERIMIENTOS

Paso 1. Descripción del puesto y recogida de información 49
Paso 2. Análisis de las áreas de resultados 51
Paso 3. Análisis de las situaciones críticas para el éxito en el puesto de trabajo   53
Paso 4. Análisis de los requerimientos objetivos para el desempeño del puesto de trabajo 57
Paso 5. Análisis de los requerimientos del entorno social del puesto de trabajo . 74
Paso 6. Análisis de las competencias conductuales requeridas para el desempeño eficaz del puesto de trabajo 76
Paso 7. Definición del perfil motivacional idóneo para el puesto de trabajo 88

Parte Segunda
EXPLORACIÓN EN LA EVALUACIÓN DE CANDIDATOS

Introducción al método situacional de evaluación de los candidatos de selección 95
Paso 8. Selección de *curricula vitae* 105
Paso 9. Planteamiento y desarrollo de la entrevista de exploración inicial "focalizada" 106
Paso 10. Información mínima que se deriva de la entrevista inicial focalizada... 116

Paso 11. Aplicación de pruebas psicológicas individuales y grupales 120
Paso 12. Aplicación de pruebas de conocimientos técnicos y pruebas situacionales 122
Paso 13. Entrevistas avanzadas y en profundidad 136

Parte Tercera
INFORME DE EVALUACIÓN Y
PREPARACIÓN DE LA CANDIDATURA FINAL

Paso 14. Preparación de la candidatura final 151
Paso 15. Redacción del informe final sobre los candidatos y el proceso 153

ANEXOS

I. Ejemplo de tabla de requerimientos básicos u objetivos del puesto de trabajo analizado 165
II. Descripción de competencias conductuales 169
III. Conductas específicas que definen los criterios de competencias conductuales 195
IV. Ejemplos de grados de requerimiento de algunas competencias conductuales 217
V. Ejemplos de aspectos a considerar en la entrevista inicial "focalizada" 235
VI. Ejemplos de preguntas para suscitar "*flash-backs*" en la entrevista inicial "focalizada" 241

Bibliografía 249

Dedicatoria

A cuantos colaboradores, clientes, colegas, alumnos y amigos han apoyado de una u otra manera la elaboración y la edición de estas páginas y, muy especialmente, a los varios miles de candidatos de nuestros procesos de selección, de quienes hemos aprendido, día a día, a respetar su esfuerzo y valía y a comprender sus expectativas y alta motivación.

Prólogo

Como narran los historiadores de la evaluación psicológica, desde hace tres mil años se está haciendo selección de personal. Así, dice Du Bois [1] que existen datos históricos sobre que, hacia el año 2200 a.C., los emperadores chinos examinaban a sus oficiales cada tres años con el fin de determinar la calidad en el desempeño de su trabajo; incluso se sabe que eran examinados según sus ejecuciones en seis "artes": música, manejo del arco, equitación, escritura, aritmética y ritos y ceremonias de la vida pública y privada. Otros autores [2] consideran que es en la *Biblia* (Libro de los *Jueces* 7:4-6) donde podemos encontrar la primera descripción de tests situacionales, precisamente para la selección de guerreros de "éxito".

Entre nosotros, Juan Huarte de San Juan escribe el primer tratado sistemático de selección de personal, *Examen de los Ingenios para las Ciencias* (1575), donde se explica cómo evaluar qué personas son más aptas para distintos quehaceres humanos. Inaugura Juan Huarte una tradición diferencialista por la que la evaluación de las características psicológicas (eminentemente aptitudinales) es esencial en la selección del, o de la, mejor para un determinado puesto de trabajo. Son muchos más los que, en la historia de la psicología española se han dedicado a este importante quehacer, en los que no parece oportuno detenerse en esta ocasión (baste recordar a Mira y López y la Escuela de Barcelona, de importante repercusión en la selección de personal dentro y fuera de España). [3]

Y es que no cabe duda de que podemos hallar rastros históricos sobre la existencia y la importancia de la selección de personal a todo lo largo de la historia de la humanidad, desde luego, mucho antes de su "fundación oficial" por Munsterberg a finales del siglo pasado en Alemania, [4] y sin duda mucho antes también de que la selección de personal fuera institucionalizada en Estados Unidos. Lo importante aquí es poner de manifiesto que la obra de Álvaro de Ansorena se

---

1. Du Bois, P. H. (1970): *A History of Psychological Testing*, Boston, Allyn and Bacon, Inc.
2. Sundberg, N. (1977): *Assessment of Persons.* Nueva York, Academic Press.
3. Véase Carpintero, H. (1994): *Historia de la Psicología Española*, Valencia, NAU Libres.
4. En 1981 Munsterberg propone una serie de pruebas para analizar diferentes estudios y profesiones, y cómo deberían traducirse en la "organización psíquica" de los individuos más aptos para ejecutarlas.

entronca con una de las más antiguas tradiciones de la evaluación psicológica, en España y fuera de ella.[5]

Por supuesto, *15 pasos para la selección de personal con éxito. Método e instrumentos* es una obra de nuestros días. Reúne una serie de valores (en su estructura y contenidos) difíciles de conseguir tan certeramente como lo hace su autor. De una parte, es una obra práctica que se basa en un amplio bagaje de conocimiento científico y de reflexión teórica. En segundo lugar, es una obra de síntesis, en la que se condensan saberes y experiencias de distintos ámbitos y aproximaciones diversas. Y, finalmente, todo ello es integrado de forma altamente didáctica, con prosa fácil de seguir y practicar. Esto demuestra la sólida formación y dilatada experiencia, junto con la capacidad divulgadora de una persona que ha dedicado su vida profesional a la psicología de la empresa y de las organizaciones como es Álvaro de Ansorena. Trataré de justificar estos tres juicios valorativos sobre el presente texto.

La psicología ha mantenido (y, me temo, sigue manteniendo) un amplio debate sobre la compatibilidad/incompatibilidad entre lo básico y lo aplicado, entre ciencia y tecnología. Desde esta polémica, la selección de personal estaría en un polo eminentemente aplicado y tecnológico, alejada de lo que ocurre en el mundo científico, académico, de laboratorio. Existe, desde luego, una selección de personal de marcado carácter acientífico; baste para comprobarlo consultar la compilación efectuada en la *European Review of Applied Psychology*.[6] En tal revisión se pone de manifiesto que, en varios países europeos, la selección de personal se basa en análisis grafológicos y entrevistas e, incluso, en exámenes astrológicos (¡inefable...!). No es ése, desde luego, el camino si pretendemos realizar un riguroso trabajo aplicado. Porque lo aplicado, lo técnico, ha de apoyarse en el conocmiento científico de la concreta parcela del saber a la que se refieren. Y eso es lo que hace Ansorena en este texto, y lo hace, precisamente, estableciendo (a través de quince pasos) una metodología rigurosa y normalizada para resolver un problema: quién es el mejor candidato para un determinado puesto de trabajo. Ello es enfatizado claramente cuando dice: "Sólo existe una forma de evitar errores: ser sistemático y parsimonioso en la aplicación de los métodos que aquí describimos".

Pero, la selección de personal requiere –amén de la evaluación de las habilidades, competencias, actitudes, etcétera, de los sujetos– un riguroso proceso de análisis del puesto de trabajo. En realidad, lo que pretendemos en un proceso de selección es el ajuste –lo más perfecto posible– entre un sujeto y un puesto de trabajo. Sin saber para qué se evalúa (se selecciona) es imposible saber *qué* ha de ser evaluado. La importancia de este requisito de la selección, las herramientas diseñadas para la consecución de tal objetivo, demanda, además del análisis de la actividad humana que tales puestos exigen, el conocimiento de otra serie de

---

5. Véase Fernández-Ballesteros, R. (1980): *Psicodiagnóstico. Concepto y metodología*. Madrid, Cincel-Kapelusz.

6. Pichot, P. (comp.) (1992): *European Review of Applied Psychology*, Número completo.

aspectos que, hasta cierto punto, trascienden el conocimiento básico de un psicólogo. Álvaro de Ansorena, curtido en el mundo de la empresa, demuestra ser capaz de plantear y describir con la misma minuciosidad y rigor con que lo son otros componentes tradicionales del proceso de selección de personal, los elementos necesarios para la realización de una adecuada descripción y análisis del puesto de trabajo.

Además, decía que se trata de una obra de síntesis. Hoy en día, cuando un acendrado maniqueísmo nos invade, cuando da la sensación de que, en lo conceptual, es bueno ser "cognitivista" y malo ser "conductista" y que, en lo metodológico, parece bueno ser "cualitativo" y malo ser "cuantitativo", en esta obra se funden e integran conocimientos y metodologías de muy distinta procedencia. Veamos por qué.

15 pasos para la selección de personal con éxito. Método e instrumentos, en lo conceptual, se basa en corrientes teóricas muy distintas. De un lado, no cabe duda de que la aproximación diferencial a la selección de personal ha logrado establecer precisas ecuaciones de regresión con el fin de llegar a predecir –a través de tests de aptitudes, de personalidad y motivacionales– quién es el más competente para un determinado puesto de trabajo previamente definido y especificado. Ello es presentado y definido en esta obra como una de las bases de la selección con éxito.

Por otra parte, desde una corriente fenomenológica, ahondar en la experiencia del sujeto, en sus motivaciones básicas (de afiliación o de logro), en los trazos esenciales del proceso de socialización, en la experiencia educativa y ocupacional, en los proyectos futuros y, todo ello, a lo largo de la vida, se ha descrito como la vía idónea en la pretensión de seleccionar en la empresa. Lo que también es considerado como una de las herramientas fundamentales en el proceso de toma de decisiones que supone la selección de personal.

Finalmente, también el enfoque conductual o la perspectiva funcional han tenido influencia en este ámbito de la selección. El énfasis en lo observable –una de las características del paradigma conductista– ha estado permanentemente presente en la selección de personal de todos los tiempos (desde hace –nada menos– tres mil años). Como se señala en esta obra, un enfoque funcional eminentemente observacional se ha venido perfilando como la base de los "Assessment Centers" (y de los tests situacionales en la empresa). Sin embargo, como señalan Komaki y col.,[7] la evaluación conductual se ha desarrollado, preferentemente, en contextos clínicos y de la salud, y ha dejado de lado la reflexión teórica que habría permitido integrar a la selección de personal (e, incluso, a la orientación vocacional) dentro del discurso teórico y la investigación. No obstante, los tests situacionales y la evaluación ACM son planteados y defendidos en esta obra

---

7. Komaki, J., Collins, R.L. y Thone, T.J.F. (1980): *Behavioral Measurement in Business, Industry, and Government*. *Behavioral Assessment*, 2, 103-123.

como lo que son, es decir como herramientas de evaluación, eminentemente conductuales, que otorgan una mayor validez ecológica a las decisiones que se toman a la hora de seleccionar a un candidato para un puesto de trabajo.

De todos estos planteamientos conceptuales, emana no sólo un procedimiento básico riguroso (establecido en quince pasos) sino también la tecnología o procedimientos de recogida de información. En ella encontramos también la síntesis e integración de enfoques a los que aludía más arriba. Tests, escalas, inventarios, situaciones simuladas, son presentados de forma articulada junto a entrevistas (estructuradas e, incluso, "en profundidad") y trazos históricos de conducta (el currículum vitae). Vemos cómo Ansorena es capaz de superar la polémica –actualmente candente– sobre los métodos cualitativos *versus* los cuantitativos. A mi juicio, según he señalado en varias ocasiones,[8] tecnológicamente no existe oposición entre unos y otros procedimientos de recogida de información; el cisma entre lo cualitativo y lo cuantitativo supone una discusión más ontológica y epistemológica que metodológica. Con todo ello, la compatibilidad tecnológica es puesta palmariamente de relieve en esta obra.

Pero hay algo más: en la arena de la discusión en ciencia social está una crítica feroz (¡!) al positivismo, a los métodos que han ido desarrollándose a lo largo de la Ilustración. Las propuestas metodológicas realizadas por algunos "científicos" sociales de la posmodernidad que reivindican una metodología cualitativa denostan la rigidez y simplicidad del empirismo lógico y, obviamente, la salida pospositivista de esta polémica consiste en lo que Cook[9] ha llamado "multiplismo"; pues bien, Ansorena enfatiza –precisamente– la utilización de múltiples fuentes de información, múltiples métodos en la evaluación, múltiples constructos y conductas a la hora de realizar una selección de personal con éxito. Ello es necesario si pretendemos, como señalaba el fundador del positivismo Augusto Comte: *"prevoir, pour savoir, pour pouvoir"*. Sin duda, el proceso de selección exige "saber", para predecir quién va a adecuarse mejor a un determinado puesto de trabajo. Sin embargo, en mi opinión, esta monografía debería verse, en breve, acompañada de un estudio sobre los efectos de una buena selección en la empresa así como sobre la eficiencia y la efectividad del método que se propone. Sin duda, es este un trabajo pendiente que el autor, con su agudeza y mentalidad positiva, estoy segura, emprenderá en un futuro próximo.

Finalmente, decía que es éste un texto eminentemente didáctico; y lo es porque acompaña al estudioso a todo lo largo del proceso de selección, le provee de protocolos minuciosamente construidos, le alerta de los potenciales problemas y le avisa de las ventajas e inconvenientes de los distintos procedimientos de recogida de información. En definitiva, el texto como trasunto de su autor, es un buen maestro en la ciencia de la selección.

---

8. Véase Fernández-Ballesteros (1980): *Psicodiagnóstico*, Madrid, Cincel-Kapelusz y *Evaluación de Programas*, Madrid, Ed. Síntesis, en prensa.

9. Cook, T. (1985): *Postpositivism Critical Multiplism*. En I. Shotland y M.V. Mark (comps.): *Social Science and Social Policy*, Palo Alto, Sage Pub.

Vivimos un momento en el que, tanto en la empresa como en las organizaciones, se pretende alcanzar la excelencia, la calidad total. También sabemos que ello no es posible sin contar con un personal satisfecho e implicado; porque el éxito de la empresa y de la selección pasa por la satisfacción del personal y por un buen clima laboral.

Que este libro permita no sólo realizar mejores y más rigurosas selecciones, sino que ello sirva para lograr personas más felices en empresas de excelencia y... más humanas.

Rocío Fernández-Ballesteros
Catedrática de la Facultad de Psicología,
Universidad Autónoma de Madrid
Madrid, mayo de 1995.

Nota previa

El hombre es un organismo complejo y no existe un método sencillo para evaluarlo. La tarea de evaluar se complica aún más cuando se trata de hacer una gestión integral de Recursos Humanos, por el hecho de que el "buen candidato", en términos absolutos, no existe. Una persona sólo es un buen candidato si se le coloca en una tarea profesional que satisfaga sus necesidades, utilice sus capacidades y formación y le estimule a alcanzar un puesto acorde con su nivel óptimo de capacidad. La adaptación de los candidatos (empleados…) al puesto de trabajo resulta, pues, de la mayor importancia.

Las páginas que siguen constituyen un intento de sistematizar y organizar algunas de nuestras experiencias y prácticas más habituales aplicadas en los procesos de selección profesional, con el fin de ofrecer a los lectores un resumen de los métodos y las herramientas que han mostrado su potencia evaluativa y su validez predictiva con mayor precisión y economía.

La mayor parte de los contenidos que se describen se basan en las observaciones y experiencias realizadas en procesos de selección de diferente naturaleza y alcance para nuestros clientes, así como en las reflexiones y trabajos de diseño en este campo que, a su petición, hemos realizado en equipo a lo largo de los últimos doce años.

Como es natural, el trabajo de síntesis realizado ha supuesto desde su inicio una serie (quizá excesivamente amplia) de elecciones y alternativas de desarrollo encaminadas a simplificar la lectura y la aplicación de sus contenidos y herramientas, a la vez que a orientar de forma efectiva la práctica posterior de los especialistas en el tema que decidan seguir algunos de nuestros métodos. Por ello, casi con seguridad, la obra adolece de múltiples carencias y de desequilibrios teóricos y conceptuales.

Quienes esperen una obra de tipo teórico o académico, pensarán, quizá, que la profundidad de sus contenidos es insuficiente en cuanto a aportación de datos experimentales. Naturalmente, sobre la validez y fiabilidad de los diferentes tipos de pruebas que se mencionan, existe abundante información empírica que puede ser consultada en los correspondientes manuales y guías técnicas, y hemos preferido aligerar los aspectos conceptuales de la obra para facilitar su carácter de "guía práctica".

Algunos profesionales opinarán que la visión que se presenta es reduccionista en cuanto a la identificación de pruebas y tests enumerados, ya que la gama de alternativas que se ofrece hoy en día en la "testoteca" disponible para el seleccionador es infinitamente más amplia que la muy sucinta relación aquí comentada. Nuestro ánimo ha sido presentar exclusivamente aquellos instrumentos cuya utilidad y buena relación coste/eficacia ha sido ensayada repetidas veces por nuestros profesionales y clientes, y no dudamos de la existencia de muy diversas alternativas disponibles tan valiosas como las aquí enumeradas.

Otros lectores comentarán la excesiva especialización del proceso descrito y las dificultades técnicas que supone, especialmente aquellos lectores que, careciendo de una experiencia muy rica en el campo de la selección, intenten llevar a la práctica nuestras propuestas. Por supuesto, a pesar de la especial atención prestada a la redacción de estas páginas con el fin de simplificar su metodología, la materia misma que abordamos (nada menos que la evaluación e identificación con carácter predictivo de características críticas del comportamiento profesional de las personas) se reviste de una complejidad y variedad de matices que impide su tratamiento mecanicista o excesivamente simple.

Por otra parte, sin duda, algunos señalarán que la descripción de las definiciones de conducta incluidas en la obra son insuficientes, si bien a algunos lectores les parecerá que su número es excesivo… En cuanto al número, la mayor parte de los autores especializados suelen manejar un rango variable de competencias entre treinta y cincuenta, prefiriendo la mayor parte de los especialistas y grandes corporaciones su identificación y redacción *"ad hoc"*, así como de los criterios de conducta que las definen con el mayor detalle posible. Si hemos definido aquí el grupo de competencias, es con el único objetivo de proporcionar un ejemplo concreto y de aportar un sistema completo y válido para la práctica totalidad de los procesos de selección desarrollados en cualquier tipo de organización. Las definiciones específicas, por otra parte, podrían haberse detallado con más y más ejemplos conductuales, aunque confiamos en que la experiencia y la creatividad del lector ayudarán a completar cualquier carencia en este sentido.

Finalmente, no faltará quien hubiese preferido herramientas y documentos de recogida de información más específicos y concretos que los aportados, mientras que otros pensarán que el grado de detalle de los que proporcionamos es excesivo… En este aspecto, sólo podemos señalar que hemos aportado los más característicos de cuantos documentos –muy variados y, casi siempre, diseñados a medida– hemos utilizado en algunas ocasiones en nuestros procesos reales de selección.

En cualquier caso, y pese a la diversidad de críticas constructivas y observaciones que pueden hacerse, indudablemente, sobre la obra que sigue, el ánimo que nos ha movido ha sido muy simple: proporcionar al lector una indicación o "guía" práctica, reducida y aplicable para orientar su actuación en procesos de selección profesional. Esperamos sinceramente la indulgencia de quienes no obtengan la satisfacción de sus expectativas y nos sentimos gratificados de antemano con cualquier posible ayuda efectiva aportada a quienes se inclinen por su uso.

No podemos finalizar estas anotaciones previas sin mencionar a algunos de los colegas y amigos que han contribuido en la construcción final de estas páginas y sin cuya ayuda no habría sido posible su elaboración. Debo a la doctora María Martina Casullo, catedrática de Psicología de la Universidad de Buenos Aires, la idea y el apoyo para iniciar su redacción y edición; a la doctora Rocío Fernández-Ballesteros, catedrática de Psicología de la Universidad Autónoma de Madrid, su cuidado y generoso prólogo y algunas de las ideas que se expresan en la Introducción. Sería imposible identificar las múltiples aportaciones recibidas en cuanto a ideas y reflexiones de los profesionales de las diferentes empresas cliente con quienes hemos colaborado. Sin embargo, no podemos dejar de mencionar a algunas personas cuyas aportaciones y ejemplos forman parte de este libro, especialmente a José Luis de Arcenegui, Joaquín Casals, José Díaz Fernández, Santos Hernández, Rafael López-Enríquez, John McCusker, Inocencio Recio, Jesús Revilla, Luis Rodríguez, Cosme Salcedo y Miguel Sanz, entre otros muchos, con los que cometemos una profunda injusticia al no incluir su nombre. Del mismo modo, debemos hacer una mención colectiva de los colegas de las diferentes empresas con las que nos encontramos asociados en Europa a través de European United Consultants Bv, muy en especial a aquellos pertenecientes a GITP (Holanda) y TESI (Italia), con quienes hemos compartido proyectos de investigación, sesiones de reflexión y discusiones técnicas sobre metodologías, herramientas y puntos de vista. Las aportaciones de información, evidencia empírica y una larga experiencia en el mundo del Assessment Centre con las que ha contribuido mi colega Jeroen Seegers, merecen un recuerdo especial; asimismo, mi buen amigo George Perczel, que fue mi entrenador en técnicas de entrevista focalizada, durante unas inolvidables semanas de otoño en Amsterdam. Mis socios y colaboradores Roberto Albaizar, Antonio Carbonell, Félix Cisneros, Ana Lebrero, José Carlos Méndez, May Muñoz-Ortiz y otros muchos que han conducido selecciones, han aportado muchos de los ejemplos contenidos en este libro. Finalmente, Marta Méndez ha realizado la documentación y el tratamiento de textos con gran dedicación y esfuerzo, y ha soportado, además, con especial paciencia, todas mis carencias de habilidades en la dirección de personas. A todos ellos mi agradecimiento.

Introducción y aspectos generales

Dificultades genéricas de la selección de personal en las organizaciones

Quizá la primera pregunta que cabe plantearse al comenzar una reflexión sobre la selección de personal estriba en su propia naturaleza. ¿Qué significa "selección de personal" y qué es *"seleccionar personal"*? No es preciso abundar en prolijas y detalladas justificaciones sobre la creciente necesidad de identificar a los profesionales idóneos para el desempeño de las tareas de complejidad creciente que se demandan en las organizaciones. La especialización progresiva de las profesiones técnicas, el alto grado de introducción tecnológica y la sofisticación de los métodos y herramientas profesionales cada vez de mayor penetración en la vida cotidiana, incluso de las tareas más elementales; la velocidad y complejidad del cambio en cuantos escenarios y entornos podamos imaginar con sus correspondientes implicaciones para el trabajo de gestión; la diversificación de las empresas y sus fines, introduciendo en la competitividad habitual del tejido económico niveles cada vez más altos de matices sutiles y de complejidad conceptual para sus responsables, comerciales y productores... hacen que la búsqueda de perfiles más y más específicos y concretos, para afrontar retos y tareas más y más específicas y concretas en cuanto a sus requerimientos, sea un elemento diferenciador de la mayor importancia estratégica para la mayoría de las organizaciones modernas.

"Selección profesional" o "seleccionar personal" es, pues, una tarea que puede ser descrita de forma sencilla y directa como *aquella actividad estructurada y planificada que permite atraer, evaluar e identificar, con carácter predictivo, las características personales de un conjunto de sujetos –a los que denominamos "candidatos"– que les diferencian de otros y les hacen más idóneos, más aptos o más cercanos a un conjunto de características y capacidades determinadas de antemano como requerimientos críticos para el desempeño eficaz y eficiente de una cierta tarea profesional.*

Naturalmente, esta "sencilla" definición admite infinidad de preguntas que han de resolverse y presenta una amplia gama de dificultades que, a lo largo de más de cien años (si tomamos a sir Francis Galton como el ilustre e ingenioso precursor del arte de "diferenciar" características personales y aplicar sus conclusiones de forma pragmática a la vida cotidiana), se han tratado de resolver y superar con mayor o menor acierto.

El objetivo fundamental que persigue cualquier método de "selección" es, precisamente, eliminar o minimizar las dificultades que presenta el proceso y responder, de forma positiva, a estas preguntas. Veamos ahora algunas de ellas.

Problemas relativos a la definición del perfil

Como primera dificultad con la que suelen enfrentarse cuantas personas hacen de la selección de personal una profesión –o una ocupación circunstancial más o menos obligada por el entorno, como es el caso en muchas ocasiones– es la definición precisa de un perfil o conjunto de características y requerimientos que debería cumplir, en la medida de lo posible, el candidato idóneo para el puesto.

Si la iniciativa de la selección surge de una persona específica, no es infrecuente encontrar serias dificultades para definir con rigor lo que se está buscando realmente. Si, por el contrario, la necesidad se deriva de la creación de una posición nueva o de una tarea emergente, la función se puede complicar incluso más debido a la falta de experiencia y de puntos de referencia previos. En ambos casos, es fácil encontrarse ante "clientes" (internos o externos) que se sitúan en alguna "teoría" específica sobre cómo debería ser el candidato para el puesto. Veamos si reconoce algunas de las siguientes:

- *"Cliente de la teoría ingenua"*. Se trata de un demandante de candidatos que, a priori, no sabe lo que necesita. Se plantea el mismo dilema y las mismas dudas que el seleccionador, ya que carece de una impresión suficientemente elaborada sobre cómo convertir su necesidad de alguien que realice un trabajo en un perfil personal específico. Suele recurrir a tópicos, a etiquetas comunes, cuando no a las expresiones emocionales ("buen trabajador", "alguien que eche una mano", "que no se asuste ante el trabajo"...). Es incapaz de salir de estas afirmaciones generales, a veces por desconocimiento de las propias exigencias de la tarea, a veces por falta de capacidad personal de conceptualizar los requerimientos del puesto. Se trata de clientes con poca o ninguna experiencia en la selección que confían ciegamente en el seleccionador –sin caer en la cuenta de que tal confianza no puede basarse en un conocimiento mágico de lo que se busca en realidad–. Los clientes de este tipo requieren una guía muy firme por parte del profesional en la labor exploratoria inicial y el éxito en la tarea va a depender en gran medida de la habilidad que el seleccionador tenga para estructurar de forma sistemática y parsimoniosa la investigación inicial sobre el puesto, aun a pesar de las muestras de impaciencia del "cliente" y de sus muchas perplejidades ante las inagotables preguntas del profesional. Con objeto de facilitar esta tarea, hemos desarrollado un procedimiento más o menos "cerrado" de identificación de factores críticos de éxito, que se presenta en la parte primera de este libro y en especial, en los pasos 1 a 4.

- *"Cliente de la teoría cerrada"*. En este caso, inverso del anterior, el "cliente" sabe –o cree saber– muy bien cuál es el tipo de persona que necesita, y tiene una teoría totalmente definida sobre lo que está buscando. Sus opiniones sobre el candidato ideal no aceptan réplica o matización de ningún tipo. Fundamenta sobre experiencias previas o sobre su "intuición y buen olfato empresarial" las facultades y competencias de "*su*" candidato ideal y se resiste, de forma más o menos abierta, a las sugerencias del seleccionador. Existen variaciones, naturalmente, de este tipo de "cliente", desde el "*monográfico*", que concentra su atención en una o dos características imprescindibles del perfil (olvidando, casi siempre, un buen número de otros aspectos tan importantes como éstos) o el "*maximalista*", que persigue algún rasgo secundario –e, incluso, anecdótico– como algo crucial e irrenunciable; hasta el "*tecnicista*", que atribuye una especial virtud o valor intrínseco a un componente técnico de la formación del candidato o de su perfil psicológico, aun cuando sea muy periférica con respecto al resultado profesional final. Los apartados 3, 4, 5 y 6 de la parte primera de este libro se han diseñado de forma que este tipo de teorías sean superadas.

- *"Cliente de la teoría errónea"*. El "cliente" que actúa de esta forma suele tener una teoría más o menos "cerrada" pero muy sofisticada sobre las características del perfil que se requiere... El único problema es que se equivoca con su contenido. Como consecuencia, cada vez que el profesional lo contradice, se refuerza más y más en su postura y descalifica progresivamente al propio seleccionador que, finalmente, no tiene más remedio que ceder ante la presión del "cliente" o renunciar al proceso. En estos casos, la formación de un criterio claro por parte del seleccionador y la composición de la candidatura final va a ser el factor crítico de éxito en el resultado final.

- *"Cliente con la teoría Súperman"*. Es casi siempre el más peligroso e irreductible, ya que piensa (y lo cree sinceramente) que el ideal de persona para desempeñar el puesto es aquella que reúna todo tipo de competencias y de características en su más alto grado y con la expresión más articulada y completa de dominio de cada una de ellas. Toda capacidad le parece no sólo conveniente sino imprescindible. Como es natural, este tipo de "cliente" no calcula las implicaciones sociales de un "supercandidato" que reuniese tales virtudes, el desequilibrio comparativo que provocaría con los demás miembros de la organización o el coste de atraer (¡y retener!) a este tipo de persona. En los apartados 5, 6 y 7 de la parte primera del libro se hacen algunas indicaciones que ayudan a razonar con este tipo de "cliente".

Sin embargo, a pesar de la tipología que hemos descrito, cada día es más frecuente encontrar directivos y "clientes" internos o externos que, antes de decidirse a encargar la selección de sus colaboradores a un profesional, han elaborado una descripción más o menos detallada y minuciosa del puesto y de sus responsabilidades; de los factores críticos de éxito que se revelan como más sobresalientes y de las dificultades objetivas que el ocupante encontrará en su desempeño. Sus reflexiones, acertadas o no, completas o incompletas, son la fuente de información más valiosa para el seleccionador que, a lo largo del proceso, debe cuidar su análisis pormenorizado, tratando de añadir valor a esta reflexión.

El *"Análisis de puestos de trabajo y definición de requerimientos"* que se describe en la parte primera de este libro tiene como finalidad ayudar en ese proceso de identificación inicial de las claves del éxito y de reducir de la manera más objetiva y razonada las distintas versiones erróneas del "cliente" que, sin embargo... ¡siempre tiene la razón!

Problemas relativos a la atracción de candidatos

El segundo bloque de dificultades con el que debe enfrentarse el seleccionador suele estar relacionado con la atracción de los candidatos hacia los procesos de selección.

En este sentido, las situaciones que pueden plantearse son muy variopintas y van desde aquellos procesos de selección en que resulta casi imposible encontrar candidatos interesados en la posición que se ofrece, hasta las ocasiones en que las montañas de curricula inundan literalmente los archivos del seleccionador y constituyen un auténtico problema de preselección y de coste.

Las variables que intervienen de forma más significativa en el hecho de que se produzca una situación u otra están más o menos identificadas y pueden predecirse de manera que tanto el "cliente" como el seleccionador puedan, de antemano, tomar medidas eficaces que prevengan ambas desviaciones. Algunas de estas variables son:

- *"Sector y tipo de actividad"*. El tipo de sector al que pertenece la organización ofertante y la modalidad de su actividad condicionan de forma genérica la capacidad de atracción de candidatos útiles a sus filas. Aun cuando las leyes estadísticas indiquen que deberían existir candidatos que se sintiesen atraídos por cualquier tipo de actividad (incluso las menos prestigiadas socialmente), la realidad demuestra que las tendencias de preferencia están fuertemente influidas por momentos históricos, modas o elementos de actitud social cuya explicación no siempre es fácil o evidente. Así, y con variaciones regionales muy significativas, algunas actividades (por ejemplo, la banca comercial) han tenido una enorme capacidad de atracción en algunos momentos de la historia de nuestro país, considerándose una actividad de prestigio y alta estabilidad, mientras que hoy en día, en algunas regiones españolas resulta casi milagroso atraer a jóvenes titulados a este tipo de sector. Por el contrario, siguiendo siempre "modas" o expectativas más o menos racionales, actividades como las relacionadas con la informática siempre tienen "pretendientes" (aun cuando sea un hecho conocido que en otros países europeos, como Francia, los expertos en este tipo de especialidad sufren una fuerte crisis de demanda profesional por saturación del mercado…). Sin embargo, no es difícil predecir qué respuesta tendrán ciertas ofertas profesionales, cuando se cuenta con un conocimiento del mercado laboral suficiente. El seleccionador de éxito deberá prever la incidencia de este tipo de variables al diseñar los sistemas de atracción y publicidad del puesto, destacando los aspectos más atractivos de la actividad y el sector y neutralizando los que puedan resultar menos positivos. En cualquier caso, la "ética global" mostrada en el proceso será, en muchos casos, un factor decisivo para la incorporación del candidato a la posición ofertada, y el seleccionador es, no debemos olvidarlo, el primer representante de esa "ética global" ante el candidato y un buen eslabón de enganche con él. De este modo, en cualquier tipo de oferta profesional, es fundamental mantener la honestidad en la oferta, aun exponiéndonos a la fuga de candidatos valiosos hacia otros sectores.

- *"Prestigio de la organización ofertante"*. El tipo de organización para la que se ofrecen las posiciones por seleccionar constituye el segundo de los factores de atracción o rechazo en la selección. El hecho de tratarse de instituciones públicas o privadas condiciona el tipo de expectativas de desarrollo profesional, exigencia y grados de libertad de actuación que los candidatos potenciales asignan a la oferta. Por otra parte, el propio nombre de la organización ofertante y las connotaciones y valores que despierte en la población objetivo de candidatos potenciales, serán determinantes en cuanto a las personas a las que sea capaz de atraer. En este aspecto, el máximo cuidado del seleccionador –cuando éste interviene en mayor o menor medida en la confección de la oferta o de su publicidad– será el de revelar, a través de los medios más oportunos, los hechos y características objetivas más sobresalientes de la organización ofertante que puedan ser menos conocidos para los candidatos potenciales. A veces, una organización privada puede tener un funcionamiento interno más burocrático y limitativo que una pública; una organización de la administración puede resultar más apta para desarrollar trabajos de alta creatividad e innovación que otra que, aun siendo privada, ha estructurado sus procedimientos y tareas con mayor rigor y constricciones… Finalmente, organizaciones de gran profesionalidad, que ofrecen posibilidades de desarrollo profesional interesantes a sus candidatos y trabajadores, pueden estar "tapadas" por una trayectoria de discreción profesional e, incluso, por una determinada estrategia de marketing… La labor del seleccionador se sintonizará con el "cliente" de tal forma que a los candidatos potenciales se les pueda explicar con la mayor precisión y matices el tipo de organización en la que se les ofrece un puesto de trabajo y las posibilidades realistas y completas de su trayectoria posterior a la incorporación.

- *"Situación económica general del país"*. Como es natural, en situaciones de bonanza económica el número de candidatos en los procesos de selección disminuye, mientras que aumenta significativamente en aquellos períodos en los que el mercado laboral es menos propicio. Esta circunstancia objetiva no puede modificarse a voluntad del seleccionador, pero debe ser prevista ya que afectará –de manera a veces muy importante– el volumen de candidaturas que entrarán en el proceso de selección. Como ejemplo, recordamos un proceso de selección iniciado en 1990 para reclutar personal comercial para cierta empresa especializada en la venta hospitalaria, para el que recibimos unos 180 curricula; con el mismo proceso, basado en el mismo anuncio en prensa, distribuido en los mismos medios de comunicación y en fechas similares de 1993 –en plena crisis económica en España–, se recibieron más de 750 curricula... Algunos "clientes" piensan que se deben aprovechar estos cambios coyunturales del mercado laboral para endurecer sus condiciones económicas en las ofertas profesionales. Esta práctica, si bien responde a la ley de "no dejar pasar oportunidades", principio de salud de toda empresa, puede provocar, a largo plazo, disfunciones internas que resultan, en definitiva, en conflictos de intereses y desmotivación de los candidatos o de los empleados de la organización... Resulta importante, en este caso, que el seleccionador plantee a su "cliente" las previsibles consecuencias de una oferta "oportunista", y los efectos negativos y los riesgos que pueden tener en el futuro cuando la coyuntura cambie o cuando se hayan de repetir procesos de selección para puestos similares en condiciones diferentes. La prudencia y buen juicio del seleccionador, como asesor de su "cliente", deberá esforzarse en poner los límites precisos entre lo que constituye una decisión inteligente de búsqueda del beneficio y lo que puede resultar en una oferta cicatera y miope frente al mercado.

- *"Ámbito de la selección"*. El hecho de que la selección se realice para posiciones dentro de la estructura en los niveles de mandos medios, de directivos de áreas funcionales, técnicos especializados, directivos del nivel estratégico; para recién titulados, personal de producción directa en líneas industriales o cualquiera de las opciones que puedan describirse, condiciona con gran fuerza la capacidad de convocatoria. Como es natural, deben preverse mayores dificultades en aquellos ámbitos de selección donde escaseen más los profesionales. La condición de éxito más potente para salvar este obstáculo concreto suele ser el tipo de organización que se ofrece, así como las condiciones económicas y de promoción.

- *"Rango de edad, procedencia y experiencia de los candidatos potenciales"*. Cuando se trata de atraer candidatos más jóvenes, en los que la aportación de experiencia es menor y el elemento distintivo por identificar ha de ser el "potencial de desarrollo profesional" en vez de las realizaciones contrastadas y los éxitos pasados, el número de candidatos potenciales aumenta de forma espectacular. Si se persigue una población muy especializada y con alta experiencia, el número de candidatos será mucho más reducido y la calidad de los curricula recibidos dependerá, fundamentalmente, de las formas de difusión utilizadas para publicar la oferta y de los canales usados como transmisores de la oferta. De esta forma, es sabido que las ofertas canalizadas a través de la prensa –bien sea general o especializada en mercado laboral– funcionan de forma óptima con candidatos más jóvenes, menos cualificados y menos especializados y para niveles de responsabilidad menores (hasta el nivel de responsabilidad funcional o departamental...). Sin embargo, los puestos de nivel directivo estratégico, más especializados o cualificados, más *senior* o en los que se busque una experiencia demostrada e incontrovertible, deberán ofertarse por canales más especializados, por ejemplo, publicaciones especializadas para directivos; a través de bolsas de trabajo de asociaciones profesionales; por medio de boletines internos de determinadas instituciones o, de manera más eficaz, por medio de la búsqueda directa y la comunicación interpersonal entre profesionales del área. La decisión sobre qué canal de publicidad elegir será una de las claves del éxito en la recepción de candidaturas útiles en el proceso de selección.

- *"Modalidad y momento de la convocatoria de candidatos"*. Por supuesto, esta misma modalidad de convocatoria (a través de la prensa o más bien basada en la comunicación entre profesionales) va a condicionar el número de candidaturas recibidas y las expectativas de los candidatos en cuanto a personalización del trato durante la selección. No conviene olvidar que, cuanto mayor sea el nivel, experiencia y edad de los candidatos, tanto más sensibles se mostrarán frente al seleccionador y tanto más cuidadoso y exquisito habrá de ser el comportamiento de éste al tratar de explorar aspectos profundos, íntimos o simplemente delicados de la vida o la personalidad de aquéllos. Por otra parte, el momento del año en que se lanza la oferta de trabajo y comienza el proceso de selección puede llegar a ser un aspecto muy importante para la correcta cumplimentación del proceso. Existe experiencia contrastada que indica que, en España al menos, los profesionales se muestran más proclives a cambiar de organización en los meses de octubre a diciembre y de abril a julio, mientras que los meses de enero a marzo y de agosto y septiembre son momentos de menos movimientos profesionales (es muy probable que estas fechas estén totalmente condicionadas por los períodos de vacaciones de verano y Navidad). Otros procesos pueden estar sincronizados con períodos lectivos o académicos. Así, los universitarios recién titulados –a los que las organizaciones comerciales y tecnológicas buscan atraer a sus filas cada día en estadios más iniciales de su vida profesional– comienzan a prospectar sus posibilidades laborales dentro del último año de su período de formación universitaria o a lo largo del último año de su formación de postgrado. Cuando se trata de buscar a este tipo de candidatos, las prestaciones de la oferta en los centros de estudios no deben retrasarse demasiado y, aunque las titulaciones oficiales correspondientes no se consignan sino al final del mes de mayo o en junio, por regla general, acudir a estos centros después de febrero o marzo equivale, para el seleccionador, a encontrarse con grupos de estudiantes que ya han escuchado ofertas abundantes de otras organizaciones. En algunos casos, las primeras ofertas comienzan incluso en los meses de noviembre o diciembre del año anterior, mientras que los más retrasados –que suelen ser las Escuelas de Negocios– concentran las presentaciones de ofertas profesionales entre febrero, marzo y abril del año en que finalizan sus alumnos, con gran variedad de prácticas y condiciones que el seleccionador debe conocer y manejar si quiere que su oferta encaje de la manera más eficaz en el ánimo y la motivación de sus candidatos potenciales. Finalmente, no debe olvidarse que la estacionalidad de las actividades de determinadas organizaciones condiciona también los ritmos y cadencias de la selección y, en ese caso, se debe analizar de forma específica este condicionante para tener en cuenta su incidencia en el proceso global.

- *"Condiciones de trabajo publicadas"*. La forma como se presenten las características del puesto, las ventajas o los elementos motivacionales que se incorporen tales como el salario, las expectativas de desarrollo, la formación y la promoción; la manera como se muestren las ventajas de la organización y la dureza de los requerimientos, así como su grado de flexibilidad, determinan el número de personas que se sienten atraídas por la oferta y que se autoperciben como encajadas o no dentro del perfil solicitado. En este sentido, la experiencia nos demuestra que suele ser más eficaz –y más económico– hacer una descripción lo más realista posible en cuanto a las ventajas ofrecidas, teniendo en cuenta la óptica específica y el universo de necesidades/motivos de la población "diana" a la que se dirige la oferta; a la vez, ser muy explícito en cuanto a requerimientos del perfil, en especial los denominados "requerimientos objetivos", de forma que los lectores o destinatarios del mensaje se puedan excluir o incorporar al proceso con posibilidades reales de encaje en el puesto. Así, frases como *"se valorará espíritu emprendedor y capacidad de liderazgo"* o como *"se busca persona liberada"*, *"imprescindible manejo del inglés"* y otras de la misma índole, no ayudan al lector de la oferta a comprender qué se persigue. Lo que cada cual entiende por "espíritu emprendedor", "liderazgo", "persona liberada (y ¿de qué?)" o "manejo" es totalmente subjetivo y errático. Cada cual se sentirá dentro o fuera del perfil, dependiendo de qué comprenda, en el nivel de comprensión lingüística y emocional, por tales términos… Un determinado nivel de retribución aceptable e incluso atractivo para un candidato potencial dependerá, además de su cuantía, de las condiciones de devengo y formas de pago en que se articule. Ni qué decir tiene que los beneficios marginales o compensaciones en especie serán totalmente relevantes o insignificantes según la situación personal y familiar del candidato (desconocida a priori por el seleccionador); las oportunidades de formación posterior a la incorporación sólo resultarán un factor de atractivo si se especifican de forma precisa y moduladas en el tiempo y en sus contenidos, de lo contrario sólo se convierten en expectativas incontroladas para el candidato que, a la larga, pueden conducir a la insatisfacción organizacional y a la desmotivación crónicas. En resumen, si se trata de hacer una oferta atractiva y eficaz, sea breve, conciso, preciso y lo más realista posible.

- *"Método de selección"*. El método de selección que se vaya a emplear puede resultar, en ocasiones, una barrera para la atracción de candidatos útiles al proceso. Con frecuencia, los profesionales más experimentados se resisten a la aplicación de pruebas psicométricas (en las que dicen no creer y que les suponen un esfuerzo de concentración) y no aceptan ser evaluados con pruebas de conocimientos (ya que esto supone una desconfianza en su experiencia y valía profesional...). Consideran inútil, sin embargo, la entrevista con el seleccionador, ya que no es él quien tomará la decisión final sobre su incorporación a la empresa, e incluso el hecho de ser muy explícitos en la redacción de su historia profesional les resulta algo incómodo (tanto más cuanto más pública y notoria haya sido su trayectoria profesional)... En resumen, conviene tener presente que el método que se vaya a utilizar en la selección se debe indicar o, al menos, dejar traslucir, en la oferta inicial, y que debe cuidarse de la forma más personalizada, cómoda y humana posible para el candidato. En ocasiones será necesario efectuar una pequeña "venta" motivacional de aquellos pasos por los que el candidato va a pasar, haciéndole ver su importancia y las ventajas objetivas que tiene su realización tanto para la calidad de la selección como para el acierto en las decisiones finales. Cuanto más sensible pueda llegar a ser el candidato sobre estos extremos, más se deberán cuidar las formas en su convocatoria a entrevistas, reuniones, aplicación de pruebas... Será necesario evitar que dos o más candidatos se encuentren en las salas de espera del seleccionador y será muy conveniente mantener en estricta confidencialidad cualquier información sobre el candidato o sobre los nombres de otros participantes en el proceso... Pero todo ello es bien conocido por quienes nos ocupamos de esta tarea...

- *"Prestigio del seleccionador"*. Finalmente, ni qué decir tiene, que el cuidado y la calidad que los seleccionadores profesionales aportan a cada uno de estos aspectos y la historia de éxitos que acumulan a lo largo de su trayectoria profesional constituyen un prestigio (a veces, desgraciadamente, un desprestigio) que va a condicionar en alguna medida el que los mejores candidatos potenciales para una posición específica acudan al proceso con ese determinado seleccionador –individual o grupal–. Esto puede constituir una barrera más a la capacidad de atracción de candidatos, que se debe tratar de eliminar mediante una permanente atención a cuantos detalles componen la calidad del proceso de selección.

Todas estas variables que intervienen en el número y la calidad de los candidatos potenciales que un proceso específico es capaz de atraer a una selección, condicionan la calidad final del proceso. Pensemos que la candidatura final estará, invariablemente, compuesta por personas que se hayan interesado, desde la atracción inicial, en el puesto de trabajo. Si la calidad objetiva de la "bolsa inicial" de candidatos es mediocre, la calidad resultante de la candidatura final será, en el mejor de los casos, "lo mejor de lo mediocre", es decir, también mediocre... Toda la parte primera de este libro pretende ayudar a definir con rigor los requerimientos y condiciones del perfil de los candidatos idóneos para cubrir posiciones en la estructura; sin embargo, la forma como, desde el principio, se diseñan los caminos y las vías de atracción de estos candidatos ha de ser finamente estudiada tanto por el seleccionador como, muy especialmente, por la organización ofertante, prestando atención preferencial a cada detalle mencionado anteriormente.

Problemas relativos a la identificación de capacidades y características personales en los candidatos

Superadas las dificultades de "atraer" la "bolsa inicial de candidatos" a nuestro proceso, comienza el auténtico trabajo de interacción con cada candidato con el fin de identificar aquellas características de su realidad humana y profesional que le capacitan o le acercan al perfil definido del puesto de trabajo. Esta fase resulta, como es obvio, crítica para el acierto en la selección, y en ella se presentan también algunas dificultades clásicas que deben tenerse en cuenta:

- *"Saber qué buscar y dónde"*. Como primera dificultad, nos solemos encontrar con el llamado *"efecto Cristóbal Colón"* ya que, como éste, a veces, durante el proceso de selección, no sabemos realmente qué estamos buscando –nuestras "Indias Occidentales" particulares pueden estar demasiado ocultas o ser demasiado evidentes como para identificarlas– ni dónde buscarlo –ya que una determinada característica del comportamiento puede ocultarse pertinazmente a nuestros ojos, o ser demasiado compleja como para dejarse ver en una conducta concreta– y, en ocasiones, como le sucedió al gran navegante, después de encontrar aquello que buscamos, no sabemos que ya lo hemos encontrado... En efecto, saber con precisión el tipo de manifestaciones específicas que debemos tratar de identificar y en qué circunstancias estas manifestaciones serán indicadores significativos de un rasgo o característica del comportamiento es una primera dificultad por superar. Una conducta esporádica o anecdótica no constituye, en sí misma, una tendencia de respuesta consolidada; sin embargo, en los procesos de evaluación, debemos tomar como referencia de nuestras decisiones y apreciaciones conductas específicas y singulares que, por su especial significación, nos indican un comportamiento típico del candidato... ¿Cómo diferenciar lo que es significativo de lo que no lo es? ¿Cómo determinar las muestras de conducta en las que concentraremos nuestra investigación a lo largo del proceso? ¿Cómo decidir la significación que otorgaremos a cada una de estas manifestaciones?... Todas estas preguntas y algunas más son cruciales en el proceso de evaluación y tratan de resolverse en el método expuesto a lo largo de la parte segunda de este libro con la aplicación sistemática del llamado método *"Assessment Centre"* o, como podríamos traducirlo al castellano, con la utilización de una metodología basada en la observación multimétodo de la conducta, en diferentes escenarios situacionales. Ensayado por primera vez (de manera formal) durante la Segunda Guerra Mundial por los ejércitos británico y norteamericano para la identificación de oficiales con mando en unidades de combate en primera línea, desarrollado por las aportaciones teóricas y experimentales de las Ciencias de la Conducta en las décadas de los años 50, 60 y 70, pasó al mundo empresarial por primera vez en Estados Unidos con su utilización masiva (más o menos formalizada) en empresas tan emblemáticas como AT&T, General Electric o Ford. En los años 80 y 90, la introducción de aportaciones sobre los elementos emocionales y motivacionales y la fuerte experimentación sobre validez y fiabilidad de distintos tipos de observación conductual y sobre las técnicas de simulación y las herramientas de autoinforme, así como la difusión del método y su introducción en múltiples sectores y organizaciones, y su extensión a prácticamente todos los países desarrollados, ha constituido la consagración definitiva de una tecnología en la que las aportaciones más tradicionales de la psicometría y los métodos proyectivos sólo permanecen como fuentes complementarias de información y como eventuales fuentes de hipótesis para la exploración conductual. A lo largo de los *pasos 9, 10, 11 y 12* se explica de forma sistemática cómo estructurar la evaluación basada en este tipo de método, y se elimina en gran medida la desorientación relativamente frecuente sobre qué debe buscar el seleccionador y dónde.

- *"Eliminar simuladores"*. A pesar de todo, la siguiente dificultad que suele existir en el proceso de selección se centra en la eliminación de los llamados "simuladores". El alto efecto motivacional y emocional que desencadena un proceso de selección en el que, de forma natural, los candidatos se sienten enfrentados a una competitividad –real o imaginaria– con otros candidatos, y confrontados consigo mismos y con su valía personal y profesional, estimula la aparición del fenómeno de la simulación. Se trata de expresar habilidades que en realidad no se poseen; de responder por referencia a lo esperado socialmente o a lo que el candidato cree (a veces muy equivocadamente) que el seleccionador espera oír... Hay simuladores que se limitan a la simulación de respuestas verbales más o menos elaboradas y más o menos creíbles. Éstos son fáciles de identificar y de descartar en el proceso. Sin embargo, en muchas ocasiones, sobre todo cuando el proceso se basa íntegramente en entrevistas o cuestionarios y, a pesar de las diversas técnicas de elevación de la fiabilidad de la información, especialmente si el candidato posee habilidades de comunicación y persuasión altamente desarrolladas, es difícil distinguir entre la realidad de sus valores y su expresión más o menos fabulada y amplificada. Ni qué decir tiene que este objetivo es crucial en el proceso y que de él dependerá el acierto o el fracaso en las decisiones de selección. El *paso 11* está especialmente pensado para eliminar la posibilidad de la simulación mediante la administración de pruebas técnicas y situacionales que aumentarán la validez predictiva del proceso.

- *"Los falsos negativos"*. No menos importante resulta el problema que podríamos considerar contrario al expresado anteriormente, es decir, el hecho de que, debido a circunstancias incontrolables tanto por parte del candidato como por parte del evaluador, algunos candidatos idóneos puedan quedar erróneamente eliminados del proceso cuando, en realidad, deberían haber sido considerados en él. Hemos asistido, en los últimos años, a infinidad de situaciones anecdóticas (jocosas en unos casos; dramáticas en otros) que han llevado a un "buen candidato" al fracaso. Sería prolijo pintar ejemplos de este tipo de situaciones, que hemos vivido con demasiada frecuencia en los procesos de selección. Algunos de los factores que intervienen en este tipo de errores están relacionados con situaciones personales del candidato (acontecimientos que están teniendo lugar en su vida personal, familiar, académica, emocional, etcétera) o del propio seleccionador o entrevistador, que no presta la atención necesaria o la escucha activa imprescindible en la entrevista, o que ha diseñado inadecuadamente el proceso y ha provocado una ruptura de la empatía con el candidato, o que simplemente, por algún motivo (cansancio, rutina, presión del tiempo, etcétera) se deja llevar demasiado rápidamente por impresiones iniciales o por procesos de etiquetado ajenos totalmente a la necesaria objetividad del evaluador. En otras ocasiones, es el propio "cliente" quien introduce el error. Sus prejuicios con respecto a un determinado centro de formación de origen, o una cierta organización donde el candidato ha estado en el pasado remoto, o una forma de vestir o una nota marginal y anecdótica del curriculum, invalidan a un candidato que hubiera podido ser muy útil en su organización… Como forma de evitar tales errores sólo existe una: ser sistemático y parsimonioso en la aplicación de los métodos que aquí describimos.

- *"El problema de la integración de elementos"*. Como suele recordar con acierto un buen profesional del campo de la gestión de Recursos Humanos de una de nuestras empresas cliente, un buen candidato no es solamente la acumulación o "amontonamiento" de un conjunto de buenas cualidades personales y de competencias conductuales idóneas, por el mismo motivo por el que un Ferrari o un Porsche no son solamente la acumulación de unos kilos de acero de alta calidad y de plásticos de alta tecnología amontonados con varios metros de cuero y de moqueta de pura lana virgen… Se necesita algo más para que un candidato sea el candidato idóneo de un puesto de trabajo. El proceso de selección es, en muchas ocasiones, una sucesión de situaciones de evaluación y apreciación de los candidatos que, parcial y atomizadamente, van contemplando bajo el "microscopio" de la evaluación conductual una sucesión de fotos fijas sobre diferentes aspectos de la realidad del sujeto. Bien puede ocurrir que cada una de estas imágenes parciales resulte favorecedora de una impresión positiva del evaluador sobre el candidato. De igual manera que la fotografía de estudio de una mano, de un rostro, de una sofisticada postura de las piernas y del perfil del torso de una persona pueden resultar poderosamente estéticas y atractivas y, sin embargo, el conjunto de la persona, caminando por la habitación e interactuando con los demás, resultar perfectamente insoportable, así cada parte específica de la evaluación puede ser positiva y hasta excelente y, sin embargo, el resultado dinámico e integrado del candidato, inadecuado al puesto de trabajo. Por ello, uno de los problemas más importantes por resolver estriba en cómo integrar de forma exhaustiva y global la evaluación final del sujeto en una descripción funcional de sus habilidades "funcionando" y de sus características "puestas en escena", con respecto a las áreas de resultados del puesto de trabajo. En los *pasos 12 y 13* de la parte segunda abordamos algunas técnicas para efectuar esta integración.

- *"El problema del perfil incompleto"*. En correlación con la dificultad anteriormente expresada, se presenta un nuevo problema adicional: si bien se puede llegar a garantizar que todos los aspectos relevantes para el desempeño del puesto de trabajo han sido considerados en la evaluación, ¿cómo se puede garantizar que algunos aspectos que no son relevantes para el desempeño del puesto, pero que sí son cruciales para el conocimiento integral del candidato específico que tenemos delante, se han contemplado en el proceso? Bien puede ocurrir que una persona reúna todas las características y requerimientos exigidos como aspectos críticos del rendimiento en una determinada posición profesional y que, sin embargo, existan en su conducta, en sus actitudes o en su biografía y circunstancias personales elementos que le hagan potencialmente inadaptada o, incluso, totalmente inadecuada para la organización en el largo plazo… Esta dificultad sólo puede ser superada si se interpone un cierto proceso de evaluación integral y profunda sobre cada candidato que garantice que casi todos los planos de su realidad personal han sido, al menos, explorados y considerados. En el *paso 13* se aporta una guía de entrevista en profundidad que trata de solucionar esta dificultad de la manera más eficaz posible.

Problemas relativos a la evaluación y las escalas de medida

Como es lógico, no pretendemos que sea éste el lugar más adecuado para hacer una larga reflexión sobre cómo han evolucionado los métodos de evaluación y las técnicas de medida, ya que, por otra parte, se puede acudir a magníficas obras en castellano sobre el tema, que abordan con minuciosidad el problema. Reseñemos, simplemente, el hecho de que existen múltiples fuentes de error y de dificultades en este aspecto y que deben tenerse en cuenta a la hora de establecer un método correcto y unas técnicas estandarizadas para los procesos de evaluación para la selección profesional.

Algunas de las dificultades más frecuentes son las siguientes:

- *"Tipos de escalas a utilizar"*. La primera dificultad por superar estriba en el hecho de que las escalas de medida, en la mayor parte de las variables que resultan relevantes para la evaluación de aspectos relacionados con la idoneidad de un candidato para un puesto de trabajo, no pueden considerarse absolutas, ya que no disponen de un *"cero absoluto"* (¿cuál es la capacidad "cero" de negociación de un sujeto o la capacidad "cero" de comunicación interpersonal?; ¿cuándo se puede decir que la motivación para una determinada tarea es "cero" o que el grado de compromiso con un objetivo es "cero"?). En realidad, en toda escala de medida de habilidades personales, el "cero absoluto" no existe y no podría definirse por convenio, salvo para un sujeto "muerto" (que, en cualquier caso, no resultaría un candidato muy útil para casi ningún puesto de trabajo en una organización...). Por otra parte, tampoco se trata de *escalas de intervalo*, ya que no existen garantías conceptuales de que la distancia o intervalo existente entre los diferentes grados que otorgamos a una cualidad determinada en una escala de evaluación sean idénticos, como es idéntica la distancia entre los "tres" y los "cuatro" centímetros con respecto a la que existe entre los "ochenta" y los "ochenta y un" centímetros del metro convencional... De modo que todas las escalas que utilizamos deben ser relativas y convencionales. Por ello, resulta de la mayor importancia la existencia de criterios comunes entre los evaluadores. En el método que se presenta a continuación, se han utilizado, en la mayoría de las evaluaciones y apreciaciones que emiten los diferentes evaluadores, escalas de medida relativas a un criterio previamente definido, con definiciones verbales del contenido de la escala que resulta compartido y comprendido por todos los evaluadores, y con referencias a indicadores objetivables en la mayoría de los casos. Esto es especialmente crítico en la definición de las habilidades o competencias conductuales que se describen en el *paso 6* y cuyos indicadores de nivel deben hacerse explícitos con la mayor precisión posible. Cuando se utilizan pruebas de tipo psicométrico, tal y como se sugiere en el *paso 4*, las herramientas que se aportan (y otras muchas disponibles en el mercado) ya han incorporado resortes técnicos para superar estos problemas conceptuales, mediante la investigación estadística correspondiente y su baremación idónea.

- *"Validez aparente de los métodos"*. Otro de los problemas clásicos con que el evaluador y el seleccionador deben enfrentarse en sus procesos de selección está relacionado con la validez aparente que los métodos (y las pruebas) utilizados en la selección muestran con respecto a los candidatos y a los "clientes" del proceso. La validez aparente no es otra cosa que el grado de conexión y relevancia que un sujeto –no técnico o iniciado en el conocimiento de la tecnología subyacente– percibe entre el método o el contenido de una determinada prueba de evaluación y la variable que se persigue medir a través de tal método o prueba... De esta forma, cuanto mayor es la validez aparente que el candidato percibe, más fácilmente establece la conexión entre lo que se le pregunta y lo que debe contestar para satisfacer las expectativas del seleccionador (o las que él cree que son las expectativas del seleccionador) y, como consecuencia, más fácilmente puede desarrollar una estrategia de simulación que agrava el problema descrito en apartados anteriores. Cuando al candidato se le pregunta, por ejemplo, sobre sus motivaciones para cambiar de organización o de puesto de trabajo o de equipo, es fácil que adivine que el seleccionador persigue investigar su convicción sobre el cambio y el tipo de motivos que le mueven y tenderá a contestar (honestamente o no) con aquellos contenidos que sean más correlativos con lo socialmente aceptable o con lo que puede, según su teoría implícita, aumentar su buena imagen ante el seleccionador... Como consecuencia, el seleccionador, en la fase de evaluación, debe procurar que sus preguntas y pruebas, así como su método global, sean aceptables para el evaluado, pero que no *"muestren con total claridad su intención evaluadora o la variable específica que pretenden detectar"*... Esto nos situará en un plano de cierta ventaja con respecto al candidato, que tenderá a ser más honesto y fiable en la medida en que no conozca el objetivo de cada pregunta, prueba o método utilizado..., ¡pero nos creará un problema con el "cliente" de la selección! En efecto, cuanto menor sea la validez aparente, menos comprenderá el "cliente" de dónde ha sacado el seleccionador sus conclusiones y evaluaciones de los candidatos y tenderá a encontrarse perdido entre los datos técnicos cuyo origen no comprenderá y de cuya utilidad puede desconfiar. La metodología basada en criterios de conducta y la investigación de competencias o habilidades que se utiliza en este libro sirve al doble propósito de incrementar la validez aparente de los conceptos y las variables sobre los que se basa la evaluación, de cara al "cliente" (que entiende muy bien por qué para el correcto desempeño de tal o cual puesto seleccionado es imprescindible un candidato con una alta "identificación directiva") y, sin embargo, mantiene un cierto grado de investigación aséptica de cara el candidato evaluado, que no es capaz de establecer una relación directa entre las preguntas del evaluador –por ejemplo, en la entrevista enfocada– y el objetivo a evaluar.

- *"Capacidad discriminativa de las variables evaluadas"*. Otro de los problemas por solucionar consiste en garantizar que las variables que van a ser estudiadas a lo largo del proceso de evaluación resulten no sólo relevantes sino significativas en cuanto a su magnitud en la discriminación entre candidatos. La capacidad discriminativa es fundamental para tomar decisiones finales en el proceso entre candidatos que resultan adecuados para el perfil del puesto de trabajo, ya que en muchas ocasiones existen más candidatos útiles que los necesarios. En este caso, establecer unas prioridades basadas en los diferentes grados de significación de las variables estudiadas es imprescindible. Conviene haber realizado este esfuerzo al comienzo del proceso y, por ello, en el método aquí descrito se procede de este modo.

- *"Validez predictiva de las medidas"*. No es necesario resaltar con mayores matices por qué es importante que las variables evaluadas y los métodos utilizados para ello tengan capacidad demostrada no sólo de describir con precisión la conducta observada del sujeto y sus aspectos diferenciales con respecto a otros sujetos, sino que sean capaces de predecir cómo va a ser la conducta del sujeto en el futuro, ya que es en el futuro cuando se producirán, también el desempeño y el éxito o el fracaso de la selección. En este sentido, existe abundante evidencia empírica acerca de cómo la conducta pasada es el mejor predictor de la conducta futura. Siempre que los marcos de interpretación interna de la situación que el sujeto utiliza para categorizar y dar sentido a su entorno y las variables cognitivas y emocionales permanezcan estables (actitudes, creencias, valores, motivos, necesidades, emociones) y siempre que su percepción de las situaciones sea estable, el sujeto mostrará una tendencia de respuesta también estable en el futuro, cuyas características se parecerán en gran medida a las respuestas que emitió en el pasado. Apoyado en este principio del funcionamiento psicológico, el método conductual de evaluación de competencias con respecto a criterios de conducta resulta el mejor método para la predicción del comportamiento de los candidatos a un puesto de trabajo.

- *"Fiabilidad interjueces"*. Finalmente, otro de los problemas comunes en los procesos de evaluación se deriva de la inevitable –y deseable– intervención en el proceso de varios jueces o evaluadores que deberán analizar a los mismos candidatos en diferentes situaciones y pruebas. La natural dispersión de sus juicios se convierte en una dificultad cuando se trata de tomar decisiones importantes con respecto a los sujetos. Es frecuente que el candidato que resulta idóneo para un juez (generalmente muy profesional, que ha hecho bien su trabajo y que basa su opinión en datos y observaciones concretas) es inaceptable o menos bueno para otro juez (igualmente profesional, serio y documentado). La única fuente de acuerdo proviene de la objetivación y la operativización máxima de las conductas que se intentan evaluar de la forma más cerrada y concreta posible. Esto sólo es factible cuando se utiliza la conducta observable –y no constructos sobre la conducta– como criterio de evaluación. Por ello, cuantos esfuerzos se realicen en este sentido tendrán como resultado el que la fiabilidad interjueces, es decir su grado de acuerdo, sea alta.

Problemas relativos a la "química interpersonal" entre el candidato y el "cliente"

Tal vez hayamos sido capaces de aplicar métodos, técnicas y herramientas poderosamente objetivados y con todas las garantías para superar los obstáculos que se han mencionado anteriormente. Quizás hayamos identificado con el mayor acierto al conjunto de candidatos ideales para una posición en la estructura, que hemos definido con precisión y finura estratégica extrema. Es, incluso, posible que hayamos eliminado del proceso a algunos simuladores y rescatado a varios falsos negativos sobre cuya conducta futura y capacidad de generar un alto desempeño no nos cabe duda. Sin embargo, aún nos queda un obstáculo: ¿Qué pasará en los primeros encuentros entre el/los candidato/s y nuestro "cliente"? ¿Funcionará la comunicación interpersonal? ¿Se generará esa extraña corriente de relación interpersonal positiva que permita en el futuro su trabajo común?

A esa forma, algo difícil de operativizar, de enganche entre el candidato y el "cliente", que se produce generalmente en los primeros momentos de su relación, se le ha denominado "química", y quizá con razón. Es posible que sea una reacción química el mejor símil para designar esta forma de reaccionar e influenciarse mutuamente los dos profesionales que se encuentran en el momento crítico de su primera entrevista. De igual modo que el carbono, en su estado puro, es un elemento valiosísimo y de gran utilidad en determinados compuestos vitales como lo es el azufre, y tan imprescindible para la vida como el cloro y el sodio..., ¡pero cuando se mezclan en determinadas proporciones y circunstancias, explotan!

De igual manera, el seleccionador deberá tener presente que en la relación entre el "cliente" y el/los candidato/s pueden producirse reacciones de amalgama, de explosión, de generación de compuestos nuevos de gran valor añadido o, simplemente, de rechazo inmiscible, como el agua y el aceite.

Sobre la superación de este tipo de dificultades poco podemos decir, excepto que el seleccionador debe efectuar una buena apreciación del "cliente" y de sus "guiños" y "querencias", debe tener una precisa evaluación del candidato y de sus "dejes" y "peculiaridades" y debe, en consecuencia, preparar el encuentro entre ambos con el mayor cuidado, haciendo la venta activa de los candidatos al "cliente" para prevenir efectos negativos de primera impresión que tanto dañan al candidato y tanto limitan sus posibilidades de ser aceptado, incluso cuando sea un magnífico candidato.

Problemas relativos a la economía del proceso

Finalmente, no se ha de olvidar que todo proceso de selección, como toda función que se desarrolla en las organizaciones, es un proceso sometido a evaluación en la relación coste/eficacia.

Garantizar un proceso perfecto de selección con un coste exagerado, será inaceptable. Garantizar un coste bajo con un resultado exento de calidad, será inaceptable también.

Por ello, el seleccionador debe tomar decisiones que afectan a la calidad y la pureza de los métodos de evaluación y predicción, y mantener la honestidad con los candidatos y los "clientes", pero debe, además, estructurar un proceso y tomar decisiones que optimicen la utilización de los recursos disponibles y el coste de la selección; es decir, debe gestionar un proceso rentable que aporte valor añadido a la organización donde se realiza y que resulte económico, en conjunto, en la función de la gestión estratégica de Recursos Humanos.

Con el fin de cubrir, en la medida de lo posible, estos objetivos, veamos a continuación cómo estructurar un camino crítico en el proceso de selección de personal.

Proceso de selección

¿Cuáles son las características que debería cumplir un buen proceso de selección profesional? En el siguiente esquema presentamos un resumen de los aspectos que resultan esenciales a un sistema integrado de selección que aproveche al máximo las capacidades tanto personales como sistémicas de una organización determinada:

Figura 1

CARACTERÍSTICAS DE UN BUEN SISTEMA DE SELECCIÓN PROFESIONAL

1. Incluye los menos elementos posibles.
2. Usa todas las fuentes relevantes de datos.
3. Usa información aportada y extraída.
4. Tiene puntos de decisión claramente especificados.
5. Usa a la organización completa hasta el final.
6. Los usuarios son formados en sus funciones dentro del proceso.

Veamos el significado de cada una de estas características:

- *Incluye los menos elementos posibles.* Parece evidente que el principio de economía que debe presidir de forma permanente todos los procesos que se desarrollan en el ámbito de la organización, obliga a simplificar al máximo las operaciones por realizar cuando se trata de proveer de nuevos profesionales a las áreas que la componen. En este sentido, un proceso bien diseñado debe contener cuantas herramientas y momentos sean significativos y necesarios para garantizar la calidad del resultado final, pero deben evitarse redundancias que añaden coste tanto en tiempo de dedicación como en el manejo de documentos. Por otra parte, la satisfacción de los candidatos suele dañarse al hacerles participar en procesos extremadamente complejos y prolongados. Finalmente, el exceso de información no suele facilitar sino que, a menudo, entorpece el proceso final de toma de decisiones. Por ello, en el diseño de la metodología de selección, se ha de cuidar especialmente la simplificación de pasos, de interacciones con el "cliente", de entrevistas e interacciones con los candidatos, de pruebas y herramientas a utilizar...

- *Usa todas las fuentes relevantes de datos.* En este sentido, conviene tratar de identificar cuanta información sea útil al proceso y las posibles fuentes en las que se puede encontrar esa información. No siempre el currículum es una buena fuente de información, ni la única. Los informes verbales, las referencias personales, los resultados históricos de los candidatos, etc., pueden complementar las fuentes de información. Una fuente de información especialmente relevante, cuando se trata de selecciones para "clientes" internos, es el propio jefe del candidato y, evidentemente, el propio "cliente" en sí mismo.

- *Usa información aportada y extraída.* Es decir, no solamente se restringe a utilizar la información que el candidato aporta al proceso de forma espontánea, sino que el seleccionador utiliza herramientas y crea activamente situaciones que favorecen o provocan que el sujeto "ponga en juego" sus recursos y su repertorio conductual, mostrando habilidades y formas de comportamiento que indican, de manera evidente y activa, sus habilidades y su "mundo interno".

- *Tiene puntos de decisión claramente especificados.* Los momentos y mecanismos de decisión no se dejan al azar o al desarrollo natural de los acontecimientos que, aleatoriamente, puedan presentarse. Desde el principio deben especificarse los distintos momentos de toma de decisiones, el tipo y el alcance de la información sobre la que se decidirá y quién será el responsable de estas decisiones, así como los mecanismos de supervisión y contraste de calidad de las decisiones que se ejercerán en cada punto del proceso. La buena marcha de una selección profesional exige que cada persona participante en ella sepa con claridad quién toma qué decisiones y cuándo, y este principio, siempre que sea posible, debe extenderse a los propios candidatos.

- *Usa la organización completa hasta el final.* Según este principio, todos los recursos disponibles en la organización para la que se selecciona pueden resultar útiles –y utilizables– en el proceso. Esto incluye a sus directivos, su experiencia histórica sobre *know-how* de producto, de servicio y de las propias características de los candidatos a seleccionar. Puede que el seleccionador tenga una idea sobre lo que significa la habilidad *tenacidad*, en términos generales, requerida de forma crítica para la selección, por ejemplo, de agentes especializados en la venta de seguros de vida. Sin embargo, es seguro que los de mayor éxito en esta misma organización podrán aportar ejemplos e ideas de gran utilidad para matizar el concepto y para indicar "conductas criterio" que permitan al seleccionador identificar con mucho mayor precisión lo que debe buscar cuando se hable de *tenacidad* en este proceso de selección. En consecuencia, ¿por qué no utilizar estas experiencias e ideas? Se pueden aportar así muchos ejemplos de cómo utilizar el conjunto de la organización para extraer de ella, de la forma más económica, la mayor cantidad de ayuda para el proceso.

↪ *Los usuarios son formados en sus funciones dentro del proceso*. En este sentido, los "clientes" (siempre, internos o externos) han de participar, inevitablemente, en los procesos de selección en un momento u otro de la toma de decisiones. Por ello, aquel proceso que resulta más eficaz es el que, desde el inicio, utiliza los encuentros con el "cliente" como oportunidades de formación para desarrollar en él conceptos y capacidades de análisis y observación que puedan utilizarse posteriormente en el desarrollo del trabajo y que generen un "lenguaje" y un método comunes de análisis de situaciones entre el seleccionador y su "cliente". Esta formación –que no siempre se realiza de manera formal y explícita, pero que inevitablemente debe producirse en el transcurso del proceso– es un factor crítico de éxito no sólo en el proceso de selección puntual en el que intervenga el seleccionador, sino en la calidad y durabilidad de la relación "cliente"-seleccionador a largo plazo.

Figura 2

```
PROCESO DE SELECCIÓN PROFESIONAL

        Descripción y análisis del puesto de trabajo
               Definición de requerimientos

  Seguimiento de                              Preselección de
    resultados                                   curricula

  Presentación                                   Entrevista
   al cliente                                    focalizada

  Formación de                                   Evaluación
  candidaturas

               Entrevista en profundidad
```

El problema a plantearse, pues, al iniciar una selección, para garantizar el éxito, es cómo estructurar el proceso de manera que se garantice que estas características enunciadas se producen y que, además, se producen en la secuencia y la forma más eficientes y eficaces posibles.

En la figura 2 de la página 38 se muestran las fases correspondientes a un proceso completo de selección profesional, en el orden y con las interacciones que deberían tratar de cumplirse para garantizar que los procedimientos mejoran progresivamente el resultado final en cuanto a calidad y coste.

Como puede observarse, el proceso global consta, al menos, de ocho grandes bloques de actividades que el seleccionador debe realizar. En el acierto y la calidad intrínseca de cada una de ellas se juegan el acierto y la calidad total del proceso de selección.

Veamos sucintamente el contenido de cada bloque y las interacciones que se pueden producir entre ellos:

➢ *Descripción y análisis del puesto de trabajo. Definición de requerimientos.* Ningún proceso de selección puede comenzar hasta que este primer aspecto haya sido resuelto de forma total y satisfactoria, es decir, hasta la operativización en una serie de cualidades personales (biográficas, psicológicas y circunstanciales) imprescindibles y/o deseables para la correcta resolución de la tarea profesional para la que se selecciona. Englobada en un solo bloque de actividades, nos encontramos en realidad con una compleja tarea que se describe con detalle en la parte primera de este libro y que constituye el punto de partida imprescindible de todo proceso de selección. En algunas organizaciones, la tarea de descripción y análisis de sus posiciones profesionales se encuentra adscrita a la unidad o departamento de "Organización"; en otras se realiza desde el área de "Recursos Humanos"; en ocasiones, desde un departamento o función mixta de "Gestión y desarrollo de medios y/o recursos". En definitiva, en algunos casos, el seleccionador se encontrará con descripciones extremadamente depuradas y detallistas, mientras que en otros casos deberá comenzar el trabajo por lo más elemental de la descripción. De cualquier modo, no debe olvidarse que la filosofía y las técnicas desde las que se decida efectuar la descripción y análisis del "puesto" (si es que debemos llamar "puesto" al conjunto de retos profesionales y roles o papeles que un determinado profesional debe desempeñar en la organización, para conseguir una serie de resultados deseables o para eliminar o minimizar otros indeseados) determinará de forma inamovible los resultados de la investigación sobre los requerimientos críticos para tal posición y, en consecuencia, resultará de la mayor importancia para la elección adecuada de la persona idónea.

En la figura se resumen los objetivos y las técnicas a utilizar por el seleccionador en este paso.

Figura 3

```
DESCRIPCIÓN Y ANÁLISIS DEL PUESTO DE TRABAJO.
       DEFINICIÓN DE REQUERIMIENTOS
```

Objetivos
* Definir necesidades reales
* Definir perfiles
* Identificar requerimientos clave
* Evaluar la cultura interna
* Conocer al equipo humano de integración
* Generar la confianza básica
* Diseñar la forma de convocatoria

Técnicas
* Entrevista con el "cliente" (interno/externo)
* Ficha de análisis y descripción del P.T.

➢ *Preselección de curricula*. El siguiente paso suele consistir en la atracción de candidatos potenciales para alimentar el proceso. Sin embargo, según las circunstancias enumeradas y, si se han resuelto adecuadamente las dificultades propias de la difusión de la oferta, nos encontraremos en este momento con una afluencia de candidaturas mayor que la necesaria para efectuar el proceso global con calidad y con un costo proporcionado. Por ello, suele ser conveniente efectuar una preselección racional de los candidatos del proceso, siguiendo unas reglas sencillas que se enumeran en el *paso 8*.
Los objetivos y las técnicas más relevantes de esta frase del proceso son los siguientes:

Figura 4

```
PRESELECCIÓN DE CURRICULA
```

Objetivos
* Descartar "falsos positivos"
* Identificar candidatos útiles
* Optimizar coste y tiempo

Técnicas
* Establecimiento de requerimientos objetivos
* Lectura de C.V.
* Clasificaciones

➤ *Entrevista focalizada.* A continuación, conviene comenzar el contacto real con los candidatos lo antes posible, ya que algunas descripciones de currícula se atienen a una estructura de presentación extremadamente depurada que induce al seleccionador a desarrollar expectativas sobre la experiencia, la formación o las características generales del candidato que en poco o en nada se corresponden con la realidad. Por ello, cuanto antes "veamos" en una entrevista estructurada a los candidatos y tengamos un primer encuentro exploratorio con ellos, antes podremos descartar a aquellos que, por motivos de muy diversa índole, no encajan en el perfil, aunque su currículum, aparentemente, así lo indique. Este encuentro dirigido y enfocado a la identificación de las habilidades clave permite establecer un filtro que reducirá significativamente el número de candidatos y, en consecuencia, el coste del resto del proceso.

En este aspecto, el siguiente cuadro muestra los objetivos y las técnicas más significativos de este paso:

Figura 5

```
ENTREVISTA FOCALIZADA

Objetivos
*  Conocer al candidato personalmente
*  Contrastar el C.V.
*  Eliminar simuladores
*  Motivar
*  Identificar habilidades conductuales

Técnicas
*  Descripción de la historia profesional
*  Descripción del puesto
*  Hoja de evaluación de la entrevista
```

➤ *Evaluación.* Conocidos los candidatos y eliminados los que no resultan idóneos por características de su conducta o habilidades, se puede proceder a la aplicación de pruebas de todo tipo, tal y como se indica en los *pasos 11 y 12* de esta guía. Como es lógico, esta fase deberá constituir un nuevo filtro que objetive las decisiones próximas al final de la construcción de la candidatura. En especial, las pruebas situacionales y las pruebas de conocimientos (muy significativas en determinados casos) deben aportar información al proceso de toma de decisiones.

Aunque su complejidad escapa, naturalmente, a toda simplificación, en el esquema siguiente se muestra una síntesis de los objetivos y las técnicas más importantes para utilizar en esta fase:

Figura 6

```
                    EVALUACIÓN
Objetivos
*  Evaluación de conocimientos
*  Evaluación de habilidades
*  Evaluación de aptitudes
*  Evaluación de elementos de personalidad
*  Diagnóstico del potencial de desarrollo

Técnicas
*  Pruebas psicométricas
*  Pruebas proyectivas
*  Pruebas situacionales
```

➢ *Entrevista en profundidad.* En este bloque del proceso se persigue tener un conocimiento más global y profundo de la realidad del candidato que abarque aspectos de su historia de experiencias y aprendizajes familiares, académicos, sociales y profesionales, así como de su vida íntima y del universo de creencias, valores, actitudes y expectativas que ha desarrollado evolutivamente en su proceso de maduración personal y profesional. El enfoque de esta entrevista en profundidad, que se presenta en el *paso 13*, será de fundamental importancia para tomar las decisiones finales sobre los candidatos que permanezcan en el proceso.

Los objetivos y las técnicas, como resumen, de esta fase, serán:

Figura 7

```
              ENTREVISTA EN PROFUNDIDAD
Objetivos
*  Análisis motivacional
*  Contraste de hipótesis
*  Presentación pormenorizada del puesto
*  Explicación de la organización
*  Preparación de la presentación final

Técnicas
*  Análisis de "anclajes de carrera"
```

➢ *Formación de candidaturas*. Llegados a este punto, es muy probable que al seleccionador se le planteen alternativas de decisiones difíciles entre varios candidatos que parecen igualmente dotados para asumir responsabilidades del desempeño de las funciones o las posiciones para las que se selecciona. Es posibles que varias personas sean útiles al proyecto descrito por el "cliente". Es posible, incluso, que el seleccionador tenga sus opciones "favoritas". Prestar atención al diseño de una candidatura final puede optimizar el resultado y ahorrar esfuerzos tanto al seleccionador como a su "cliente" al evitar que se efectúen entrevistas de toma de decisiones a candidatos demasiado "iguales" y que aporten poco valor añadido diferencial al "cliente".

En síntesis, en el esquema siguiente se muestran los objetivos y las técnicas para cumplimentar esta fase:

Figura 8

```
FORMACIÓN DE CANDIDATURAS

Objetivos
*  Identificar a "los más idóneos"
*  Ajustar las alternativas
*  Crear opciones

Técnicas
*  Análisis del ajuste persona-puesto
*  Votaciones en abanico
*  Técnica de delphi
```

➢ *Presentación al cliente*. No siempre las características de los candidatos finales son idénticas a las expectativas que el "cliente" tenía originalmente sobre lo que deberían ser. No siempre el mejor candidato es, en todo, parecido a la "fotografía" más o menos fija que el "cliente" tenía en el inicio. Por ello, la presentación previa de la candidatura al cliente puede servir para equilibrar sus expectativas con respecto a qué va a encontrar cuando conozca por primera vez al candidato y puede evitar que una decepción –casi siempre debida a aspectos superficiales o poco relevantes– lo influya negativamente o introduzca un sesgo en su buen juicio global sobre él. Si se quiere evitar que el proceso global entre en riesgo, es preciso hacer una buena introducción de los candidatos con realismo y con sensibilidad hacia sus reacciones. Éstas permitirán redefinir, si fuese preciso, las habilidades básicas a identificar en la entrevista focalizada o las características de perfil socio-psicológico a explorar en la entrevista en profundidad, de tal forma que el ciclo se retroalimenta con una buena escucha del "cliente" ante nuestra presentación. En ocasiones, esta presentación de candidatos no ha de dejarse para el final del proceso, sino que conviene hacer un "avance de candidatura" en un estadio razonablemente anterior, con el fin de corregir el tiro en aquellos aspectos en que el "cliente" no ha sido suficientemente claro o no tenía una idea verdaderamente exacta de lo que necesitaba/quería/esperaba del candidato final (por desgracia, no es absolutamente imposible que tal circunstancia se presente al seleccionador experimentado...).

Como resumen, se indican a continuación los objetivos y las técnicas de esta fase:

Figura 9

PRESENTACIÓN AL CLIENTE

Objetivos
* Venta activa de candidatos
* Preparar el encuentro
* "Inmunizar"
* Generar expectativas racionales

Técnicas
* Informe escrito

➢ *Seguimiento de resultados.* Finalmente, un proceso de selección (sea interno o externo) no debe finalizar sin un seguimiento de los resultados obtenidos por el candidato seleccionado e incorporado a su posición, de modo que se garantice la satisfacción tanto del "cliente" como del propio candidato en su nueva situación y se corrijan, si es el caso, cuantos errores de comunicación puedan haberse cometido por parte de cualquiera de los intervinientes en el proceso ("cliente" –seleccionador– candidato). Si se ha de mantener una relación a largo plazo entre el seleccionador y su "cliente" –lo que es, siempre, de desear–, no debe olvidarse corregir cuantos matices sea necesario en la definición de los requerimientos del puesto (para sucesivas selecciones) o introducir las correcciones que hagan falta en todos los demás pasos del proceso global... Así, la calidad de la selección será incrementada en cada sucesiva intervención del seleccionador, acercando cada vez más el resultado conseguido a las expectativas del "cliente" y a las necesidades de la organización.

Como resumen, los objetivos y las técnicas de la fase de seguimiento demuestran a continuación:

Figura 10

SEGUIMIENTO DE RESULTADOS

Objetivos
* Evaluar ajuste
* Corregir desviaciones en la comunicación
* Cerciorarse de la satisfacción del "cliente"

Técnicas
* Garantía de reposición
* Entrevistas de seguimiento
* Evaluación del desempeño

PARTE PRIMERA

Análisis de puestos de trabajo y definición de requerimientos

Paso 1
Descripción del puesto y recogida de información

El primer paso obligado de toda selección de personas en una organización será la descripción del puesto de trabajo para el que se selecciona o bien el repaso de la descripción ya existente que deberá, en cualquier caso, ser puesta al día.

Conviene tener presente que un "puesto de trabajo" no suele ser sino una etiqueta lingüística, más o menos desarrollada que, en los procesos organizativos de las estructuras empresariales y organizacionales, resuelve con relativo sentido práctico el problema de denominar de forma rápida al conjunto de "cosas" que un determinado empleado realiza. Sin embargo, es difícil encontrar una definición unívoca de lo que es un "puesto de trabajo" o del contenido de determinado "puesto de trabajo" en una organización.

En general, debemos considerar que un "puesto de trabajo" es el *conjunto de acciones organizadas y propositivas que realiza un empleado o colaborador de una organización, en una determinada posición de su estructura de relaciones internas y externas, con el fin de conseguir aportar valor añadido a dicha organización (y, en general, a su cuenta de resultados) mediante la consecución de una serie de áreas de resultados específicos, siguiendo unas reglas, procedimientos y metodologías –generalmente, prestablecidas– dentro de una determinada orientación estratégica fijada por la propia organización, y utilizando recursos humanos, informativos, tecnológicos o físicos que pertenecen a la misma.*

Esta definición, que no pretende ser completa ni agotar las múltiples formas de organización que se pueden encontrar en el tejido sociolaboral, nos servirá para comprender lo que se quiere decir en los siguientes capítulos al hablar de "puesto de trabajo", siempre y cuando tengamos en cuenta la gran diversidad de variaciones y combinaciones de elementos posible.

En las páginas siguientes se describe una determinada metodología que permite identificar los factores críticos de éxito para que un empleado o colaborador de la organización, en un determinado "puesto de trabajo", consiga el máximo resultado con la mínima aplicación de recursos en una serie de áreas de resultados, cumpliendo con las especificaciones y constricciones impuestas por el entorno organizacional a su forma peculiar de desempeñar el trabajo.

Como procedimiento general, las descripciones de puestos de trabajo de la organización son, habitualmente, elaboradas por gestores de Recursos Humanos que se responsabilizan de su contenido técnico y de la fidelidad de la información en ellas contenida. El directivo o responsable de línea del correspondiente puesto descrito deberá supervisar las descripciones, haciéndose responsable de la conformidad con su correspondiente orientación y con las decisiones que contienen. Finalmente, el "jefe del jefe" autorizará con su firma la totalidad del proceso.

En los procesos sucesivos de selección para un puesto de trabajo ya descrito, sólo será preciso efectuar una revisión de la descripción: poner al día sus contenidos y hacer partícipes a los responsables de línea de cualquier cambio que haya podido producirse en el intervalo.

Una vez que se ha decidido comenzar el proceso de descripción de una posición de la estructura de la organización, se procederá de la forma enunciada en esta guía:

Piense en el puesto de trabajo. Acuda a la ***Ficha de descripción del puesto de trabajo*** que se presenta más adelante. ¿Qué nombre tiene? ¿Qué sabe, por experiencia de primera mano, que es realmente importante para llevar a cabo las responsabilidades de ese puesto?

La información relativa a esta parte del análisis del puesto de trabajo puede recabarse por distintos canales y de distintas fuentes. Sin embargo, una comprobación final con el "jefe natural" de la posición y con el "responsable último" de la unidad donde se encuadra, resulta imprescindible.

Paso 2
Análisis de las áreas de resultados

En este paso trataremos de determinar cuáles son los resultados básicos que debe alcanzar dentro de la organización el ocupante del puesto de trabajo. Para ello, partiremos de la información recogida en el *paso 1*, reflejada en la **"Ficha de descripción y análisis de puestos de trabajo", apartado I: "Contenido del puesto de trabajo"**.

Cada puesto de trabajo debe conseguir, mediante su ejercicio y correcto desempeño, un conjunto de resultados específicos como efecto de la puesta en escena de sus papeles profesionales. Las "áreas de resultados" no deben confundirse con las tareas. Si éstas consisten fundamentalmente en "acciones" que el ocupante del puesto desarrolla en el desempeño de su actividad profesional, aquéllas son, esencialmente, los "efectos" deseables que las acciones deben producir.

En el transcurso del análisis no debe olvidarse que, en las organizaciones, lo fundamental es el "resultado" y su calidad, independientemente de las acciones que deban efectuarse para alcanzarlo. Por ello, en el momento del análisis del puesto se deben diferenciar claramente ambos aspectos centrando la atención en el último.

Veamos algunos ejemplos:

ACCIONES	ÁREAS DE RESULTADOS
Hacer lista de clientes potenciales Recabar información sobre estados financieros de clientes potenciales Establecer contacto con clientes potenciales Mantener entrevistas comerciales Cerrar operaciones e instrumentarlas Efectuar el seguimiento de operaciones comerciales con clientes nuevos	*Todo ello se realiza con el fin de:* **Incrementar el volumen de negocio, de acuerdo con los objetivos comerciales fijados por la dirección, vinculando a nuevos clientes o incrementando las ventas de determinados productos.**

➡

ACCIONES	ÁREAS DE RESULTADOS
Elaborar escenarios de evolución de la negociación sindical Mantener contactos con líderes sindicales Reunirse con los representantes de los trabajadores Celebrar sesiones de negociación colectiva Alcanzar acuerdos Firmar el convenio colectivo	*Todo ello se realiza con el fin de:* **Mantener las relaciones laborales de la empresa dentro de cauces que garanticen la rentabilidad de la plantilla de personal y del bienestar social.**
Analizar puestos de trabajo Determinar perfiles profesiográficos Actualizar expedientes de personal Mantener entrevistas de evaluación con empleados Consultar datos de resultados personales históricos Tomar decisiones sobre selecciones internas para puestos clave	*Todo ello se realiza con el fin de:* **Mantener la plantilla de personal de puestos clave dotada de forma satisfactoria**

Una vez estudiadas en profundidad las *áreas de resultados* correspondientes a la descripción del puesto de trabajo, se reflejarán en el correspondiente apartado de la **"Ficha de descripción y análisis del puesto de trabajo"**, apartado VIII, parte izquierda, y se podrá comenzar el paso siguiente.

Paso 3
Análisis de las situaciones críticas para el éxito en el puesto de trabajo

En esta fase del análisis de puestos de trabajo el objetivo es identificar las situaciones específicas en las que el ocupante del puesto de trabajo analizado debe poner en juego sus destrezas y capacidades, sus conocimientos y experiencias, de modo que se consigan los fines o los resultados deseados.

Como método se seguirán las siguientes pautas de razonamiento:

A Cada "área de resultados" reflejada en la ficha implica la resolución eficaz de un conjunto de *situaciones profesionales* en las que se debe conseguir un objetivo específico que resulta ser, a su vez, un paso intermedio para la consecución de la propia "área de resultados". El primer paso consiste, pues, en la *identificación de cada una de estas situaciones profesionales* para cada una de las "áreas de resultados".

Así, por ejemplo, el puesto de Director de Formación de la empresa puede integrar como una de sus "áreas de resultados", el "*mantener permanentemente la dinámica de formación y desarrollo de cada uno de los directivos clave de su Unidad*", para lo cual debe ejecutar correctamente una gran cantidad de situaciones tales como "planificar su agenda de entrevistas con directivos", "revisar materiales de los seminarios y acciones de formación", "revisar resultados de los seminarios a los que ha acudido un determinado participante", "mantener entrevistas con directivos para evaluar las acciones de formación a las que éstos han asistido", "detectar nuevas necesidades de formación mediante reuniones de grupo con directivos", etcétera.

Como puede observarse, cada una de estas situaciones, por sí misma, no supone un objetivo organizacional –no aporta valor añadido–; sin embargo, es necesario cumplimentar cada una de ellas si se quiere llegar a alcanzar el "área de resultados" que sí aporta ese valor añadido.

B Ahora bien, no todas las situaciones que deben ser resueltas por un profesional en su puesto de trabajo para alcanzar un objetivo o resultado profesional resultan igualmente "*críticas*". Es decir, no todas resultan imprescindibles o cruciales para garantizar el éxito final en el resultado esperado.

Por ejemplo, en el caso anterior, "*mantener entrevistas con directivos para evaluar las acciones de formación a las que éstos han asistido*", es fundamental en el proceso global de dinamizar correctamente la formación y el desarrollo de los directivos clave de la Unidad, mientras que "*revisar materiales de los seminarios y acciones de formación*", no es absolutamente imprescindible para el mismo proceso global.

El segundo paso consiste, en consecuencia, en *decidir cuáles de las situaciones identificadas son realmente cruciales* para el correcto desempeño del puesto hacia los resultados apetecidos y cuáles son accesorias o periféricas a ellos. Identifique, pues, las principales situaciones críticas de cada área de resultados e indíquelas en el correspondiente espacio de la "**Ficha de descripción y análisis del puesto de trabajo**", apartado I, parte derecha.

C Seguidamente, se ha de tener en cuenta que las diferentes situaciones profesionales "*críticas*" que han de resolverse en el ejercicio profesional harán poner en juego al ocupante de un puesto de trabajo muy diferentes capacidades, conocimientos, experiencias, técnicas e incluso herramientas e instrumentos técnicos, de tal modo que resultará práctico *efectuar su clasificación siguiendo una determinada lógica o tipología* que las agrupe de una forma racional.

Suele ser especialmente útil la clasificación en cuanto a las personas que pueden participar en la situación (*situaciones individuales, cara a cara* o *de grupo*), con el fin de determinar las habilidades o "competencias conductuales" interpersonales o individuales requeridas por el puesto de trabajo.

Esta clasificación se reseñará introduciendo la sigla, *I, D* o *G* en el casillero correspondiente de la "**Ficha de descripción y análisis del puesto de trabajo**", en el casillero correspondiente del apartado VIII, según la nomenclatura siguiente:

I: Individual
D: Dual (cara a cara)
G: Grupal

Con frecuencia, resulta interesante y enriquecedor ampliar el análisis de las situaciones críticas de éxito con algunas reflexiones específicas sobre los aspectos de *Responsabilidad, Características del entorno social* del puesto y sus *aspectos ejecutivos*. Veamos a continuación cómo efectuar esta reflexión.

D Piense primero en los aspectos de "*responsabilidad*" a los que debe responder el ocupante del puesto de trabajo. Se trata de reflexionar sobre las exigencias del puesto en cuanto a la toma de responsabilidades de su ocupante debidas al mantenimiento de relaciones internas o externas con diversos tipos de personas y con variadas finalidades —que exigen distinto grado de competencia e imponen diferentes cargas de responsabilidad—, así como por el número y características de los subordinados sobre los que debe ejercer el mando. Refleje las reflexiones en las casillas correspondientes de la *"Ficha de descripción y análisis del puesto de trabajo"*, apartado V.

E A continuación, considere el *"entorno de trabajo"* donde se ha de desempeñar el puesto analizado. Piense en los compañeros, los jefes, los clientes, los proveedores, los usuarios, las restricciones legales, las normativas, las políticas, las tecnologías, etcétera, que deberá afrontar con acierto el ocupante del puesto si quiere alcanzar el éxito en sus resultados no sólo de forma transitoria, sino de manera continuada y eficaz y sin causar daños o costos ocultos a la organización en el medio y el largo plazo.

Considere también los aspectos de la cultura de la empresa y de la Unidad de trabajo, sus peculiaridades de exigencia, formas de trabajo, dedicación, sistemas de organización y planificación del trabajo, estilo de mando. Todo ello será de la mayor importancia para garantizar la adaptación del candidato idóneo, no sólo a las tareas que deberá desempeñar sino al entorno profesional en que deberá desempeñarlas.

En este sentido, las aspectos sociales del puesto son una de las fuentes de análisis más importantes a considerar. El jefe inmediato que ha de tener este puesto, sus peculiaridades de carácter y estilo de dirección, así como los grados de exigencia y presión que imprimirá al ocupante del puesto analizado, son variables críticas que pueden hacer que un candidato al puesto quede refrendado o invalidado en función de "rasgos" de su comportamiento que así lo aconsejen. De igual manera, el equipo de trabajo, tanto colegas como colaboradores, será un dato importantísimo para valorar a la hora de establecer los requerimientos del perfil personal del ocupante idóneo del puesto.

Los clientes y los diferentes grupos sociales con los que el ocupante del puesto deba interactuar en el ejercicio de sus funciones también determinarán, en gran medida, el posible éxito profesional del ocupante. Considere finalmente este factor.

En todos los casos, el razonamiento debe responder a la pregunta crítica sobre los aspectos sociales: "¿Cómo debería ser la persona que ocupase este puesto de trabajo, para resultar eficaz en la interacción con estos grupos sociales y alcanzar las áreas de resultados que se plantean en la ejecución correcta de las situaciones críticas analizadas?". Todas las respuestas a esta pregunta central, irán completando el 'retrato robot' del candidato idóneo o irán dando pautas específicas, si es el caso, para efectuar el análisis de adecuación persona/puesto.

Este análisis global se reseñará en el apartado VI *"Características del entorno social"* de la *"Ficha de descripción y análisis del puesto de trabajo"*.

F Finalmente, analice los *"aspectos ejecutivos"*, es decir, de toma de decisiones, que son característicos del puesto. Debe plantearse el tipo y el alcance de las decisiones que el ocupante del puesto debe tomar, así como su frecuencia, relevancia, grado de normativa a que están sujetas –entendiéndose tanto más complejas aquellas que estén menos sujetas a normas–, responsabilidad patrimonial que entrañan para la empresa y forma en que pueden afectar a la seguridad de los empleados, los clientes o los colaboradores. Todos estos aspectos serán de vital importancia a la hora de definir la complejidad del puesto y las habilidades específicas requeridas por el mismo.

Las conclusiones de esta reflexión se reflejarán en la *"**Ficha de descripción y análisis del puesto de trabajo**"*, apartado VII.

Como es natural, los resultados del análisis de los apartados V, VI y VII deberán ser coherentes con aquellos que se derivan de las consideraciones del apartado VIII. En definitiva, el solo análisis de las "áreas de resultados" y sus correspondientes situaciones críticas para el éxito debería poner de manifiesto los aspectos de Responsabilidad, Entorno social y Aspectos ejecutivos; si insistimos en su reflexión independientemente no es sino como ayuda a la cumplimentación más exhaustiva del propio apartado VIII.

Paso 4
Análisis de los requerimientos objetivos para el desempeño del puesto de trabajo

Trataremos en este paso metodológico de perfilar el conjunto de requerimientos de tipo objetivo que resulten condicionantes para un desempeño eficaz del puesto de trabajo analizado.

Llamamos *"requerimientos objetivos"* a aquellas *características personales y/o profesionales que deben presentarse en un ocupante específico de un puesto de trabajo para que su desempeño del mismo pueda resultar eficaz y alcanzar los resultados esperados y previamente fijados, de tal manera que la presencia e idoneidad de estas características se puedan comprobar de manera objetiva en un candidato o empleado específico y no estén sujetas a evaluación* o apreciaciones subjetivas.

Los *"requerimientos objetivos"* se derivan del análisis del puesto de trabajo realizado hasta ahora y expresados en la ***"Ficha de descripción y análisis del puesto de trabajo"*** y que, al ser contemplados desde la óptica de las características idóneas de su ocupante, se expresarán en la ***"Ficha de requerimientos de cobertura del puesto de trabajo"***.

Además de los aspectos incluidos en el apartado I de la ***"Ficha de requerimientos de cobertura del puesto de trabajo"***, a efectos de realizar la correspondiente preselección de candidatos debida a los *requerimientos objetivos,* se incluirá también la *formación básica del puesto.*

Resultan, pues, de la mayor importancia, aspectos como los siguientes:

↪ *Edad mínima y máxima aceptables, así como edad preferida.* Como es evidente, algunos puestos requieren personas de edades específicas, mientras que en otros resulta irrelevante. Además de las políticas generales de las organizaciones en cuanto a incorporaciones nuevas de colaboradores, existen condicionantes objetivos que pueden impedir que personas demasiado jóvenes o demasiado mayores accedan a un rendimiento especialmente exigente en el puesto. Baste pensar en el límite mínimo de edad requerido para acceder a un puesto de alta dirección corporativa en una organización transnacional, o el límite máximo para desempeñar un puesto en el que el esfuerzo físico sea muy importante (por ejemplo, maestro de taller de calderería pesada en una fundición). Aun así, los ejemplos de versatilidad en este aspecto son siempre interesantes: mientras que en la casi totalidad de los países en los que la cadena de comida rápida *McDonald's* está instalada (que es, dicho sea de paso, en casi todo el mundo), la media de edad de sus dependientes y miembros de la cocina no supera los 24 a 26 años; en Singapur, la media de edad de sus colaboradores se sitúa más allá de los 50. Los condicionantes de la estructura socioeconómica del país hacen que las personas mayores tengan en este tipo de empleo de tiempo parcial (con total flexibilidad y versatilidad, según la costumbre de ese país) una magnífica oportunidad para dedicar algunas horas a la semana al trabajo y mantenerse así en plena forma…

- *Nacionalidad preferida*. En ocasiones, algunas nacionalidades son preferidas por motivos del contenido del puesto (puestos de relaciones internacionales o en el caso de que el puesto tenga como misión servir de "puente" entre la misma función desarrollada en dos países,…); en otros casos, se eliminan algunas nacionalidades por motivos de limitación legal (por ejemplo, en cualquier país de la CEE; en la actualidad, no existe diferencia entre la elección de cualquier ciudadano de otro país de la CEE, pero pueden existir severas limitaciones a la contratación de ciudadanos de algunos países africanos,…) o, simplemente, de rivalidades históricas entre naciones que imposibilitan o, al menos, dificultan, el entendimiento (es preferible no dar ejemplos…).

- *Sexo preferido (y sus motivos)*. En este apartado, siempre surgen las dudas sobre hasta dónde llegan las limitaciones objetivas para el desempeño de las mujeres de diversas funciones consideradas como típicamente "masculinas" (el ejemplo de la incorporación reciente de las mujeres a las tareas de minería subterránea en el norte de España demuestra que no siempre existen tales razones) o el de los hombres a las labores típicamente "femeninas" (sirva de ejemplo la incorporación como auxiliares de vuelo de los varones en el pasado reciente o la cantidad de puestos de trabajo cubiertos por hombres en empresas de limpieza de edificios de oficinas). Así, en la mayoría de los casos, las restricciones de sexo en cuanto a la incorporación a un determinado puesto –casi siempre discriminativo negativamente para la mujer, por desgracia– responden a tabúes y prejuicios sexistas que todas las personas inteligentes (directivos de alto nivel, en muchas ocasiones) consideran injustificados, pero que se siguen practicando de manera descuidada e inercial… El seleccionador deberá prestar gran atención a todas las razones que su "cliente" esgrima sobre la *necesidad* de que el candidato sea hombre o mujer, pero habrá de hacer reflexionar serenamente a ese mismo "cliente" cuando tales razones no estén sólidamente basadas en razones objetivas. No obstante, inmediatamente después de hacer esta declaración, debemos ser conscientes de que, en raras ocasiones, tales razones *"objetivas"* puedan existir. Sobre todo, si se entiende por "objetivo" aquello que puede facilitar o entorpecer el desempeño profesional de alguien por efecto del rechazo social a su propio desempeño. Así, aunque los varones pueden resultar igualmente dotados que las mujeres para la tarea de efectuar registros en profundidad de personas físicas en los controles de seguridad de aeropuertos, parece bastante "objetivo" que para los registros de mujeres se prefiera la presencia de otras mujeres policía, mientras que para el registro de los varones sea más aceptable socialmente, la presencia de hombres policía. A veces, no obstante, podemos encontrar ejemplos paradójicos. Así, mientras las mujeres suelen preferir la asistencia de una vendedora femenina cuando compran ropa de moda o de temporada, la evidencia contrastada por las cadenas de grandes almacenes demuestra que ¡prefieren ser atendidas por vendedores masculinos cuando compran ropa interior! (al menos, así nos lo han relatado nuestros clientes en este sector)... En el sentido inverso, los varones prefieren ser atendidos por un "sastre" masculino cuando compran sus trajes, pero, en términos generales, prefieren la ayuda de una mujer en la sección de perfumería y cosmética.

- *Procedencia geográfica aceptable o no aceptable.* En ocasiones, una determinada procedencia geográfica (rural o urbana; de puerto de mar o de interior; etcétera) puede ser preferible para algunas posiciones dentro de la organización. Más en particular, el hecho de haber nacido y vivido largo tiempo en una determinada ciudad o área geográfica y su conocimiento y las conexiones sociales que supone, se convierten en factores críticos de éxito de un determinado puesto de trabajo. Se entendería poco la posibilidad de eficacia personal en el empleo de "repartidor de correos" o de "conductor de un taxi" en una persona que no conociese perfectamente su zona de trabajo. Por supuesto, este conocimiento se puede adquirir, pero la dificultad intrínseca del rendimiento será, en cualquier caso, mucho mayor. Ni qué decir tiene que estas diferencias de probabilidad de rendimiento óptimo se agudizan cuando las situaciones críticas que el empleado debe afrontar están más conectadas con su penetración en el tejido social de una determinada zona.

- *Situación militar aceptable o no aceptable.* Parece evidente que, si en la cuestión de la discriminación por razones de sexo, las mujeres tienen un claro obstáculo social a su acceso a determinados puestos de trabajo –que debe ser, insisto, eliminado–, en cuanto a la situación militar, en la mayoría de los países, tienen una clara ventaja con respecto a los varones ya que, para éstos, en muchas ocasiones, el servicio militar obligatorio supone la pérdida de un año en cuanto a oportunidades profesionales; pérdida que las mujeres no tienen obligación de sufrir. Este apartado, aunque resulte de un alto contenido ideológico, no merece más comentario que el de hacer consciente al profesional de la selección que la realidad de las organizaciones exige, en la mayor parte de los casos, que sus jóvenes nuevos empleados hayan cumplido de antemano con las obligaciones militares o se encuentren exentos de ellas por cualquiera de las múltiples vías existentes. Este requerimiento resulta tanto más *"razonable"* cuanto más vinculado está al desarrollo de potencial del nuevo colaborador y su posible carrera dentro de la organización. Así, cuando se reclutan jóvenes de alto potencial directivo, con poca o ninguna experiencia previa, para efectuar un desarrollo rápido de carrera, no parece aconsejable que el proceso de formación posterior se vea interrumpido por la necesidad de abandonar la organización durante un período largo de tiempo para hacer frente a las obligaciones militares. Cada año, en nuestros procesos, nos vemos ante un elevado número de jóvenes de gran valía a los que debemos rechazar en la fase previa de la selección misma por este motivo. Aunque resulte duro tanto para ellos como para los seleccionadores, la realidad se debe imponer y es preferible que el criterio esté bien establecido desde las primeras fases de la selección.

- *Estado civil aceptable o inaceptable*. Poco nuevo cabe añadir a lo que ya hemos comentado anteriormente. Cierto es que, en la mayoría de las ocasiones las preferencias del "cliente" por un perfil de estado civil concreto no pasan de ser prejuicios injustificados. Debemos aplicar las mismas recetas que las comentadas para el apartado del sexo. Sin embargo, una vez más, no conviene olvidar que el "consejero matrimonial de los servicios de atención social de un determinado ayuntamiento" no debería ser (por razones *"objetivas"*) divorciado...

- *Disponibilidad para dedicaciones especiales, viajes o desplazamientos frecuentes*. Si el candidato seleccionado deberá viajar y ausentarse de su hogar con una frecuencia previsiblemente alta o bien deberá estar disponible fuera de horario o desplazarse frecuentemente en un radio de acción determinado, es importante que su situación personal y familiar no presente indicios de una dependencia hacia él/ella llamativamente fuerte. Una madre joven con hijos de muy corta edad se sentirá –salvo situaciones especiales, siempre posibles y que deben ser exploradas– muy poco proclive a realizar viajes de más de día de duración todas las semanas, por mucho que así lo manifieste en la entrevista inicial... El hijo único de una madre mayor y enferma que reside con él y sin más familia a la que acudir, se sentirá en una situación de alta tensión cuando deba viajar frecuentemente al extranjero en viajes de negocios. Esta misma madre joven y este mismo hijo podrán encontrar ocupaciones profesionales igualmente interesantes y mucho más satisfactorias si el seleccionador tiene en cuenta su situación personal en el futuro.

- *Necesidad de disponer de permiso de conducir y clase*. Este requerimiento puede ser imprescindible si se trata de profesionales que deban viajar por sus medios y responde, casi siempre, a políticas de empresa predeterminadas.

- *Necesidad de disponer de vehículo propio y razones para ello.* Que, generalmente, va unido al anterior y se aplica, en especial, a profesiones comerciales que deben desarrollarse en zonas geográficas extensas.

- *Formación básica de tipo reglado requerida.* Titulación académica requerida (y su motivos) y tipo y alcance de los conocimientos básicos y preparatorios necesarios. Este tipo de requisitos son difíciles de definir. En general, tendemos a identificar los requerimientos de formación básica con títulos académicos. En ocasiones, las limitaciones legales existentes obligan a que así sea (por ejemplo, cuando se intenta practicar un tipo específico de contrato que sólo es aplicable a determinado tipo de titulados universitarios o de formación profesional... Naturalmente, este tipo de limitaciones es muy variable en cuanto a los países y zonas en que se aplica y debe ser tenido siempre en cuenta). En otras ocasiones, se trata solamente de la inercia del seleccionador o de su "cliente", que encuentran más fácil identificar un *título* que un *contenido* de ese título.
  Cuando hablamos de "***formación básica***", en realidad nos referimos a aquellos conocimientos preparatorios que el sujeto debe reunir para poder adquirir los demás aprendizajes necesarios para un correcto desempeño del puesto de trabajo. Se trata del conjunto de informaciones básicas estructuradas acerca de la realidad, que se valen de formas de organización cognitiva tales como esquemas mentales, teorías, conceptos, constructos, modelos de referencia, creencias y expectativas de funcionamiento del mundo y del conjunto de la realidad externa e interna del sujeto, que le permiten a éste integrar nuevos datos de una forma interpretativa y "crear" de manera más articulada y completa su propia concepción de la realidad misma. Naturalmente que todo esto es lo que consigue una formación reglada, en mayor o menor medida, pero también debe considerarse que otras formas de desarrollo personal pueden conseguir efectos parecidos (quizá con menor economía de tiempo, eso sí) y resultados idénticos o más ricos.
  A la hora de determinar la formación básica del sujeto, no nos limitemos, pues, a identificar el título que debe poseer, sino el contenido de la formación que ha debido conseguir y que resulte imprescindible para un desempeño adecuado y de alto rendimiento del puesto que intentamos cubrir.

- *Formación complementaria o técnica requerida.* Tipo y alcance. Grado de desarrollo en que se precisa. Especialización. Igual que en el caso anterior, de lo que se trata es de la reflexión sobre el tipo de contenidos informativos y de manejo de tecnologías específicas que el candidato idóneo debe poseer para un buen rendimiento en el puesto. No se trata de un título o una especialización. Se trata del conjunto de conocimientos específicos acerca de la realidad sobre la que ha de actuar y de los métodos idóneos para actuar sobre ella que debe manejar con acierto.

- *Idiomas necesarios para el desempeño del puesto y su grado de dominio o conocimiento real.* En este sentido, tan sólo hacer una pequeña anotación práctica para la determinación del nivel de requerimiento. Es cierto que, hoy en día, el conocimiento de idiomas es una necesidad casi universal para todos los puestos de trabajo a partir de un determinado nivel de responsabilidad organizacional. Podríamos decir que un joven (o un mayor...) que, en nuestros tiempos, no sepa algo de informática personal, el funcionamiento del mando a distancia de los aparatos audiovisuales del hogar, calentar leche y descongelar platos precocinados con el microondas y entender y hacerse entender en inglés y en la lengua autóctona de su zona geográfica de origen, es un ser que tiene algo de "*analfabeto social*" de nuestro siglo... Sin embargo, dejando estas pequeñas exageraciones a un lado, no es menos cierto que la "moda" de ciertos "clientes" (internos o externos) de exigir el conocimiento de idiomas para todos los puestos de trabajo puede ser, incluso, un factor de fracaso importante en los procesos de selección. Cuando el conocimiento de un idioma es un requisito en un proceso de selección, el candidato seleccionado genera la expectativa (razonable, dicho sea de paso) de que tendrá que utilizar este idioma en su trabajo habitual. Pensará (con cierta lógica, dicho sea de paso también) que se le brindarán medios institucionales para desarrollar sus niveles previos de este idioma y creerá, finalmente (con una coherencia innegable), que tal habilidad lingüística le será reconocida en sus percepciones salariales... La decepción posterior y la consiguiente ruptura de expectativas positivas con respecto a la organización puede ser irrecuperable cuando comprueba que el idioma en cuestión jamás se utiliza en el trabajo y que, en consecuencia, nadie lo valora después de la selección y no le supone ninguna ventaja de ningún tipo haberlo aprendido... Lo que es más, ¡cada día se encuentra más cerca de olvidarlo!

  El idioma, como requerimiento objetivo del puesto de trabajo, debe ser cuidadosamente calibrado tanto en su necesidad y utilización real en el proceso profesional posterior como en el grado y el nivel de exigencia que se establecerá en la selección.

- *Grado, tipo y alcance de la experiencia previa requerida por el puesto.* Finalmente, se debe tener en cuenta el cúmulo de aprendizajes experienciales requeridos por la tarea y los motivos por los que se requieren. El grado de desarrollo de esta experiencia. El tipo de experiencias no aceptables para el desempeño del puesto y otros aspectos relacionados con los aprendizajes en el propio puesto de trabajo (o en otros similares o preparatorios) que el candidato idóneo debe poseer. En el mismo sentido pueden existir experiencias vitales "incapacitantes" para una determinada función o puesto. Así, el piloto de líneas aéreas que ha tenido (o ha intervenido con su sola presencia en la cabina de mando) en un incidente aéreo –aun cuando haya sido de poca o ninguna trascendencia en cuanto a pérdidas humanas– no parece ser el candidato más idóneo para convertirse en instructor de otros pilotos de la compañía.

En el *Anexo I* se presenta un ejemplo de *"**Ficha de descripción de requerimientos objetivos del puesto de trabajo**"*.

Ejemplo de "Ficha de descripción y análisis del puesto de trabajo"

Descripción y análisis del puesto de trabajo
Nombre del puesto: ....
Unidad de trabajo: ....
Fecha de la descripición: .... Código: ....
Nombre del analista: ....
Motivo del análisis: ....
Información: ....

I. Datos de posición en la estructura

(Señale la posición del puesto en la estructura, indicando los nombres de los puestos superiores –jerárquicos o funcionales– y subordinados)

Localización geográfica:

Nº de ocupantes: Fecha de la última cobertura:

II. Aspectos organizativos

HORARIO:
Reflejar el horario "normal" esperado del puesto:

Horario habitual:	De h A: h	Total horas:	
Jornada:	○ Partida ○ Continuada	○ Comentarios:	
Turno:	○ Fijo ○ Rotativo		
Dedicación especial:	○ No ○ Sí		

VIAJES:
Describir el horario "normal" esperado del puesto:

Frecuencia:	☐ Todas las semanas	☐ Cada dos semanas	☐ Cada mes	☐ Menos de cada mes
Destinos:	☐ Internacionales	☐ Nacionales	☐ Regionales	☐ Locales
Medio de Transporte:	☐ Avión	☐ Tren	☐ Coche alquilado	☐ Coche propio

Retribución aproximada bruta total anual

(Banda retributiva estimada o retribuciones históricas de los últimos ocupantes o retribución idónea comparativa...)

III. Formación

Formación básica: Naturaleza y alcance de los conocimientos generales requeridos para el correcto desempeño del puesto. Tipo de formación general que se precisa como "base" para que el ocupante sea capaz de dar un rendimiento completo.

○ Enseñanza primaria

○ Perito mercantil/Graduado social
○ Otros (describir):
....
....
....
....

○ Bchto. Elemt./
Educación General Básica
Formación Profesional de 1º Grado
○ Ing. Técn./Diplom. Univ./A.T.S.
Especialidades:
....
....
....
....

○ Bchto. Sup./B.U.P./FP II
Bachillerato Unificado Polivalente
Formación Profesional de II Grado
○ Licenciado Univ./ingeniero Sup.
Especialidades:
....
....
....
....

Formación técnica: naturaleza y alcance de los conocimientos técnicos requeridos por el puesto. Saberes concretos de tipo profesional que deben ser del dominio del ocupante y sin los cuales es imposible el rendimiento eficaz.

....
....
....
....
....
....
....
....
....
....

Grado de desarrollo de estos conocimientos:

○ Muy alta especialización   ○ Alta especialización   ○ Media especialización   ○ Baja especialización   ○ Muy baja especialización   ○ Sin especialización

Idiomas: Aquellos que son imprescindibles para el correcto desempeño del puesto. Nivel de dominio necesario:

☐ Inglés   ☐ Francés   ☐ Alemán   ☐ Otro:

Nivel requerido:
☐ Pleno dominio en conversación técnica y de negocios
☐ Dominio alto para la interacción profesional
☐ Manejo medio. Lectura y comprensión general en situaciones sociales
☐ Manejo elemental para el automantenimiento

IV. Experiencia

Tanto específica como de otros puestos de trabajo. Se trata de aprendizajes cuantitativos y cualitativos adquiridos por la práctica profesional y no por el tiempo transcurrido, que garantizan la resolución de situaciones especiales que pueden presentarse en el ejercicio del puesto:

....
....
....
....
....
....
....

○ Muy desarrollada   ○ Bastante desarrollada   ○ Desarrollo de tipo medio   ○ Bajo desarrollo   ○ Muy bajo desarrollo   ○ Sin experiencia

V. Responsabilidad

Relaciones: Tipo, frecuencia y alcance de las relaciones interpersonales que el ocupante debe desarrollar y su finalidad:

	Finalidad			
	Informar	Colaborar	Controlar	Convencer
Superiores				
Colegas				
Colaboradores				
Clientes				
Proveedores				
otros				

Mando:

Nº de subordinados directos ☐☐☐   Características del trabajo de los subordinados ....

VI. Características del entorno social

Describir las circunstancias y las características más sobresalientes del entorno social donde se desarrolla la actividad profesional del puesto de trabajo y, especialmente, aquellas que pueden ser relevantes para determinar el tipo de empleado requerido por él:

Con respecto al jefe inmediato:	Con respecto a los clientes más fecuentes:	Con respecto a los colegas y compañeros de trabajo:	Con respecto a los proveedores más importantes:
....	....	....	....
....	....	....	....
....	....	....	....
....	....	....	....
....	....	....	....

VII. Aspectos ejecutivos

Toma de decisiones:

Describir el tipo y el alcance de las decisiones que debe tomar el ocupante del puesto:

....
....
....
....

Frecuencia	○ Muy alta	○ Alta	○ Baja	○ Muy baja
Importancia	○ Muy importante	○ Importante	○ Poco importante	○ Sin importancia
Normativa	○ Muy escasa	○ Escasa	○ Abundante	○ Muy abundante
Responsabilidad patrimonial	○ Muy alta	○ Alta	○ Baja	○ Muy baja
Respons. por seguridad personal	○ Muy alta	○ Alta	○ Baja	○ Muy baja

Observaciones:

....
....
....
....

VII. Contenido del puesto de trabajo:		
Objetivo del puesto: (Principal misión u objetivo del puesto. El resultado global que da sentido y razón de ser al puesto)		
Áreas de resultados esperados: (Resultados más importantes para alcanzar por su ocupante. Funciones)	**Situaciones críticas para alcanzar estos resultados**: (Situaciones que condicionan la consecución de resultados)	
1.-	....	I - D - G I - D - G I - D - G I - D - G
2.-	....	I - D - G I - D - G I - D - G I - D - G
3.-	....	I - D - G I - D - G I - D - G I - D - G
4.-	....	I - D - G I - D - G I - D - G I - D - G
5.-	....	I - D - G I - D - G I - D - G I - D - G
6.-	....	I - D - G I - D - G I - D - G I - D - G
7.-	....	I - D - G I - D - G I - D - G I - D - G
8.-	....	I - D - G I - D - G I - D - G I - D - G

Observaciones
....

Requerimientos de cobertura del puesto de trabajo

Nombre del puesto: ....
Unidad de trabajo: ....
Fecha de la descripción: .... Código: ....
Nombre del analista: ....
Motivo del análisis: ....
Informador: ....

I. Requerimientos objetivos del puesto de trabajo

Edad mínima: Edad máxima:

Nacionalidad preferida: ....
Edad preferida: Entre: años y   años

| Sexo preferido: | ○ Varón | ○ Mujer | ○ No relevante |

Procedencia geográfica aceptable: Procedencia geográfica no aceptable:

Estado civil aceptable:
○ Soltero/a   ○ Casado/a   ○ Separado/a   ○ Divorciado/a   ○ Viudo/a

Situación militar aceptable:

○ Servicio militar cumplido   ○ Exento de servicio militar   ○ Libre de servicio militar   ○ Objetor con Prestación Social Sustitutoria cumplida   ○ Objetor sin Prestación Social Sustitutoria cumplida

II. Aspectos organizativos

Disponibilidad:
Indicar si se requiere un candidato con especial dedicación:
Dedicación especial: ○ No   ○ Sí

Permiso de conducir: ○ No es preciso
Indicar si el candidato debe poseer permiso de conducir y su clase:
○ A1   ○ A2   ○ B1   ○ B2   ○ C1   ○ C2   ○ D   ○ E

Vehículo propio:
Indicar si es preciso que el candidato posea vehículo propio:
         ○ No   ○ Sí

Retribución aproximada bruta total anual

(Banda retributiva estimada como idónea para el puesto.)

III. Formación

Formación básica requerida: Naturaleza y alcance de los conocimientos generales requeridos para el correcto desempeño del puesto. Tipo de formación general que se precisa como "base" para que el ocupante sea capaz de dar un rendimiento completo.

○ Enseñanza primaria	○ Bchto. Elemt.	○ Bchto. Sup.
○ Perito mercantil/Graduado social	○ Ing. Técn.	○ Licenciado Univ.
○ Otros (describir):	Especialidades:	Especialidades:
....	....	....
....	....	....
....		....

Formación técnica requerida: Naturaleza y alcance de los conocimientos técnicos requeridos por el puesto. Saberes concretos de tipo profesional que deben ser del dominio del ocupante y sin los cuales es imposible el rendimiento eficaz.

....
....
....
....
....
....
....

Grado de desarrollo de estos conocimientos:

| ○ Muy alta especialización | ○ Alta especialización | ○ Media especialización | ○ Baja especialización | ○ Muy baja especialización | ○ Sin especialización |

Idiomas requeridos: Aquellos que son imprescindibles para el correto desempeño del puesto. Nivel de dominio necesario:

○ Inglés   ○ Francés   ○ Alemán   ○ Otro:

Nivel requerido:
☐ Pleno dominio en conversación técnica y de negocios
☐ Dominio alto para la interacción profesional
☐ Manejo medio. Lectura y comprensión general en situaciones sociales
☐ Manejo elemental para el automantenimiento

IV. Experiencia requerida por el puesto de trabajo

Experiencia previa requerida por el puesto de trabajo: Tanto específica como de otros puestos de trabajo. Se trata de aprendizajes cuantitativos y cualitativos adquiridos por la práctica profesional y no por el tiempo transcurrido, que garantizan la resolución de situaciones especiales que pueden presentarse en el ejercicio del puesto. Indicar el tipo de posiciones que debe haber ocupado previamente el candidato para que resulte idóneo para el puesto:

....
....
....

Grado de desarrollo de la experiencia necesaria para el puesto:

| ○ Muy desarrollada | ○ Bastante desarrollada | ○ Desarrollo de tipo medio | ○ Bajo desarrollo | ○ Muy bajo desarrollo | ○ Sin experiencia |

Experiencia previa no aceptable: Indicar el tipo y el nivel de experiencias previas adquiridas por el candidato que le invalidarán para el desempeño del puesto:

....
....
....

V. Responsabilidad

Relaciones: tipo, frecuencia y alcance de las relaciones interpersonales que el candidato debe haber desarrollado o debe tener aptitudes para desarrollar. Describir:

....
....
....
....

Mando:

Nº de subordinados directos ☐☐☐☐ que el candidato debe haber mandado

Características del trabajo de los subordinados ....
....
....

VI. Requerimientos del entorno social del puesto y otros factores

Describir las características que deberá poseer el candidato para enfrentarse con éxito al entorno social donde deberá desempeñar su función:

Para adaptarse al jefe inmediato:	Para adaptarse a los clientes más frecuentes/importantes:	Para adaptarse a los compañeros y colegas:	Para adaptarse a los proveedores más importantes:

VII. Aspectos ejecutivos

Describir las características del comportamiento que debe reunir el candidato idóneo para el puesto, en función de los procesos de toma de decisiones a los que debe responder en el ejercicio de su puesto de trabajo:

Toma de decisiones:

Frecuencia:	Importancia:	Normativa vigente:	Patrimonio o alcance económico de las mismas:	Alcance para la seguridad de las personas/bienes:

VIII. Competencias conductuales		
Nº	Competencia: describir	Nivel de requerimiento
1	....	....
2	....	....
3	....	....
4	....	....
5	....	....
6	....	....
7	....	....
8	....	....
9	....	....
10	....	....
11	....	....
12	....	....
13	....	....
14	....	....

Observaciones: ....
....
....

IX. Perfil motivacional requerido por el puesto	
Elementos del perfil motivacional:	Grado de requerimiento:
Necesidad de logro:	....
Necesidad de afiliación:	....
Necesidad de influencia:	....
Grado de autoconfianza:	....
Grado de compromiso profesional:	....
Expectativas de promoción:	....
Expectativas de desarrollo profesional:	....

X. Resumen de conclusiones sobre el perfil del candidato idóneo
Describa brevemente, a modo de resumen, el "retrato robot" de las características principales que debería reunir el perfil de un candidato idóneo para este puesto de trabajo: ....

Paso 5
Análisis de los requerimientos del entorno social del puesto de trabajo

Aquí trataremos de cumplimentar el apartado VI de la "***Ficha de requerimientos de cobertura del puesto de trabajo***", para lo cual analizaremos aquellas circunstancias sociales especiales que concurran en el desempeño del puesto de trabajo.

En primer lugar, se analizará el tipo de *jefe inmediato* que tendrá la posición a cubrir y sus características. Aspectos como el estilo de comunicación, estilo de mando, estilo de delegación, etcétera, nos darán indicaciones muy precisas sobre el tipo de funcionamiento social en el que el candidato idóneo deberá resultar adaptativo y llevar al éxito su desempeño. Así, un jefe especialmente "duro" requerirá un colaborador con *energía* y *tenacidad* alta para resistir las exigencias fuertes y los "malos ratos"; un jefe con gran capacidad de delegación requerirá un colaborador con alta *identificación directiva* y fuerte *orientación al logro* que le ayude a aceptar las tareas y a llevarlas adelante con éxito.

En segundo lugar, los *clientes más frecuentes y/o importantes* pueden determinar algunas características del candidato idóneo. Así, si los clientes han de ser corporativos, el candidato deberá tener visión empresarial y estar suficientemente familiarizado con el trato de directores financieros de empresas y aun con alta dirección; si los clientes han de ser particulares, la necesidad de afiliación deberá ser alta para garantizar el buen trato y el establecimiento de relaciones estables.

En tercer lugar, las características de los propios *compañeros y colegas* pueden exigir un determinado tipo de nuevo miembro del equipo. Así, si las relaciones en el equipo son joviales y distendidas, no convendrá incorporar a una persona excesivamente seria y adusta; si los compañeros han de ser analíticos y sistemáticos, y desarrollan su labor dentro de una normativo estricta, convendrá más un candidato ordenado y exigente en los detalles que una persona creativa, innovadora y desorganizada... ¡a menos que pretendamos precisamente el cambio de la cultura del equipo!

Finalmente, los *proveedores* pueden ser fuente de información relevante para determinar los rasgos del candidato idóneo, ya que sus características pueden condicionar el tipo de persona a seleccionar. Así, si los proveedores han de tener un peso importante en los resultados del puesto y tienen un elevado nivel técnico, el candidato idóneo deberá poseer también este nivel técnico y conocer el sector de actualidad de sus proveedores; si se han de establecer relaciones externas con la administración pública del estado en cualquiera de sus formas, el candidato deberá tener capacidad de interlocución con los altos funcionarios y con los cargos políticos...

Antes de seguir adelante, compruebe que los resultados de esta reflexión son incorporados al apartado X "*resumen de conclusiones sobre el candidato idóneo*".

Paso 6
Análisis de las competencias conductuales requeridas para el desempeño eficaz del puesto de trabajo

El momento central de todo análisis y descripción de un perfil profesiográfico consiste en la *identificacion correcta y minuciosa de los rasgos definitorios del comportamiento profesional de un "ocupante tipo" del puesto*, de modo que estas peculiares características de su conducta garanticen la consecución de los objetivos que se le asignan al puesto. Veamos en este paso cómo desarrollar esta tarea de forma sistemática.

Para ello, es preciso identificar las *competencias conductuales* "críticas" requeridas para alcanzar de manera totalmente satisfactoria las *"áreas de resultados"* que se acaban de indicar en la **"Ficha de descripción y análisis del puesto de trabajo"**.

Qué es una *competencia conductual*:

Figura 11

IDENTIFICACIÓN DE COMPETENCIAS PARA EL ÉXITO
¿QUÉ ES UNA COMPETENCIA CONDUCTUAL?

— Una habilidad o atributo personal de la conducta de un sujeto;
— que puede definirse como característica de su comportamiento;
— y, bajo la cual, el comportamiento orientado a la tarea puede clasificarse de forma lógica y fiable.

En el *Anexo II* se encuentra la lista completa de descripciones de *"competencias conductuales"*, entre las que se pueden identificar las que resulten relevantes para una actuación excelente. Tómese ahora el tiempo necesario para estudiar la lista. Para mayor información, puede también consultar el *Anexo III*: *"conductas específicas que definen las competencias conductuales"*.

El método recomendado para este análisis es el siguiente:

A Tomar como punto de partida la clasificación efectuada en el *paso 3* de las situaciones críticas. Realizar el análisis siguiente:

B *Considere las "competencias conductuales" requeridas por cada una de estas situaciones críticas* para alcanzar un resultado positivo. Piense en todo momento que se trata de "situaciones críticas", es decir, sin cuya realización adecuada es *imposible* o *muy improbable* alcanzar el resultado deseado. De igual modo, considere que al hablar de *"competencias conductuales" requeridas* nos referimos a aquellas que son realmente imprescindibles (y no sólo deseables o, incluso, importantes). Se trata de "competencias conductuales" que debe poseer el empleado que desempeña el puesto y en cuya ausencia la "situación crítica" no puede realizarse completa o adecuadamente y, en consecuencia, el "área de resultados" correspondiente no se alcanza.

Al realizar este análisis puede resultar útil tener en cuenta que los directivos y responsables de Unidades de Trabajo suelen utilizar un lenguaje "común" para designar las características deseadas en el nuevo empleado que se pretende seleccionar. Casi todos los términos "comunes" que pueden encontrarse en las descripciones espontáneas del carácter idóneo del candidato pueden "traducirse" a *"competencias conductuales"*. Para ello, puede utilizarse la tabla de la página siguiente.

El resultado de la reflexión en esta fase puede reflejarse en el impreso que se presenta al final de este apartado.

En este impreso se señalarán de forma sistemática las diferentes situaciones críticas referentes a cada *"área de resultados"*. Se repasará, a continuación, de forma sistemática y completa, la lista de *"competencias conductuales"* indicando aquellas que resultan necesarias para resolver con éxito cada una de estas situaciones críticas y la relevancia o importancia (*alta - media - baja*) de cada una de ellas.

Finalmente, se efectuará un recuento de la frecuencia de aparición de cada una de las *"competencias conductuales"* de modo que sea posible, finalmente, llegar a la conclusión de cuáles son las *12* o *14* más importantes para el puesto de trabajo en cuestión.

Este impreso tiene una finalidad puramente instrumental para ayudar a la reflexión que concluirá en la definición de las *"competencias conductuales"* de la "***Ficha de requerimientos de cobertura del puesto de trabajo***".

Término "común"	Competencia conductual	Término "común"	Competencia conductual
"Fajador"	Ambición	"Luchador"	Tenacidad / Energía
"Duro"	Disciplina / Identificación directiva / Sensibilidad organizacional	"Orientado a la acción"	Iniciativa / Juicio / Decisión
"Mano izquierda"	Persuasión / Sensibilidad Interpersonal	"Agresivo"	Iniciativa / Persuasión
"Constante"	Tenacidad / Energía	"Consciente"	Atención al detalle
"Mano dura"	Identificación directiva / Toma de decisiones	"Controlado"	Planificación / Organización
"Brillante"	Capacidad de aprendizaje / Juicio / Capacidad de análisis	"Diplomático"	Sensibilidad interpersonal
"Inteligente"	Juicio / Capacidad de análisis / Capacidad de aprendizaje	"Entusiasta"	Energía / Iniciativa
"Con psicología"	Sensibilidad interpersonal / Escucha	"Pensador lógico"	Capacidad de análisis
"Con gancho"	Impacto / Persuasión / Comunicación oral	"Maduro"	Juicio
"Emprendedor"	Espíritu emprendedor	"Autosuficiente"	Independencia
"Con fuerza"	Energía / Impacto / Tenacidad	"Suave/pulido"	Persuasión / Comunicación oral / Impacto
"Con empuje"	Resolución / Sentido de la urgencia / Tenacidad / Tolerancia al estrés	"Jugador de equipo"	Integridad / Juicio / Delegación

*Ejemplo de
"Gráfico de análisis
de áreas de resultados
de un puesto de trabajo
y situaciones críticas
para el éxito"*

ÁREA DE RESULTADOS 1:	*Competencias conductuales*	*Relevancia*
Situaciones individuales 1 .... 2 .... 3	....	....
Situaciones interpersonales cara a cara 1 .... 2 .... 3	....	....
Situaciones interpersonales grupales 1 .... 2 .... 3	....	....

ÁREA DE RESULTADOS 2:	*Competencias conductuales*	*Grado de criticidad*
Situaciones individuales 1 .... 2 .... 3	....	....
Situaciones interpersonales cara a cara 1 .... 2 .... 3	....	....
Situaciones interpersonales grupales 1 .... 2 .... 3	....	....

ÁREA DE RESULTADOS 3:	*Competencias conductuales*	*Relevancia*
Situaciones individuales 1 .... 2 .... 3	....	....
Situaciones interpersonales cara a cara 1 .... 2 .... 3	....	....
Situaciones interpersonales grupales 1 .... 2 .... 3	....	....

ÁREA DE RESULTADOS 4:		
	Competencias conductuales	*Grado de criticidad*
Situaciones individuales 1 .... 2 .... 3	....	....
Situaciones interpersonales cara a cara 1 .... 2 .... 3	....	....
Situaciones interpersonales grupales 1 .... 2 .... 3	....	....

ÁREA DE RESULTADOS 5:		
	Competencias conductuales	*Grado de criticidad*
Situaciones individuales 1 .... 2 .... 3	....	....
Situaciones interpersonales cara a cara 1 .... 2 .... 3	....	....
Situaciones interpersonales grupales 1 .... 2 .... 3	....	....

ÁREA DE RESULTADOS 6:		
	Competencias conductuales	*Grado de criticidad*
Situaciones individuales 1 .... 2 .... 3	....	....
Situaciones interpersonales cara a cara 1 .... 2 .... 3	....	....
Situaciones interpersonales grupales 1 .... 2 .... 3	....	....

C *Continúe marcando las "competencias conductuales" necesarias para la segunda "área de resultados"*, después de señalar las *"competencias conductuales"* de la primera. Descubrirá que algunas son diferentes de las que fueron identificadas en el primer caso, y que otras son comunes para varias "áreas de resultados". Continúe este proceso hasta que haya completado el repaso de todas las *"competencias conductuales"* para las tres "áreas de resultados" que ha identificado como más importantes en el puesto de trabajo.

El resultado de esta fase puede reflejarse en el cuadro de la *figura 12*.

Figura 12

SITUACIONES CRÍTICAS	1	2	3	4	5	6	7	8	9	10
Adaptabilidad										
Ambición profesional										
Análisis de problemas										
Análisis numérico										
Aprendizaje										
Atención al cliente										
Atención al detalle										
Auto-organización										
Capacidad de negociación										
Comunicación escrita										
Comunicación oral										
Conocimiento del entorno										
Control directivo										
Decisión										

SITUACIONES CRÍTICAS	1	2	3	4	5	6	7	8	9	10
Delegación										
Desarrollo/Apoyo de colaboradores										
Disciplina										
Dominio de la C.N.V.										
Dominio de los medios audiovisuales										
Energía										
Escucha activa										
Espíritu emprendedor										
Evaluación de colaboradores										
Facilitar/participar en reuniones										
Flexibilidad										
Gama de intereses amplia										
Identificación directiva										
Impacto										
Independencia										
Innovación/creatividad										
Juicio										
Liderazgo de grupos										
Liderazgo de personas										
Orientación al logro										
Orientación ambiental										

SITUACIONES CRÍTICAS	1	2	3	4	5	6	7	8	9	10
Orientación al cliente										
Persuasión										
Planificación y organización										
Presentaciones										
Resoluciones										
Sensibilidad interpersonal										
Sensibilidad organizacional										
Sentido de la urgencia										
Sociabilidad										
Tenacidad										
Tolerancia al estrés										
Toma de riesgos										
Trabajo en equipo/ Cooperación										
Visión										

D A la vista del resultado de la etapa C, *decida cuáles de las "competencias conductuales" señaladas son las que se repiten de forma sistemática* en mayor número de ocasiones o las que resultan más importantes. Para ello, puede consultar los resultados de los impresos anteriores, en los que, por una parte, aparecerán las "competencias conductuales" que se presentan como más relevantes para la resolución de las situaciones críticas y, por otra, se descubre la frecuencia con que cada una de ellas se hace necesaria en el conjunto del puesto de trabajo. Cuando haya terminado, descubrirá que ha señalado una, dos o incluso tres veces algunas *"competencias conductuales"*, mientras que otras no habrán sido señaladas ninguna vez.

Al final de este proceso deberá ser capaz de elegir, de forma definitiva, un conjunto de "competencias conductuales" críticas para el puesto de trabajo *no superior a 12 o 14* de entre las 50 que se ofrecen en el listado de definiciones de *"competencias conductuales"* (véase *anexo II*).

La experiencia demuestra que es muy improbable encontrar profesionales que sean realmente competentes en más de *12 o 14* habilidades básicas, de tal manera que sería inútil definir un conjunto mayor de *"competencias conductuales"* como imprescindibles para el desempeño del puesto. Por otra parte, la mayor parte de los puestos, incluidos los de alta dirección, pueden ser definidos completamente en función de un conjunto de *12 o 14 "competencias conductuales"*. Por ello, no se deje llevar por el "efecto Superman" al querer definir puestos de trabajo para los que resulta imprescindible mostrar competencia en todo tipo de habilidades, ya que, después, le resultará imposible encontrar el ocupante ideal del puesto...

Finalmente, una vez cumplimentado todo el proceso, se volverán a contrastar los resultados de esta fase de definición del perfil con los comentarios referentes al apartado X de la ***Ficha de requerimientos de cobertura del puesto de trabajo***, de modo que el "retrato robot" que se construya resulte congruente con las características de conducta que se han definido en esta fase. Por otra parte, las conclusiones de este proceso deberán enriquecer la construcción del "retrato robot"...

En este momento, como fase final del *paso 5*, se le pide que determine el grado de requerimiento en la destreza de cada una de las *"competencias conductuales"* que acaba de identificar como pertinentes para el ocupante idóneo del puesto y las *"áreas de resultados"* que debe alcanzar.

Hemos visto que no todas las *"competencias conductuales"* son necesarias para todas las *"áreas de resultados"*. De igual forma, el nivel de pericia o destreza necesario para una habilidad o *"competencia conductual"* en un puesto de trabajo particular será diferente del necesario en otro puesto de trabajo, incluso aunque tenga el mismo título e igual perfil de *"competencias conductuales"*.

La misión, la estructura y el tamaño de la función que el puesto de trabajo desempeñe en una organización influirán en el grado de destreza necesario respecto a cada habilidad.

Por ejemplo, la habilidad en el "liderazgo de grupos" se identifica como "crítica" respecto a varios papeles directivos en una organización. Pero según la posición que el puesto ocupe en la estructura y el número de colaboradores directos e indirectos que ese puesto directivo deba manejar, el grado de destreza requerido será distinto.

En algunas organizaciones, gran parte del trabajo se contrata en el exterior, lo que significa que las *"competencias conductuales"* asociadas al desarrollo de las funciones requerirán menos competencia que si todos los aspectos se desarrollaran dentro de la organización.

Considere atentamente el puesto de trabajo y su organización. ¿Cuál es el nivel de manejo requerido por la organización en el cumplimiento de esas *"competencias conductuales"*? ¿Qué se espera de un ocupante óptimo del puesto de trabajo?

En consecuencia, aun cuando todas las *"competencias conductuales"* identificadas sean "críticas" para el correcto desempeño del puesto, como hemos señalado, no todas serán requeridas en el mismo grado de destreza o dominio.

En este momento, deberá considerar qué grado de requerimiento o dominio de cada una de las "competencias conductuales" requiere un ocupante idóneo del puesto. Para ello, utilice la siguiente escala:

1. La destreza o competencia conductual se requiere en un grado mínimo operativo.
2. La destreza se requiere con un grado normal de dominio.
3. La destreza es requerida en un grado de dominio alto; es preciso un comportamiento "articulado" y desarrollado profesionalmente en este ámbito.
4. Se requiere un grado extremo de destreza en esta competencia conductual con una "articulación" perfecta de las conductas correspondientes y una sofisticada técnica en su ejecución.

Con el fin de facilitarle la toma de decisiones sobre el grado de requerimiento que se precisa en cada *competencia conductual,* identificada como crítica para el cumplimiento de objetivos en las áreas de resultados del puesto, puede acudir al *Anexo IV*: ***"Ejemplos de grados de requerimientos de las competencias conductuales"***.

Señale sus conclusiones en las casillas correspondientes de la ***"Ficha de requerimientos del puesto de trabajo"*** en la parte correspondiente a "Habilidades conductuales".

Paso 7
Definición del perfil motivacional idóneo para el puesto de trabajo

El último paso que debe ser cumplimentado para completar el análisis de requerimientos de un determinado puesto de trabajo consiste en tomar algunas decisiones sobre el tipo de funcionamiento emocional y motivacional que resulta imprescindible en el ocupante idóneo de ese puesto.

Debe tenerse en cuenta que este aspecto de la personalidad de los candidatos resultará un excelente predictor de su posterior rendimiento y de su adecuación a las tareas y objetivos propuestos. Una persona competente en cuanto a características de conducta y desmotivada, "desimpulsada", no tendrá nunca un rendimiento óptimo.

Los elementos más importantes que componen el "impulso" de los candidatos son:

* **Energización hacia la tarea**: me gusta la tarea o no me gusta...
* **Satisfacción organizacional**: me siento bien o mal en la empresa...
* **Autoconfianza**: me siento capaz o no de realizar la tarea...
* **Compromiso**: creo que la tarea es importante o no...

El primer elemento, *"Energización hacia la tarea"*, es función, según sabemos, de la forma como el sujeto percibe la tarea o conjunto de tareas a desarrollar en su puesto de trabajo y la forma como estas actividades son interpretadas como una oportunidad de satisfacer necesidades profundas del candidato en cuanto a Logro, Afiliación o Influencia.

Por otra parte, no es posible determinar la *"Satisfacción organizacional"* hasta que el candidato no se encuentre dentro de la organización por un periodo medio de tiempo. Por ello, en este momento se omitirá su consideración, excepto en las dimensiones de *expectativas de promoción* y *expectativas de desarrollo*, que se incluyen en el apartado IX.

Para conocer en mayor profundidad los requerimientos del puesto, se podrán analizar sus diferentes componentes motivacionales o la *"constelación de oportunidades motivacionales"* que puede ofrecer –de forma objetiva– a los supuestos candidatos al mismo.

Para ello, considere que el perfil motivacional de una persona se compone de una serie de elementos o aspectos que se deben evaluar. Estos aspectos son:

- *Orientación al éxito y a los retos.* Es decir, el grado de *necesidad* de la persona de someterse a retos y desafíos personales y/o profesionales que le exijan poner en juego sus habilidades, conocimientos y potencia, de forma exigente, con un cierto grado de riesgo en el proceso de ejecución de sus conductas y tomando las riendas de las decisiones sobre cómo desarrollar los caminos críticos hacia el éxito. Está íntimamente relacionado con la necesidad de reconocimiento de su valía y de su creatividad y capacidad de organización y planificación de las acciones a ejecutar para alcanzar el objetivo. En este sentido, existen puestos que exigirán a sus ocupantes una constante orientación a la consecución de retos (por ejemplo, comerciales) o a buscar caminos innovadores para la resolución de problemas (por ejemplo, los de investigación), mientras que otras funciones dentro de la empresa, no exigirán la más mínima orientación al Logro...

- *Orientación a la afiliación.* Es decir, el grado de *necesidad* de la persona de establecer y mantener relaciones interpersonales estables, positivas y enriquecedoras con otras personas de diversos círculos sociales, de modo que le permitan dar y recibir afecto y aceptación social, así como establecer vínculos emocionales estables y satisfactorios. Está relacionado con la necesidad de ser aceptado y de aceptar a los demás. Algunos puestos requerirán un tipo de candidato muy orientado a establecer este tipo de relaciones cálidas en el plano interpersonal (por ejemplo, los directores de equipos humanos), mientras que otros serán, necesariamente, menos exigentes en este sentido o aun requerirán lo contrario (por ejemplo, un analista de riesgos)...

- *Orientación a la influencia.* Es decir, el grado de *necesidad* de la persona en cuanto a obtener reconocimiento y prestigio social; conseguir que sus ideas se implanten; tener razón en las discusiones (sociales, profesionales, políticas, ideológicas, filosóficas, técnicas...); ejercer la influencia y el mando sobre otras personas... Es, en resumen, la necesidad de ser reconocido en un *status* superior por los demás y ejercer el poder sobre otros de manera directa o a través de terceros. Algunas posiciones se caracterizarán por una fuerte demanda de necesidad de influencia en sus ocupantes (por ejemplo, los puestos de alta dirección), mientras que otros requerirán lo contrario (por ejemplo, los puestos operativos del área administrativa).

- *Autoconfianza.* Grado en que el ocupante del puesto siente la *seguridad íntima de poder enfrentarse a la tarea* y alcanzar el éxito en los resultados. No se trata de la mayor o menor firmeza de carácter que se muestra en un momento puntual, sino de la íntima convicción, expresada o no, de que se poseen las cualidades necesarias para ejercer las funciones del puesto con eficacia y dominio. La persona que carece de esta seguridad personal nunca alcanzará el nivel de impulso hacia el desempeño total.

- *Compromiso con la tarea*. Está directamente relacionado con la *importancia relativa* que se otorga a las funciones del puesto, sus objetivos y aun al puesto mismo dentro de la estructura, en relación con otros puestos, funciones y/o tareas. De esta manera, si se percibe un alto grado de importancia, la prioridad otorgada será máxima y el grado de impulso será total; si se percibe un grado de importancia bajo, el grado de impulso será bajo también, ya que no se otorgará la prioridad máxima a las funciones profesionales desempeñadas.

- *Expectativas de promoción*. Se señalan aquí los requerimientos necesarios en cuanto a las expectativas que debe tener un candidato idóneo sobre su próxima progresión profesional dentro de la compañía. Es especialmente importante saber si debe esperar una promoción rápida o lenta (y qué entiende por rápida o lenta), y si esta promoción será progresiva o tendrá saltos cualitativos... De este modo, algunas posiciones requerirán candidatos con expectativas altas y otros harán necesaria la presencia de candidatos de menores expectativas para garantizar su estado motivacional en el medio y el largo plazo.

- *Expectativas de desarrollo*. En el mismo sentido de lo anterior, las expectativas de desarrollo tienen que ver con la forma como deberá el candidato idóneo contemplar su propio desarrollo y formación profesionales en términos de mejora de sus habilidades, conocimientos y experiencias, y el grado de esfuerzo que en ello deberá invertir, así como los "techos" que percibe en este sentido.

El método para determinar el nivel de requerimiento de un puesto de trabajo en cuanto a cada uno de estos factores es el siguiente:

A Considere el significado de cada uno de los factores y trate de responder a las preguntas reflejadas en el modelo de la *figura 13*, indicando el grado (alto, medio, bajo) en que cada "*necesidad*" se aplica al puesto de trabajo.

B Decida, como resumen de las respuestas a cada pregunta, el grado de *nivel de requerimiento* del factor para ese puesto de trabajo específico. Anótelo en la casilla correspondiente de la "**Ficha de requerimientos del puesto de trabajo**".

Finalmente, a la vista de todo el análisis efectuado, revise su "retrato robot" o "*análisis global del perfil requerido*" del apartado X, e introduzca sus anotaciones.

Figura 13

FACTORES DEL PERFIL DE REQUERIMIENTOS MOTIVACIONALES *Preguntas críticas*	Alta Media Baja	Total: grado de requerimiento
ORIENTACIÓN AL LOGRO		
¿Se requiere aceptar retos y desafíos, de ambición creciente, constantes en cuanto a los objetivos del puesto?		
¿Exige un ocupante de gran independencia profesional y personal con capacidad propia de planificación de las operaciones?		
¿Existe una alta presión en los resultados a corto plazo?		
¿Hay que asumir riesgos profesionales en el desempeño del puesto?		
¿Es un puesto con autonomía en la toma de decisiones?		
¿Se reconoce la labor realizada con desarrollo profesional e incremento de la responsabilidad en el corto plazo?		
ORIENTACIÓN A LA AFILIACIÓN		
¿Se requiere una alta capacidad de contacto interpersonal?		
¿Las relaciones positivas y de largo plazo son un factor crítico?		
¿Es preciso un carácter empático y abierto para el correcto desempeño del puesto?		
¿Pueden surgir fricciones interpersonales que sea preciso eliminar o resolver de manera inmediata?		
¿Hay una gran cantidad de tareas relacionadas con resolver conflictos y con buscar el acuerdo entre intereses contrapuestos?		
ORIENTACIÓN A LA INFLUENCIA		
¿Resulta muy importante el mando en este puesto de trabajo?		
¿Se necesita una persona de gran prestigio personal que se "imponga" a los demás por su propia *auctoritas*?		
¿Es importante la imagen proyectada al exterior con respecto al ocupante del puesto? ¿Debe saber "vender" su propia valía?		
¿Es importante para el puesto tener ideas propias y convicción sobre su validez?		
¿Deberá ejercer la dirección en situaciones de interacción personal directa muy frecuentes?		
AUTOCONFIANZA		
COMPROMISO CON LAS FUNCIONES DEL PUESTO		

PARTE SEGUNDA

Exploración en la evaluación de candidatos

Introducción al método situacional de evaluación de los candidatos de selección

Antes de describir los pasos a seguir para cumplimentar la fase de evaluación de los candidatos de un proceso de selección, conviene que hagamos una breve presentación del método que les aporta estructura y soporte conceptual. Éste es el llamado *"método de evaluación situacional"* o, como suele conocerse en inglés, *Assessment Centre Method* (ACM en adelante), término que ha tomado carta de naturaleza internacionalmente entre los técnicos del área de selección de personal.

La base empírica de este método es simple y ha sido ya expresada en las páginas de esta guía. Según se desprende de toda la experimentación conductual realizada desde la línea de la psicología del comportamiento, el mejor predictor de la conducta futura de un sujeto es su conducta pasada emitida en una situación específica. Como consecuencia, si queremos predecir el rendimiento de una persona ante un conjunto de tareas que puedan resultar críticas en su desempeño profesional futuro en un puesto de trabajo, debemos observar, clasificar y evaluar con precisión su comportamiento ante este mismo tipo de situaciones en el presente o bien determinar qué tipo de conducta mostró ante ellas en el pasado. Toda la tecnología de evaluación que toma como punto de referencia este sencillo principio se denomina –con variaciones y matices técnicos en diversos momentos y según distintos especialistas– método situacional de evaluación y, en su aplicación al entorno de la Psicología de las Organizaciones, *"Assessment Centre Method"*.

En la figura 14 (página 96) se puede apreciar un resumen de la historia del *ACM* en sus etapas más significativas.

En efecto, las primeras aplicaciones del método situacional a la búsqueda de características concretas del comportamiento humano surgen como consecuencia del problema planteado al ejército alemán, durante la Primera Guerra Mundial, que en pocas palabras podría resumirse de esta forma: ¿qué factores son los que hacen que oficiales de igual graduación y experiencia en el mando de tropas, que han recibido un proceso de instrucción técnica y práctica idéntico o muy similar, de la misma edad y condiciones físicas, que comparten iguales valores políticos y creencias, muestren, en el campo de batalla, unos resultados tan distintos en cuanto a motivación y enfoque de sus soldados y, en definitiva, en el éxito final de los objetivos que se les asignan?... No parece que el alto mando militar alemán resolviese este problema satisfactoria-

Figura 14

Historia del ACM	
Primera Guerra Mundial	—Ejército alemán
Segunda Guerra Mundial	—Consejo de selección de la Oficina de Guerra (Gran Bretaña)
	—Oficina de Servicios Estratégicos (Estados Unidos)
1956:	—AT&T (Estados Unidos "Estudio para el progreso de dirección")
1969/1970:	—13 compañías en Estados Unidos
	—*Harvard Business Review* (William Byham)
1972:	—AT&T: 75.000 candidatos de dirección evaluados
1976:	—1.000 grandes empresas en Estados Unidos
	—Compañías en Gran Bretaña, como ICL, Correos Británicos, Shell.
1978:	—Comité de igualdad de oportunidades en el empleo (Estados Unidos)
	—Mars, Merck, Shapp & Dohme, Rank Xerox
	—Comienza la expansión en Italia, España, Francia, Suecia, etc.
1982:	—Heineken y Hendrix
1990:	—50 grandes empresas alemanas utilizan ACM para selección, desarrollo y evaluación.

mente (¿quizá por la excesiva importancia otorgada a los valores "*ideológicos*" –cognitivos– frente a las "*habilidades conductuales*"?).

Fueron, sin embargo, los británicos y, más específicamente, los responsables del Consejo de Selección de la Oficina de Guerra, quienes, a lo largo de la Segunda Guerra Mundial, abordan el problema con técnicas más cercanas a lo que hoy consideraríamos un *ACM*. En su cooperación e intercambio permanente con los aliados norteamericanos es, sin embargo, la oficina de Servicios Estratégicos del ejército de Estados Unidos la que primero reconoce la importancia de resolver este problema con éxito, y dedica a tal investigación recursos y atención continuados durante el periodo de guerra y, posteriormente, traspasa los conocimientos adquiridos a diversos organismos del sistema de seguridad norteamericano. En este periodo, la investigación se centra, fundamentalmente, en la identificación de características diferenciales de los oficiales militares en su dimensión física y en sus habilidades de tipo técnico; pronto se descubre, sin embargo, que otros factores como la capacidad de comunicación con los soldados, la integridad y el liderazgo de grupos (expresado en los términos más "militares") son esenciales al éxito en el terreno y diferentes entre los individuos.

Tras quince años de investigación puramente militar, los resultados de la investigación sobre las diferencias conductuales en las tareas y las situaciones específicas, y su influencia sobre el éxito en los resultados se aplicó por primera vez en *American Telecom & Telegraph* en 1956, como herramienta de análisis para el proyecto denominado "Estudio para el progreso de dirección". A partir de ese momento, el uso de la metodología situacional fue tomando carta de naturaleza en la vida de las organizaciones de modo que entre 1969 y 1970, 13 grandes corporaciones americanas utilizan ya el *ACM* y William Byham, su más conocido especialista práctico, ha fundado ya su compañía especializada en la implantación del método y publicado sus fundamentos en la *Harvard Business Review*, haciendo extensivo a todos los profesionales el conocimiento existente hasta el momento.

En 1972, AT&T, convencida del poder discriminativo de la tecnología *ACM*, hace analizar a 75.000 de sus empleados en busca de un diagnóstico sobre sus capacidades de dirección. En 1976, 1000 grandes compañías norteamericanas utilizan ya de forma habitual el *ACM*, y en el Reino Unido, organizaciones como *ICL*, *Shell* o la *Compañía de Correos Británica* hacen uso del mismo.

En 1978, el Comité Federal de Igualdad de Oportunidades de los Estados Unidos hace una recomendación pública de la utilización del *ACM* en los procesos de selección profesional, y consagra el método como el más fiable en el reconocimiento de capacidades personales para las tareas profesionales, más allá del color, la raza, el sexo, la religión... Mientras tanto, en Europa, los países más cercanos a la sensibilidad anglosajona, como Holanda, Luxemburgo y Bélgica, comienzan su aplicación en organizaciones de gran prestigio y tradición en la gestión de sus Recursos Humanos, como *Merck, Sharp & Dohme, Rank Xerox* o *Mars*. En 1982 se suman las iniciativas del *Grupo Heineken y Hendrix*, y la aplicación del *ACM* en los países del norte de Europa es ya un hecho de amplia extensión y aceptación profesional.

En el resto de Europa, la aplicación es algo más tardía. Italia detecta sus primeras aplicaciones en torno al final de los años 70 y, desde entonces, su implantación se ha ido construyendo y generalizando entre las grandes corporaciones como *Fiat, Pirelli, Ferrero*, etcétera. Esta situación puede considerarse paralela a la encontrada en Francia y en la mayor parte de los países europeos.

En España, la primera aplicación significativa parece ser la efectuada por *General Motors* en 1975, en la implantación de su nueva factoría, que es seguida por algunas experiencias en organizaciones de variada índole como *La Caixa de Cataluña*, el *Banco Atlántico, Digital*, etcétera. A partir de los años 80, sin embargo, los métodos *ACM* parecen perder relevancia e, incluso, ser olvidados por sus primeros usuarios (tal vez por el efecto de la recesión económica sufrida en ese momento). Es a partir de 1991 cuando algunas grandes organizaciones como el *Grupo Argentaria*, la implantación en España del grupo norteamericano *The Prudential Insurance Company*, las líneas áreas *Aviaco* y otras grandes multinacionales, retoman la aplicación de estas técnicas, que siguen tomando auge y utilización cada día más firmes entre los especialistas del área.

¿Qué es en realidad el ACM?

Los elementos constitutivos del *ACM* pueden observarse, de forma resumida, en la figura siguiente:

Figura 15

> ELEMENTOS CONSTITUTIVOS DEL *ACM*
> * Evaluación con pruebas situacionales
> * Referencia a la conducta concreta
> * Intervención de la línea de mando
> * Basada en habilidades específicas
> * Referencia a conductas criterio
> * Evalúa potencial y no sólo capacidad actual

En esencia, las características fundamentales que debe incorporar un proceso de evaluación para que pueda ser considerado dentro de la metodología *ACM*, son las siguientes:

- *Evaluación con pruebas situacionales*. Es decir, algunas "medidas" o apreciaciones de las cualidades conductuales del sujeto se realizan con pruebas en las que el candidato ha de enfrentarse, de manera real o simulada, a situaciones parecidas, en sus características y contenido, a aquellas que deberá resolver de forma real en la ejecución de sus tareas reales en el puesto de trabajo. Este principio no excluye la utilización a lo largo del proceso de otros tipos de pruebas o la evaluación con otras técnicas que puedan resultar convergentes, a pesar de que sus indicadores de calidad se encuentran muy sujetos a revisión por parte de los investigadores especializados en evaluación.

- *Referencia a la conducta concreta*. Es decir, la forma de "evaluación" o puntuación en tales pruebas situacionales estará referida a unas conductas concretas, observables, intersubjetivamente apreciables por diversos observadores, y no a constructos conceptuales o teóricos.

- *Intervención de la línea de mando*. En mayor o menor medida, según la organización concreta donde se selecciona, la línea natural de dirección, los directivos inmediatos de los puestos sobre los que se pretende medir, deben intervenir en la evaluación como fuentes para el establecimiento de criterios de éxito, conductas criterio y como observadores y evaluadores de la conducta de los sujetos a lo largo de las pruebas situacionales a que se les someta.

↪ *Basada en habilidades específicas.* Las pruebas toman como punto de referencia las habilidades o competencias conductuales específicas que se han identificado como "críticas" para el éxito en el puesto de trabajo, tal y como se ha discutido en la *parte Primera* de esta guía, de forma que se enfoca la atención de los evaluadores en aquellos aspectos o características de la conducta que son realmente relevantes para el desempeño, y se omiten los juicios globales o ideológicos, o los basados en etiquetas de escuela o en constructos complejos.

↪ *Referencia a conductas criterio.* Los parámetros de "idoneidad" o "no idoneidad" de las conductas observadas en el proceso de evaluación habrán sido acordados por los evaluadores de antemano mediante el establecimiento de "conductas criterio" en que se operativiza el éxito en la prueba (así como, previsiblemente, el éxito en la conducta profesional real). A mayor operativización del criterio en sus conductas específicas y con mayor detalle y más pormenorizadamente, mejor será el juicio de los evaluadores y menor divergencia habrá en el diagnóstico final.

↪ *Evalúa potencial y no sólo capacidad actual.* Cuando el *ACM* se realiza de forma completa, sus resultados no se centran exclusivamente en la capacidad actual del sujeto con respecto al manejo de un conjunto de situaciones "críticas" hoy, en el aquí y ahora, sino que permite evaluar el potencial de desarrollo del sujeto en cuanto a las conductas criterio mediante los procesos de entrenamiento y aprendizaje necesarios. En este sentido, evalúa el "potencial de desarrollo" del candidato y permite efectuar un diseño del plan de desarrollo necesario para compensar sus carencias actuales o reforzar sus habilidades en el futuro.

Como consecuencia, podemos resumir que el *ACM* es un proceso lógico que incorpora cuatro habilidades básicas en los directivos de línea de las organizaciones.

Figura 16

HABILIDADES UTILIZADAS EN EL *ACM*

Un *Assessment Centre* es un proceso lógico que utiliza las habilidades de:

— Observación
— Anotación
— Categorización/clasificación
— Evaluación

Sobre la conducta del candidato

La utilización del *ACM* conlleva una serie de claras ventajas que han sido contrastadas en repetidas ocasiones por los investigadores en el tema. Las principales son:

- *Alta fiabilidad y validez*. Con la utilización del *ACM* se consiguen mejores cotas de acuerdo interjueces sobre las evaluaciones de los candidatos de selección; mejores correlaciones entre la ejecución de determinadas conductas críticas para el éxito, en distintas pruebas realizadas por el mismo candidato; mejores correlaciones entre la evaluación del candidato final y los indicadores de éxito en los procesos posteriores de evaluación de resultados; en definitiva, mejores predicciones sobre el comportamiento del sujeto en el desempeño real.

- *Mayor facilidad de interlocución con la línea*. La alta validez aparente de los procesos de evaluación mediante el *ACM* y la participación directa de los directivos de la línea jerárquica, hacen que su convicción acerca del valor de los resultados sea más alta que cuando se utilizan pruebas convencionales de tipo psicométrico o proyectivo. En este caso, la aceptación por los directivos –casi siempre "profanos" en las herramientas y, por supuesto, en los conceptos que las soportan– suele apoyarse más, en equilibrio altamente inestable, en el *glamour* del experto y en la inaccesibilidad de su lenguaje, que en la conexión entre sus herramientas y los problemas que intentan resolver.

- *Menor nivel de inferencia*. Parece evidente que, cuanto mayor conexión existe entre la conducta observada y evaluada y la conducta que se intenta predecir, menor grado de "suposiciones" o inferencias se piden al evaluador y, naturalmente, la calidad del resultado del propio proceso evaluador mejora sustancialmente.

- *Potencia de entrenamiento*. Como ya hemos mencionado, el *ACM* permite la apreciación "fina" de las habilidades existentes en un candidato concreto del proceso de selección, pero, a la vez, permite identificar sus carencias en habilidades específicas y específicamente operativizadas en conductas, lo que hace posible diseñar procesos de entrenamientos concretos y, también, específicamente orientados a suplir la carencia observada o a desarrollar la habilidad concreta necesaria para el desempeño. Así, no se trata de diseñar un proceso de entrenamiento en "*Comunicación*" para un candidato cuyas habilidades son escasas en este ámbito, sino que la utilización del *ACM* permite identificar que a un candidato concreto se le debe entrenar en "*precisión terminológica de su comunicación oral y en presentaciones, incrementando su léxico técnico en un campo definido y con especial atención a tal o cual aspecto de las conductas criterio*"...

Como es evidente, esta capacidad de concentrar el esfuerzo de desarrollo en algunos rasgos o conductas específicas resulta altamente económico para los posteriores planes de formación del empleado dentro de la organización y una guía insustituible para su jefe directo en cuanto a la estructuración de procesos de *coaching* ("entrenamiento en el puesto de trabajo") y orientación de su desempeño.

En la siguiente figura mostramos el resumen de las ventajas del *ACM*:

Figura 17

```
ASSESSMENT CENTRE
     VENTAJAS

* Fiabilidad
* Validez
* Mejor venta a la línea
* Menor inferencia
* Mayor potencia de entrenamiento
```

En cuanto a las desventajas, también se podrían asumir:

Figura 18

```
ASSESSMENT CENTRE
   DESVENTAJAS

* Mayor coste
* Entrenamiento del evaluador
* Alguna resistencia cultural
```

Como puede observarse, algunas de las desventajas que se mencionan con más frecuencia, en especial por parte de los profesionales de *Recursos Humanos* de las organizaciones, son las siguientes:

➻ *Elevado coste*. Como elemento permanentemente vivo en las discusiones previas con los clientes que tienen la intención de implantar en sus organizaciones el *ACM* surge, inevitablemente, el problema del alto coste que supone, sobre todo, en las primeras implantaciones, la investigación necesaria para realizar varias tareas imprescindibles que permitan la existencia del método y sus herramientas. En primer lugar, es imprescindible no sólo describir los puestos de trabajo en términos de misión, funciones y tareas– al igual que en cualquier sistema organizativo convencional– sino definir las situaciones "críticas" para el éxito y lograr el consenso sobre las competencias conductuales que lo condicionan en el desempeño. Para ello, debe intervenir no sólo el *"experto"* en Recursos Humanos u Organización, sino los directivos de línea (siempre tan ocupados en sacar el negocio adelante). Después, hay que identificar las conductas criterio. Más tarde, se deben definir y diseñar las pruebas situacionales y fijar los parámetros de su evaluación. Finalmente, la situación de evaluación suele implicar a los directivos y conlleva algún tiempo extra de los evaluados, ya que no se reduce a "pasar unos tests" sino que supone resolver situaciones –a veces, complejas– y problemas. Todo ello, qué duda cabe, implica tiempo de la organización y del experto (interno o externo), y un proceso de validación costoso. Sin embargo, ¿cuánto cuesta en esa misma organización tan preocupada por el coste, una serie –generalmente prolongada en el tiempo– de decisiones de selección de promoción, de desarrollo o, incluso, de identificación de potencial de sus empleados de baja fiabilidad o validez, que implica decisiones incorrectas y costes ocultos? ¿Cuánto cuesta equivocarse en un nombramiento erróneo de un directivo? ¿Cuánto cuesta el proceso de formación, a lo largo de una carrera profesional de varios años, de jóvenes cuyo potencial de desarrollo tiene "techos" que podrían haber sido conocidos de antemano? ¿Cuánto cuesta equivocarse en la incorporación de un nuevo colaborador de la organización que no responderá a los retos que se le asignen? Generalmente –todos los expertos lo saben–, mucho más tiempo, dinero y esfuerzo que los que supone la implantación correcta del *ACM* y, sobre todo, en la mayoría de las ocasiones, un "coste de oportunidad" imposible de recuperar.

- *Entrenamiento del evaluador*. La segunda gran desventaja que se aduce, generalmente, es la necesidad de disponer dentro de la empresa de evaluadores no profesionales, pero suficientemente entrenados para desarrollar la función de apoyo en el proceso de *ACM*. Si bien es cierto que la formación de estos apoyos internos del proceso tiene un coste y que esta inversión sólo se rentabiliza cuando los procesos son reiterativos o tienen una alta importancia estratégica para la organización, sería necesario hacer algunas consideraciones. Por una parte el hecho de que algunos directivos de línea tengan formación sobre conceptos básicos (o no tan básicos) acerca de la evaluación de conductas para el éxito profesional, puede considerarse un coste innecesario o una inversión imprescindible. Esto depende, básicamente, del concepto que la cultura organizacional haya desarrollado sobre lo que significa la función "dirigir personas/ equipos". En algunas grandes organizaciones, encontramos la situación inversa: es decir, se entrena a los directivos de línea en la identificación de habilidades conductuales de sus colaboradores y en la identificación de competencias críticas para el desempeño como una herramienta imprescindible para la dirección de personas, para desarrollar sus habilidades allí donde se detectan carencias y para reforzar los puntos fuertes y su aprovechamiento cuando se aprecian oportunidades en el negocio y/o la organización que así lo permitan. Por otra parte, el entrenamiento del directivo de línea como evaluador no es tan difícil como puede parecer en una primera aproximación, ya que la potencia lógica del método y su alta vinculación a aspectos del negocio o actividad de la organización (con la que debe estar ya totalmente familiarizado el propio directivo, independientemente de su vinculación a un proceso *ACM*) permite integrarle en los procesos sin que sea necesaria una alta ocupación de tiempo. Finalmente, quizá la participación de los directivos de línea en los procesos de evaluación en la organización sea un "plus" de calidad en algunas áreas o sectores, pero la tendencia en la mayoría de las áreas de actividad organizada es a considerar que la dirección, la gestión y el desarrollo de los colaboradores son funciones a descentralizar y en las que los responsables jerárquicos deben tomar más y más el protagonismo. En este sentido, la intervención en procesos *ACM* es una buena oportunidad para dotar a este protagonismo de herramientas técnicas contrastadas que incrementan el valor añadido de su papel de gestores de personas.

➤ *Resistencia cultural*. De todas las objeciones al *ACM*, ésta es la más difícil de combatir. Resulta innegable que, en determinados ambientes organizacionales, y según su sistema cultural, pueden aparecer resistencias –individuales, grupales, departamentales, generales...– que hagan más difícil e, incluso, imposible, la implantación de este método. Qué duda cabe de que las diferencias entre organizaciones y entre sectores, países, etcétera pueden ser tan acusadas que cualquier combinación de actitudes, en este sentido, es posible. Es seguro que la implantación del *teléfono* en las organizaciones de principio de siglo fue casi tan dramática y compleja como anteriormente habría sido la introducción del *telégrafo* y posteriormente lo sería la introducción de la *máquina de escribir*, de la *informática* y de los *cuestionarios de personalidad* en los procesos de selección; cada avance, en su momento histórico correspondiente. También parece innegable que la implantación de los ordenadores o computadores personales y de la telefonía móvil ha tenido ritmos y respuestas distintas en diferentes entornos geográficos, en diferentes empresas y en diferentes sectores. La realidad, sin embargo, se impone. *Contra facta non valent argumenta* y el avance tecnológico, a veces, muy a pesar de sus beneficiarios, acaba por integrarse en la práctica habitual de su vida profesional. Las resistencias culturales, en definitiva, deben ser contempladas y gestionadas. Es indudable su existencia, aunque en ocasiones ésta está más presente en la mente y en las expectativas de los responsables de Recursos Humanos que en las reacciones reales de los participantes en procesos de *ACM*.

En resumen, los puntos básicos del *ACM* se podrían condensar del siguiente modo:

Figura 19

PUNTOS BÁSICOS DE LOS *ASSESSMENT CENTRES*

1. Los criterios de selección y evaluación son definidos cuidadosamente
2. El comportamiento se predice con comportamiento
3. La observación y la evaluación se realizan por diversos evaluadores independientes, asesores mutuos
4. Hay una aproximación sistemática al proceso de valoración
5. Implica a varios asesores
6. Las simulaciones provocan comportamiento

Pasemos ahora a describir el proceso de evaluación, integrando la metodología *ACM* y, en cada uno de los pasos, cuando resulte pertinente, haremos los comentarios necesarios sobre cómo hacer compatible la metodología descrita con las herramientas más tradicionales con las que el profesional pueda estar mejor familiarizado.

En los *pasos 9 y 12*, especialmente, describiremos la conexión entre *ACM* y las técnicas propuestas.

Paso 8
Selección de curricula vitae

En este paso se tratará de identificar aquellas candidaturas que, por sus características "objetivas", cumplan con los requisitos mínimos de adaptabilidad al puesto de trabajo para el que se seleccionan.

El procedimiento se atendrá en todo a las descripciones de requerimientos objetivos que se encuentren en la *"**Ficha de requerimientos de cobertura del puesto de trabajo**"*, apartados I, II, III y IV: *requerimientos objetivos del puesto de trabajo, aspectos, organizativos, formación y experiencia*, no resultando aptos para comenzar el proceso aquellos candidatos que no cumplan con todas las especificaciones preestablecidas como imprescindibles.

Debe siempre tenerse en cuenta que, en algunos puestos concretos, los requerimientos pueden tener un carácter de "excluyentes", es decir, su ausencia invalida al candidato; en otras ocasiones, puede tratarse de criterios "flexibles", es decir, su ausencia o no total adecuación puede no invalidar totalmente al candidato, pero tener un carácter discriminatorio entre los diferentes candidatos. Este efecto es más claro en requerimientos como la *formación técnica* o el *estado civil*.

La forma de actuar del seleccionador deberá, pues, contemplar estas distintas opciones, llegando a los siguientes resultados:

- Descartar a cuantos precandidatos no cumplan con los requisitos "excluyentes".
- Decidir cuáles de los precandidatos que cumplan con los requisitos "excluyentes" serán encartados en el proceso posterior y cuáles no.
- Contestar por escrito a los precandidatos no encartados –si es procedente–.
- Clasificar a todos los demás precandidatos en función de sus características de acercamiento a los requisitos "flexibles". Una clasificación A - B - C suele ser útil a estos efectos.
- Comenzar el siguiente paso de convocatoria para las entrevistas y las pruebas psicológicas, siguiendo el orden.

Paso 9
Planteamiento y desarrollo de la entrevista de exploración inicial "focalizada"

En el *paso 9*, se debe tener un primer encuentro con todos los candidatos que han resultado preseleccionados en el *paso 8* y que resultan útiles, siguiendo el orden de su clasificación.

El objetivo fundamental de este *paso 9* es realizar una entrevista personal encaminada a determinar las características personales, físicas, profesionales y el comportamiento de los candidatos.

Los objetivos perseguidos con la aplicación de esta técnica son los siguientes:

Objetivos específicos de la exploración inicial "focalizada" a candidatos de selección

Los objetivos específicos de esta primera entrevista con candidatos de selección son los siguientes:

- Recabar información inicial sobre el candidato. Conocer a la persona, algunas de sus características, necesidades e intereses.
- Explorar en alguna medida la trayectoria profesional y personal del candidato, así como sus competencias conductuales específicas para el puesto de trabajo.
- Explorar el área motivacional del candidato y su posible ajuste socioafectivo al entorno del equipo de trabajo en el que se espera su incorporación.
- Aportar información sobre el puesto de trabajo para el que se selecciona, de modo que el candidato evalúe en profundidad su interés por él.
- Motivar y alentar al candidato para que continúe en el proceso de selección hasta el final.

En general, el propósito principal de una entrevista de selección es el conocimiento de las personas en términos de sus capacidades, cualidades e intereses actuales y potenciales con el fin de *determinar la adecuación a una vacante específica en la orga-*

nización. ¿Hasta qué punto reúne la capacidad básica, la educación y la formación, la experiencia profesional y otros requisitos personales necesarios para dar un rendimiento aceptable? ¿Qué tipo de satisfacción obtendrá de su trabajo y de los procesos que haga? ¿De qué forma coinciden sus gustos y sus aversiones, sus intereses e inclinaciones, con los de sus posibles compañeros de trabajo?

Una segunda finalidad, tan importante como la anterior, reside en *proporcionar al candidato información sobre el puesto*, su orientación profesional y/o puestos que eventualmente podría desempeñar, los requisitos que deberá reunir, la organización, sus normas y sus costumbres, las personas con las que tendrá que colaborar y los beneficios que puede recibir. Debe haber un intercambio mutuo, informando voluntariosamente cada una de las partes aquello que interesa a la otra para poder llegar a una decisión. Este proceso es especialmente importante en relación con los candidatos que ya son miembros de la empresa.

La última finalidad de la entrevista de gestión es *suscitar un sentimiento de buena voluntad* en el candidato hacia su posible futura ocupación, independientemente del resultado de la entrevista. En otras palabras, *motivar*.

Como ya hemos indicado, el seleccionador puede obtener información útil con otras herramientas y técnicas de exploración y evaluación que deben ser tenidas en cuenta, tales como, currículum vitae, test y referencias. ¿Cuáles son, pues, las diferencias más significativas entre la información obtenida por la entrevista inicial y la información recopilada con otras técnicas o métodos de evaluación en otras fases del proceso?

La entrevista inicial supone una primera toma de contacto con el candidato, una primera aproximación a sus características físicas, a su trayectoria profesional y personal y, muy especialmente, una primera evaluación sobre la presencia de las "*competencias conductuales*" en el repertorio de conductas del candidato. Los otros métodos indican con mayor profundidad si el candidato tiene cultura, formación y experiencia adecuadas para un determinado puesto y nos permitirán contrastar algunas hipótesis sobre su personalidad, características, perfil, etcétera, que habrán sido suscitadas por los diferentes métodos y momentos de la evaluación; la entrevista inicial es la primera fuente de hipótesis.

Una entrevista diestramente conducida permite al seleccionador reunir datos reales y aventurar hipótesis basadas en la conducta pasada del candidato, todo lo cual le ayudará a predecir su futura actuación en los cursos de formación, en un puesto específico o en las oportunidades de hacer carrera en la empresa.

La manera adecuada de proceder en la primera entrevista de conocimiento inicial de los candidatos será la siguiente:

A. Preparación de la entrevista

Antes de comenzar la entrevista, un seleccionador necesita hacer ciertos preparativos.

- En primer lugar, el entrevistador deberá conocer en detalle la *"Ficha de requerimientos de cobertura del puesto de trabajo"*.
- Asimismo, el entrevistador deberá familiarizarse con el contenido del *Curriculum Vitae* del candidato, para no acudir a él constantemente durante la entrevista.
- El entrevistador, además de conocer previamente todo lo que pueda sobre el puesto y el candidato, deberá también *planificar la entrevista*, y prefijar unas líneas generales sobre los temas a tratar y sobre el tiempo disponible.
- Deberá, además, preparar *información para el candidato* sobre el puesto ofrecido, los próximos pasos del proceso, a quién ver, y así sucesivamente.
- En cualquier caso, deberá disponer después de la entrevista del tiempo suficiente para *anotar comentarios* mientras las impresiones están todavía frescas y antes que otros asuntos interfieran.
- Los documentos básicos que el gestor de recursos humanos debería consultar con antelación a la entrevista y que le permitirán preparar su plan de exploración son los siguientes:

  — "Guía de análisis de puestos de trabajo y definición de requerimientos"
  — *Curriculum Vitae*
  — Expediente médico (si existiese)
  — Entrevistas anteriores con el candidato (si existiesen)
  — Pruebas psicotécnicas (si existen y/o si es pertinente)

Disponiendo de esta información, la preparación de una buena entrevista deberá responder a algunas preguntas clave:

- ¿Existe algo llamativo, anormal o dudoso en la trayectoria del candidato?
- ¿Se producen incongruencias de cualquier tipo en su historial?
- ¿Hay lagunas de información llamativas?
- ¿Coinciden bien los siguientes elementos:

  — Formación/Nivel de puesto o puestos alcanzados en la trayectoria profesional
  — Situación familiar/Motivaciones
  — Edad/Responsabilidad alcanzada
  — Resultados de pruebas psicológicas/Resultados de informes internos (si existiesen)
  — etcétera.

- ¿Hay alguna finalidad especial para mantener esta entrevista? ¿Cuál?
- ¿Tenemos toda la información necesaria sobre la persona y su entorno?
- ¿Podemos hacernos una idea inicial sobre el candidato? ¿Cuál?
- ¿Puntos fuertes y débiles?
- etcétera.

- La respuesta a cada una de estas preguntas constituirá una "hipótesis" que debemos tratar de contrastar en la posterior entrevista.

B. Estrategia de la entrevista

Veamos ahora algunas de las tácticas y estrategias que el entrevistador necesita conocer con el fin de extraer la mayor cantidad de información útil posible de una conversación breve. Se debe recordar que una conversación ágil y viva requiere audacia y espontaneidad.

- *Efectuar el plan de indagación.* El entrevistador debe mantener una conversación activa a fin de poder extraer toda la información que necesitará para hacer su evaluación. ¿Qué estrategia y plan de indagación debe seguir? La *guía de entrevista* supone una ayuda más en la planificación de la estrategia y el interrogatorio de la entrevista. La guía puede utilizarse como un modelo a partir del cual se prepara la entrevista. Sin embargo, no debe ser seguida tan al pie de la letra que impida al entrevistador sacar provecho de las situaciones peculiares o poco comunes que se presenten.

Como fórmula general de plan de indagación, la entrevista inicial debe estructurarse de tal manera que se consigan los siguientes objetivos:

* Dar al candidato la oportunidad de expresarse y comunicarse de modo abierto, de tal forma que podamos evaluar su capacidad de comunicación interpersonal.
* Repasar los aspectos generales de la trayectoria personal y profesional del candidato de forma que conozcamos las "líneas gruesas" de su desarrollo pasado.
* Explorar la formación teórica y práctica o experimental recibida por el candidato.
* Explorar el tipo de responsabilidades que el candidato ha desempeñado hasta el momento.
* Explorar en profundidad, mediante *flash-backs,* las características de la conducta general del candidato y sus implicaciones en el ámbito profesional. (En el *Anexo VI* se presenta una lista completa de las posibles preguntas que el entrevistador puede hacer para suscitar los *flash-backs* correspondientes a cada una de las *posibles "competencias conductuales"* a explorar.)
* Conocer algunos aspectos generales de las necesidades psicológicas básicas del candidato y de su tipo y perfil de motivación.
* Alcanzar una descripción esquemática, pero completa, del tipo de candidato que tenemos delante y un primer diagnóstico sobre su idoneidad para el puesto para el que se selecciona.

- *Efectuar preguntas abiertas.* Cualquier pregunta que pueda ser contestada con "sí" o "no" o con una sola frase, proporciona únicamente una parte pequeña de la información y no estimula a responder libremente. Por el contrario, las preguntas indirectas, abiertas, estimulan a expresar ideas y dar información que podría no haberse conseguido mediante un acercamiento directo.

- *Mantener la guía y control de la situación de entrevista*. La conversación de la entrevista de evaluación está mucho más cuidadosamente planificada y controlada que en los contactos diarios de tipo social. A través de un número variado de preguntas y comentarios se puede imprimir a la conversación rapidez o lentitud. Se puede ir de lo general a lo específico o viceversa. Al hacer únicamente preguntas, el entrevistador dificulta su tarea, condiciona o enseña al candidato a que responda a preguntas, más que a estimularlo a que hable espontáneamente sobre aspectos que pueden ser importantes.

C. Desarrollo de la entrevista

A continuación presentamos unas indicaciones prácticas sobre cómo desarrollar y estructurar una buena entrevista de exploración de personas en el ámbito de la organización. Para ello, conviene siempre recordar la conveniencia de respetar de forma adecuada algunas indicaciones básicas encaminadas a mejorar la calidad de la relación entre el candidato y el entrevistador.

Introducción de la entrevista

- *Introducir la entrevista*. Se debe dedicar algún momento a efectuar la introducción de la entrevista de modo que, desde el primer momento, el candidato conozca sus objetivos, alcance y metodología.
- *Justificar la entrevista*. Se debe recordar el modo como se concertó la entrevista y volver a fijar el objetivo de conocernos mejor mutuamente, a la vez que provocar una oportunidad para darle información más detallada sobre el puesto ofrecido.
- *Reducir la ansiedad*. El ambiente que rodea la entrevista debe favorecer una buena comunicación. Lo mejor es utilizar un despacho privado. El entrevistador deberá poder hablar en tono de voz propio de una conversación y centrar toda su atención en el candidato. El primer papel del entrevistador consiste en acoger cordialmente al candidato.
- *Hacer una charla introductoria*. Una vez que el entrevistador ha establecido el marco de la entrevista con una acogida amistosa y ambos están sentados cómodamente, todo está dispuesto para que comience la entrevista.
- *Iniciar la entrevista*. Tan pronto como la conversación fluya con facilidad, es el momento de comenzar la entrevista en sí misma. La pregunta inicial puede muy bien referirse a las *expectativas* del candidato respecto al puesto de traba-

jo actual o al que se le ofrece, a los hechos que le hayan inducido a aceptarlo o a los retos más importantes que debe alcanzar. Otro tipo de pregunta inicial puede girar en torno a su nombre y cómo desea que se le llame durante la conversación...

Cuerpo de la entrevista

- *Tratar los puntos básicos.* Los entrevistadores experimentados están a favor de utilizar puntos básicos o "preguntas-guía" al comienzo de una entrevista y como elementos de transición de un área a otras. Los puntos básicos comunican al candidato clara y brevemente cuáles van a ser la finalidad, la estructura y el contenido de la entrevista. Unas buenas "preguntas-guía" ayudan a mantener la entrevista encarrilada, a facilitar la transición entre las áreas a tratar, sobre experiencia profesional, estudios y formación, actividades e intereses actuales, y a resumir.

  Con el fin de facilitar la preparación de la entrevista se presentan algunos "puntos básicos" a tratar en la siguiente *"Guía para la entrevista inicial"*:

GUÍA PARA LA ENTREVISTA INICIAL "FOCALIZADA"	
Contenidos	*Tiempo aproximado en minutos*
Bienvenida y recuerdo del objetivo	2'
Toma de contacto	2'
Repaso del currículum y de la historia educativa	8'
Repaso de la historia familiar	8'
Exploración de la "Competencia conductual" 1	7'
Exploración de la "Competencia conductual" 2	7'
Exploración de la "Competencia conductual" 3	7'
Exploración de la "Competencia conductual" 4	7'
Exploración de la "Competencia conductual" 5	7'
Exploración del área motivacional	10'
Exploración de la situación militar, la disponibilidad y la movilidad	5'
Indicaciones finales sobre el proceso	3'
Cierre y despedida	2'
Total de tiempo:	75 minutos

- *Evaluar los criterios de conducta profesional específicos.* Como regla general, toda entrevista deberá incorporar algunas preguntas que permitan explorar en qué medida el evaluado muestra rasgos estables de conducta adecuados al puesto de trabajo para el que se lo selecciona.

La "*Ficha de requerimientos de cobertura del puesto de trabajo*", convenientemente elaborada, siguiendo la metodología descrita en la guía correspondiente, será la fuente de información fundamental para la selección de los criterios que han de explorarse mediante las preguntas conductuales más idóneas. En el apartado V de esta ficha se indican las "*competencias conductuales*" a explorar. Para familiarizarse con el concepto de "*competencias conductuales*" se recomienda leer el apartado correspondiente de la "*Guía de análisis de puestos de trabajo y definición de requerimientos*", *pasos, 2, 3 y 6.*

La conducta futura de las personas puede predecirse contemplando de forma completa y crítica su conducta pasada.

Como regla general, en aquellas entrevistas en las que se persiga un conocimiento sobre la conducta pasada y futura del candidato, se insertarán como puntos básicos algunas preguntas de las llamadas "*flash-backs*" conductuales. Los "*flash-backs*" no son otra cosa que *preguntas lanzadas al candidato sobre algunos episodios o situaciones de su conducta pasada que le obligan a recordar determinados tipos de situaciones que ha vivido y en las que ha debido emitir conductas*. La mayor parte de los *flash-backs* referidos de forma específica a criterios de conducta concretos se pueden construir con la misma estructura que la mostrada en los ejemplos que se encuentran recogidos en el Anexo VI, en el documento "*Guía de preguntas conductuales para la exploración de criterios de conducta*". Antes de dar por finalizado el diseño de cualquier entrevista de exploración, el entrevistador consultará esta guía y diseñará las preguntas oportunas.

La utilización de la conducta pasada del sujeto como predictor de la conducta futura implica una serie de ventajas:

Figura 20

VENTAJAS DEL USO DEL COMPORTAMIENTO PASADO DEL CANDIDATO

- El uso del comportamiento elimina malentendidos sobre las experiencias pasadas del candidato.
- El uso del comportamiento elimina las impresiones personales que sesgan la evaluación.
- El uso del comportamiento reduce la "falsificación" del candidato.

La forma de proceder después de lanzar la pregunta de *flash-back* sobre una determinada "*competencia conductual*" es la siguiente:

↪ Cerciorarse de que el candidato realmente recuerda un episodio real de su pasado que está en referencia con el *flash-back* sobre el que exploramos.

↪ Trazar la "estrella" conductual (en inglés, *STAR*, siglas de Situación, Tarea, Acción y Resultado) de modo que se investigue progresivamente cada uno de estos aspectos referentes a la situación que el candidato narra:

Situación: preguntar sobre ¿qué pasó? ¿dónde?, ¿con quién?, ¿cuándo?, ¿cómo? hasta tener una descripción completa del contexto donde se produjo el episodio conductual.
Tarea: se indaga sobre ¿cuál era su cometido en la situación?, ¿qué resultados debía obtener?, ¿por qué eran importantes estos resultados? hasta tener una idea exacta de las responsabilidades y objetivos del candidato en aquella situación específica.
Acción: es decir, ¿qué hizo el candidato en aquella situación?, ¿qué dijo?, ¿a quién?, ¿qué pasó? hasta conocer con detalle cómo fue la conducta del candidato ante la situación.
Resultado: aspecto crucial de la exploración es saber ¿qué pasó después?, ¿cuál fue el resultado?, ¿cómo lo supo el candidato? hasta determinar el grado de eficacia conductual que el candidato mostró en la resolución de la situación y en qué medida mostró la "*competencia conductual*" que tratamos de examinar.
Reflejar a continuación el resultado de esta exploración en la correspondiente casilla de la "*Hoja de datos de la entrevista de evaluación inicial*", que se muestra más adelante.

En la figura 21 se indica el esquema de una "estrella conductual":

Figura 21

ESTRUCTURA DE UNA "ESTRELLA CONDUCTUAL"	
"STAR"	
Situación: ¿Qué pasó? ¿Dónde? ¿Cómo? ¿Cuándo? ¿Con quién?	*Tarea:* ¿Cuál era su papel? ¿Qué debía hacer? ¿Para qué? ¿Qué se esperaba de usted?
Acción: ¿Qué hizo? ¿Cómo? ¿Qué pasó? ¿Por qué? ¿Qué hicieron los otros?	*Resultado:* ¿Cuál fue el efecto? ¿Qué indicadores vio? ¿Cómo lo supo? ¿Qué pasó después?

- *Evaluar los aspectos de perfil motivacional del candidato y su alcance*. Para completar el análisis sobre el perfil personal del candidato se incorporarán algunas cuestiones sobre el "*perfil motivacional*". En este sentido, es imprescindible recordar que la exploración psicométrica a través de cuestionarios nos aportará información fiable sobre sus necesidades de Logro-Afiliación-Influencia. Nos centraremos, pues, en los demás aspectos. Algunas preguntas útiles para esta exploración pueden ser, entre otras, las siguientes *

Autoconfianza:
- ¿Te sientes capaz de desarrollar esta tarea/puesto/misión?
- ¿Crees que te sentirás adaptado en el entorno donde deberás trabajar?
- ¿Cómo te ves en el futuro a medio plazo en cuanto a la realización de este trabajo?

Compromiso profesional:
- ¿Qué importancia crees que tiene el puesto que se te propone?
- ¿Cómo crees que contribuye a los resultados globales de la empresa?
- Si las tareas del puesto para el que seleccionamos no se realizasen correctamente, ¿qué consecuencias crees que tendría?

Expectativas de promoción:
- ¿Cuál crees que será tu trayectoria profesional dentro de tres años?
- ¿Crees que el desempeño de este puesto te ayudará a realizar esa trayectoria profesional?
- ¿Cuál crees que debería ser el siguiente puesto profesional al que deberías ser promocionado después de éste?
- ¿Cuándo se daría, según tu criterio, el próximo salto profesional?

Expectativas de desarrollo profesional:
- ¿Qué aprendizaje esperas conseguir a través del desempeño de este puesto de trabajo?
- ¿Qué tipo de formación piensas que recibirás en la organización?
- ¿En qué proporción se repartirán los esfuerzos entre la organización y tú mismo en la formación que esperas recibir?
- ¿En qué áreas te gustaría especializarte? ¿Por qué?

Cierre de la entrevista

- *Crear clima de cierre.* Al finalizar la entrevista se debe preparar una salida "redonda" y dar la sensación de que se han cubierto todos los puntos que se pretendía explorar y que la tarea ha sido cumplimentada satisfactoriamente.

* Utilice el tratamiento de "tú" o "usted", según convenga.

- *Indicar próximos pasos del proceso.* No debemos terminar una entrevista sin haber comunicado al candidato cuáles serán los próximos pasos a dar en el proceso de selección. Se le informará de los plazos aproximados que debe esperar y, en su caso, de lo que debe hacer.
- *Comprobar disponibilidad y datos de localización.* A veces, los candidatos cambian de dirección o disponen de domicilios provisionales durante el período de la selección. Resulta imprescindible comprobar, antes de finalizar la entrevista, cuál será la dirección y el teléfono de contacto útil en los próximos días/semanas.
- *Pedir información complementaria.* En ocasiones, es imprescindible pedir al candidato que complete la información de su *dossier* con algunos datos que puede haber olvidado como el expediente académico o los complementarios sobre titulaciones, etcétera.

Paso 10
Información mínima que se deriva de la entrevista inicial focalizada

Como consecuencia de la realización idónea de la entrevista inicial de conocimiento de los candidatos, obtenemos un conjunto de informaciones que deben reflejarse en un documento que, a partir de este momento, acompañará al *Curriculum Vitae* del candidato en todo el restante proceso de selección.

En el modelo de documento que se propone a continuación se puede ver un ejemplo de los epígrafes que debe cubrir una información mínima obtenida de la entrevista de conocimiento inicial del candidato.

Informe de la entrevista inicial
Nombre del candidato: .... Puesto de trabajo: .... Unidad de trabajo: .... Entrevistador: .... Fecha: ....

Análisis de Curriculum Vitae
Datos personales o familiares: ....
Formación: • Académica: .... • Técnica: .... • Idiomas: ....
Experiencia: ....
Disponibilidad a los requerimientos organizativos del puesto: ....
Retribución: expectativas del candidato y comentarios sobre la oferta que se le hace: ....

Presentación y comunicación	
Presentación y aspecto físico: Impacto general .... Atractivo personal: imagen física .... Cuidado personal .... Forma de vestir .... Forma de entrar y de sentarse	
Comunicación no verbal: Mirada y contacto visual .... Forma de saludar y dar la mano .... Gesticulación facial .... Sonrisa .... Tono, volumen y timbre de voz .... Forma de sentarse .... Expresividad facial .... Gesticulación con manos y brazos	
Comunicación verbal: Valor global del lenguaje verbal .... Fluidez verbal .... Riqueza de vocabulario .... Precisión .... Concisión .... Riqueza de imágenes .... Originalidad de las expresiones .... Empatía	

Competencias conductuales				
Nº	Nombre	Comentarios significativos	Requerimiento	¿Cumple?
1				
2				
3				
4				
5				
6				
7				
8				
9				
10				
11				
12				
13				
14				

Perfil motivacional	
Orientación al logro	....
Orientación a la afiliación	....
Orientación a la influencia	....
Autoconfianza	....
(Expectativas de dedicación, jornada, exigencia...) Compromiso profesional	....
Expectativas de promoción	....
Expectativas de desarrollo profesional	....

Otras observaciones sobre el candidato
....
....
....
....
....
....
....
....
....
....
....
....
....
....
....
....
....
....

Paso 11
Aplicación de pruebas psicológicas individuales y grupales

Tras la realización de la entrevista inicial con los candidatos, se procederá a realizar la aplicación de una serie de pruebas psicológicas individuales y/o grupales que deberán enriquecer el conocimiento previo que tenemos de los mismos.

El carácter de las pruebas psicológicas a aplicar no será eliminatorio en el proceso de selección, salvo en aquellos casos en los que sean detectados posibles estados patológicos de los candidatos o se perciban anomalías o desviaciones de la *media* de signo negativo y claramente incapacitador para el desempeño correcto del puesto de trabajo. Éste es el caso de cocientes intelectuales excesivamente bajos o de configuraciones de personalidad neurótica o psicótica con bajos índices de control emocional.

En todos los demás casos, las pruebas psicológicas serán un elemento informativo más a considerar como riqueza informativa de la candidatura final. Se utilizarán como elemento de contraste de las impresiones generadas en las entrevistas y se tomarán en cuenta como información "técnicamente afinada" sobre el candidato en su dimensión psicoprofesional.

La naturaleza de este tipo de herramientas puede ser muy variada y sus finalidades múltiples. No es posible hacer desde esta guía, esencialmente orientada para ser empleada por profesionales, una descripción de cuantas herramientas de selección se encuentran en el mercado. Para ello, existen abundantes referencias bibliográficas a las que acudir y que orientan la selección de unas pruebas frente a otras, según las características que se pretenden evaluar en cada caso. Se ha establecido, sin embargo, una clasificación de los tipos de pruebas a utilizar, como mínimo, de acuerdo con el nivel del puesto a seleccionar y del tipo de técnicas a incorporar. Cada profesional podrá utilizar aquellas que sean de su interés o conveniencia y que resulten adecuadas en la relación coste/eficacia que todo proceso de selección debe perseguir.

En el cuadro de la página siguiente se presenta el cruce entre los niveles de puesto por seleccionar (etiquetados de una forma muy genérica y, por tanto, amplia y meramente indicativa) y los tipos de herramientas y técnicas que se recomienda incorporar al proceso ya que, en nuestros procesos de selección, han mostrado utilidad de forma consistente.

La información psicométrica derivada de la aplicación y valoración de los tests y cuestionarios mencionados en ningún caso tendrá carácter eliminatorio o se usará

Figura 22

Tipo de Herramienta	Tipo de puesto por seleccionar					
	Dirección	Responsables Dptos. *Staff*	Responsables de Gestión	Universitario sin expericencia	Técnicos	Administrativas
Inteligencia General		☆	☆	☆	☆	☆
Personalidad Factorial	☆	☆	☆	☆	☆	☆
Personalidad Específicos	☆	☆	☆	☆		
Aptitudes Básicas				☆	☆	☆
Aptitudes Específicas					☆	☆
Perfil Motivacional	☆	☆	☆	☆	☆	☆
Pruebas Grupales			☆	☆	☆	

para descartar candidatos. Por el contrario, se usará como fuente de hipótesis para contrastar en el siguiente paso del proceso de selección, a la vez que constituirá un elemento valioso para el conocimiento del candidato y el enriquecimiento de la imagen e impresión que de él tenemos por otras vías. Solamente en el improbable caso de que algunas pruebas (como el "16-PF de Cattell", el "STAI", el "Myers-Briggs o el "Factor G") nos aportasen *indicadores graves y reiterados* de patología o grave desajuste personal, cognitivo o emocional, descartaríamos a un candidato por sus resultados en las pruebas.

Paso 12
Aplicación de pruebas de conocimientos técnicos y pruebas situacionales

Con el fin de comprobar las destrezas técnicas y comportamentales y el grado de habilidad de la puesta en práctica de los diferentes conocimientos experienciales y teóricos que el candidato posee, se podrán administrar algunas pruebas situacionales o de conocimientos.

Pruebas situacionales para la evaluación de habilidades

Llamamos *pruebas situacionales*, como ya hemos mencionado al comienzo de esta *Parte Segunda,* a aquellas pruebas propias del *ACM*, a aquellos *tests de naturaleza conductual, que consisten en enfrentar a los candidatos con la resolución práctica de situaciones conflictivas reales del entorno del puesto de trabajo para el que seleccionamos.* Consisten, generalmente, en una serie de problemas a resolver en la vida práctica, con escenarios de actuación realistas en los que se aporta al candidato un paquete de informaciones variadas –y no siempre completas ni coherentes– que debe "gestionar" hasta llegar a tomar una serie de acciones y decisiones que conduzcan a la resolución de los conflictos de intereses o al esclarecimiento de los problemas planteados. Su objetivo fundamental es establecer un contraste sobre el grado real de dominio mostrado por el candidato de aquellos criterios de conducta determinados como críticos para el correcto desempeño del puesto de trabajo. En ellas, *el candidato ha de enfrentarse, de manera real o simulada, a situaciones parecidas en sus características y contenido a aquellas que deberá resolver de forma real en la ejecución de sus tareas reales en el puesto de trabajo.* Para que podamos construir pruebas situacionales fiables y válidas, no basta con reproducir, en condiciones de laboratorio, con mayor o menor validez ecológica, situaciones de la vida real. Las pruebas deben reunir una determinada estructura y contenidos, responder a determinadas fórmulas y practicarse de forma sistemática, según una serie de reglas de puesta en escena que conviene cumplir, según toda la experiencia acumulada. Algunas de las características más sobresalientes de las pruebas situacionales son las siguientes:

Figura 23

CARACTERÍSTICAS DE LAS PRUEBAS SITUACIONALES UTILIZADAS EN EL *ACM*

- Construidas para evaluar competencias críticas referidas al puesto de trabajo.
- Se utilizan ejercicios diversos que reflejan el comportamiento requerido en el puesto objetivo.
- Las de tipo grupal, reúnen de 6 a 12 participantes.
- 1 asesor/evaluador por cada 3 o 4 participantes.
- Los asesores son directivos de línea jerárquica, por lo menos en un nivel por encima del puesto *"diana"*.
- Los participantes pasarán de 1 a 2,5 días en el Assessment Centre, según la complejidad y el nivel del puesto *"diana"*.
- Los asesores necesitan de 2 a 5 días para la valoración y discusión sobre los candidatos.
- El proyecto es dirigido por seleccionadores entrenados.

- *Construidas sobre criterios referidos al puesto de trabajo*. Como es natural, las pruebas situacionales que se han de incluir en un proceso concreto de evaluación de candidatos para un puesto deben estar lo más conectadas posible con el contenido y las características del propio puesto de trabajo y con sus tareas características. Sin embargo, esta conexión no siempre tiene que ser evidente en cuanto a las tareas concretas que se presenten a los candidatos, sino que su referencia deben ser las *competencias conductuales* implicadas en la resolución de la prueba y las implicadas en la resolución de situaciones críticas de éxito en el puesto, que deben ser coincidentes. Cada prueba debe estar pensada para "hacer surgir" el comportamiento específico que se intenta evaluar en el candidato, y cada tipo de habilidad o comportamiento debe tener predefinido (a ser posible, en colaboración con los expertos técnicos en Recursos Humanos y con los directivos de línea) un conjunto de comportamientos o *conductas criterio* que muestren inequívocamente la presencia de la habilidad evaluada o su ausencia o carencia rotunda. Para encontrar ejemplos más concretos de *conductas criterio* consúltese el *Anexo III*.

- *Convergencia de pruebas*. Uno de los elementos que incrementa de forma más significativa la fiabilidad y calidad de la evaluación es la llamada "convergencia de pruebas", de tal manera que una *competencia conductual* específica es apreciada en diversas pruebas distintas realizadas en diferentes momentos y con diferentes contenidos. (Un buen ejemplo suele ser la evaluación de la *"habilidad de comunicación oral"*, que el candidato debe mostrar en la *entrevista "focalizada"*, en la resolución de diferentes *simulaciones*, en la *dinámica de grupos* y en la *entrevista en profundidad*, ante diferentes interlocutores, en diferentes situaciones y con distintas modalidades y fines...) Lo fundamental es que los diferentes tipos de pruebas hagan surgir el mismo tipo o conjunto de *competencias conductuales*, que se ha definido como crítico para el éxito en el puesto.

- *Número de participantes*. En las pruebas con varios participantes simultáneos, el número óptimo es de 6 a 12, lo que tiene que ver con la riqueza de aportaciones del grupo de trabajo en las simulaciones y con la capacidad de observación de los evaluadores (que pierden capacidad de observación cuando los participantes son más de 12).

- *Número de observadores/asesores*. El número idóneo de asesores u observadores se cifra en uno por cada 3 o 4 participantes o candidatos, siempre que se trate de situaciones de participantes múltiples, como es lógico.

- *¿Qué asesores/evaluadores?* La discusión sobre quiénes deben ser los evaluadores estará siempre abierta al tipo de organización, actividad, entorno, puesto de trabajo, etcétera. En cualquier caso, parece evidente que una intervención de los directivos de línea, como ya hemos señalado anteriormente, aporta el valor añadido de su conocimiento y experiencia sobre "conductas que funcionan" y "conductas que no funcionan" en la tarea concreta. En este caso, se debe pensar en directivos de, al menos, un nivel por encima del puesto que se intenta cubrir (o de los candidatos evaluados). Por otra parte, no debe olvidarse que, en ocasiones, lo que se intenta evitar en un proceso de selección o de evaluación es la repetición "clónica" de los valores o actitudes de la cultura histórica de la organización, en cuyo caso será mejor no contar en el proceso de aplicación del *ACM* con directivos de línea que sean típicos de esa cultura, o bien su aportación de experiencia debería ser matizada posteriormente por otras personas que se incorporen al proceso de evaluación.

- *Duración del proceso de evaluación*. Existen alternativas de muy variada índole. Desde procesos organizados de forma muy "masiva" y que, para cada candidato, han tenido una duración de no más de un día de trabajo, hasta procesos más "finos" que llegan a durar tres días por candidato (aparte del trabajo posterior de análisis de los evaluadores y la generación de informes...). Naturalmente, la duración depende del número y la complejidad de las pruebas, y éstas, de la complejidad y el alcance de la evaluación... En cualquier caso, no se debe olvidar que el proceso es más costoso cuanto más largo y que los candidatos rinden menos por efecto del cansancio a partir del segundo día.

- *Debate entre los asesores/evaluadores*. Terminado el periodo de intervención de los candidatos en las pruebas, los asesores/evaluadores, que habrán reflejado sus impresiones y observaciones en documentos de trabajo preparados al efecto, deberán discutir sus conclusiones en una sesión de integración de datos sobre cada candidato hasta llegar a posiciones más o menos comunes. Estas sesiones integradoras de datos y observaciones cruzadas resultan de la mayor importancia para el proceso global y pueden realizarse inmediatamente después de cada prueba o al final de un ciclo o conjunto de pruebas, pero no se ha de olvidar que cuanto más reciente sea la observación de la conducta, más nítido será el recuerdo de los aspectos relevantes de lo mismo... La duración de los debates es muy variable, pero debe siempre preverse un tiempo sin prisas para desarrollar esta tarea con calma y objetividad.

- *Dirección del proyecto*. A pesar de la "naturalidad" que debe revestir el proceso, su dirección y el diseño de todos los pasos debe ser siempre encargado a expertos entrenados en los aspectos más técnicos de la metodología. Por supuesto, cualquier profesional de la selección que haya estudiado el método y participado en algunos procesos en varias ocasiones con otros profesionales más experimentados, puede llegar a "pilotar" una experiencia de este tipo sin mayores dificultades.

Tipos de pruebas situacionales utilizadas en el ACM

La creatividad del seleccionador experto, las indicaciones de su "cliente" y de los asesores/evaluadores participantes en el proceso, así como la naturaleza de la actividad o puesto para el que se selecciona pueden hacer que las pruebas situacionales utilizadas en los procesos de *ACM* sean extremadamente diversas.

En general, lo que caracteriza a este tipo de pruebas es que consisten en *simulaciones*:

Figura 24

¿QUÉ ES UNA SIMULACIÓN DEL COMPORTAMIENTO?

Una simulación de comportamiento es una situación-test que reproduce el comportamiento real del candidato en el puesto de trabajo.

Se trata de poner a los candidatos en situaciones similares a las que ellos deben resolver en el puesto para el cual son seleccionados.

Aunque muy variadas, existe una clasificación tipológica de las simulaciones que las agrupa por sus características comunes de tipos de conductas que elicitan:

Figura 25

> **TIPOS DE SIMULACIONES UTILIZADAS EN EL *ACM***
> - Juegos de negocios
> - Discusión en grupos
> - Ejercicios de análisis
> - Ejercicios de presentación
> - *In-baskets*
> - Entrevistas simuladas

Veamos una descripción sucinta de cada tipo:

➤ *Juegos de negocios.* Se trata de simulaciones en las que un grupo de participantes, en solitario o agrupados por equipos, compiten en una simulación de toma de decisiones sucesivas y complejas, generalmente con el apoyo de una herramienta informática, en un escenario empresarial u organizacional dado, que reproduce diversas alternativas de interacción de variables de gestión, de modo que cada variable afecta a las demás y de manera tal que las sucesivas "jugadas" o movimientos efectuados por el propio equipo (o participante) va condicionando, al igual que en la vida real, la situación que se presenta al equipo (o participante) contrario y, a la vez, modifica y condiciona el escenario que el participante se encontrará en su próxima jugada. En definitiva, un entorno cambiante y multivariado que, con mayor o menor complejidad, permite reproducir las condiciones de toma de decisiones que se presentan a directivos de distintos niveles en la vida real de sus organizaciones.

➤ *Dinámica o discusión en grupos.* Es, quizá, una de las formas de pruebas situacionales más utilizadas en selección y con mayor tradición. Consiste en plantear una "situación problema" a un grupo de participantes o candidatos de modo que deban discutir entre ellos hasta llegar a una solución conjunta o a una respuesta individual. Casi invariablemente, el problema propuesto no presenta una solución única "verdadera" o "correcta" y otras que son "falsas" o "incorrectas", sino que se trata de situaciones complejas en las que la carencia básica de información permite múltiples soluciones y discusión entre los miembros del equipo según sus ópticas de abordaje del problema y según cómo interpreten tanto la situación de evaluación como la situación problema. Existen varias modalidades de este tipo de pruebas que pueden ser de competición o de colaboración; individuales o por subequipos; con un problema único o con problemas de complejidad creciente; con información adicional o con información cerrada, etcétera.

➤ *Ejercicios de análisis.* Se trata, en general, de ejercicios individuales de análisis de situaciones o de conjuntos más o menos complejos de información relativa a una situación (por ejemplo, un balance, una situación patrimonial de una sociedad, un departamento de Recursos Humanos, etcétera) en los que se espera que el candidato identifique la información relevante, la estructure de forma significativa y saque conclusiones acertadas para poder emprender acciones coherentes de corrección de la situación; al mismo tiempo, en algunas ocasiones, se espera también que el candidato identifique con acierto las lagunas de información crítica y las ponga de relieve. Hay modalidades de análisis en grupos, pero son más infrecuentes y adquieren, inmediata e inevitablemente, el carácter de la dinámica de grupo...

➤ *Ejercicios de presentación.* Se trata de simulaciones en las que el participante debe efectuar una *presentación*, es decir, una comunicación formal (posterior, en ocasiones, a un ejercicio de análisis o a una sesión de discusión en grupos) de las conclusiones de algún proceso o de una idea, ante una audiencia simulada que, posteriormente, efectuará (¡o no!) un coloquio y juzgará diversos aspectos del comportamiento del sujeto. A veces la presentación tiene un carácter de controversia o debe ser especialmente persuasiva para la audiencia...

➤ *In-baskets.* Con esta peculiar denominación (que se ha ido haciendo más y más común en el argot de los profesionales de la evaluación, razón por la que la mantenemos aquí) se engloba un tipo de pruebas situacionales muy característico del *ACM* que consiste en presentar al candidato un conjunto de documentos que podría encontrar cualquier día normal de su vida profesional en su nuevo puesto de trabajo, en la "bandeja de documentos de entrada" (*in-basket*) de su mesa de trabajo. Generalmente son cartas, notas internas, facturas, resúmenes de información de gestión, notas técnicas y reclamaciones de todo tipo provenientes del interior o del exterior de la organización y que le son entregadas en paquetes o una tras otra. A veces, la sucesión de entregas de documentos puede ser tal que complique la situación a resolver extraordinariamente. Se puede combinar con llamadas de teléfono simuladas y con peticiones de información específica que puede ser aportada (o no) sobre la marcha. En definitiva, el candidato debe resolver el conjunto de la situación con los recursos a su alcance, y se espera que maneje de la mejor manera posible la incertidumbre y los problemas técnicos, humanos, comerciales y económico-financieros que se le propongan. Este tipo de prueba ha constituido la base del *ACM* durante mucho tiempo y es casi impensable una implantación de *ACM* sin que se incluya un *in-basket* entre sus pruebas fundamentales...

➤ *Entrevista simulada.* Finalmente, la entrevista simulada consiste en pedir al candidato que ejerza la función de entrevistador en una determinada situación y con una finalidad específica, que se describe por adelantado, realizando otra persona (asesor, otro participante, directivo no entrenado) el papel de entrevistado. La naturaleza de la entrevista puede ser muy variada, pero es muy frecuente que se trate de una entrevista de ventas con un cliente difícil (y ficticio) o una entrevista de *counselling* con un empleado, en una situación de alta tensión emocional o una entrevista disciplinaria con un colaborador a quien se debe reprender... El objetivo es casi siempre el mismo: poner en movimiento las habilidades de comunicación de un candidato para una determinada finalidad.

Una pequeña estadística realizada en nuestros procesos de selección y evaluación de potencial sobre la frecuencia de uso de los distintos tipos de pruebas situacionales y convencionales se muestra en la siguiente figura:

Figura 26

ESTADÍSTICA DE USO DE DIFERENTES TIPOS DE PRUEBAS EN EL *ACM*	
Ejercicio del *Assessment*	Frecuencia de uso %
—*In Basket*	95
— Discusión grupo papeles con roles asignados	85
— Entrevista simulada	75
— Discusión grupo papeles no asignados	45
— Planificación (ante todo para posiciones de supervisión)	40
— Análisis (ante todo para posiciones de supervisión)	35
— Entrevista en profundidad	25
— Juegos de dirección	10
Pruebas escritas	
— De personalidad	85
— Intelectuales	22
— Lectoras	1
— Matemáticas y aritmética	1
Pruebas descriptivas	1

Las principales ventajas del uso de pruebas situacionales en los procesos de selección, frente al uso de pruebas psicométricas y/o proyectivas son, en resumen, las siguientes:

Figura 27

**PRINCIPALES VENTAJAS DEL USO
DE PRUEBAS SITUACIONALES EN EL *ACM***

1. Alta precisión
2. Alta aceptación
3. Aplicaciones diversas
4. Investigación y desarrollo bien contrastados
5. Facilita el "mérito" y la práctica de "igualdad de oportunidades" de empleo
6. Alcanza los requerimientos legales en todos los países
7. Mejora las habilidades de dirección

Sin embargo, no conviene olvidar que la aplicación de las pruebas situacionales en un proceso de *ACM* también presenta algunas dificultades importantes, de manejo de la propia situación de evaluación, que han de ser tenidas en cuenta si se quiere mejorar la capacidad de gestión del proceso por parte del seleccionador. Las dificultades más importantes son las siguientes:

Figura 28

**PROBLEMAS FUNDAMENTALES DE IMPLANTACIÓN
DEL PROCESO DE *ACM***

1. Seguimiento pobre de la formación/desarrollo
2. Falta de un enfoque sistémico de la organización
3. Falta de tiempo para llegar al diagnóstico
4. Extensión/calidad de la formación del asesor
5. Escasa formación del administrador del programa
6. Falta de precisión del análisis del puesto
   • Demasiados criterios
   • Muy pocos criterios
   • Criterios pobremente definidos
7. Tamaño de la muestra de candidatos

En efecto, veamos algunas de ellas en detalle:

↪ *Falta de seguimiento*. En términos generales, de nada vale realizar un proceso de análisis y evaluación muy pormenorizado, minucioso y certero que llegue a identificar carencias y puntos fuertes con gran acierto y precisión, si después no se realiza adecuadamente el seguimiento tanto de los candidatos evaluados (e incorporados) como de sus procesos de desarrollo y entrenamiento. Es más, tal forma de actuación puede despertar expectativas en los colaboradores que, al ser finalmente frustradas, no conduzcan sino a la desmotivación.

- *Falta de un enfoque sistémico.* Si la implantación del *ACM*, con todo su rigor y precisión, es un hecho aislado que se produce de manera anecdótica en el seno de una organización cuyas formas de gestión responden, en general, a otros valores y procedimientos, su valor quedará minimizado o totalmente neutralizado y sus resultados no tendrán efecto renovador alguno sobre el conjunto de la organización. Es frecuente que los candidatos que han pasado por un proceso de selección tan sofisticado y "científico", así como exigente, se desvinculen de la organización una vez que comprueban que ésta, en conjunto, no les ofrece lo que, en principio, parecía ser un entorno estructurado de oportunidades profesionales y de desarrollo. O, lo que es peor, ¡acaben por generar un profundo sentido de insatisfacción con la organización que les conducirá a la falta de rendimiento y a la crítica pasiva de todo el sistema!

- *Dificultades de tiempo.* Es menos grave, pero a veces la urgencia de las decisiones hace que un sistema bien estructurado de selección basado en el *ACM* se deteriore en su fase final por falta de tiempo para la integración de resultados. El seleccionador experimentado deberá planificar con detalle estos tiempos y "gestionar" la impaciencia de su "cliente" con todas las artes (*buenas y malas*) a su alcance.

- *Formación de los asesores/evaluadores.* Como ya hemos comentado, su participación en los procesos de *ACM* no siempre es imprescindible, pero cuando participan deben estar lo suficientemente formados y familiarizados tanto con las *competencias conductuales* que se pretende evaluar como con las *conductas criterio* definidas para detectarlas. De lo contrario, las divergencias de criterio entre evaluadores puede llevar a discusiones sin límite y a posiciones emocionales de enfrentamiento irresolubles. Fomentar su formación en extensión y en calidad será una de las preocupaciones iniciales de todo seleccionador experimentado en el método.

- *Formación del administrador del programa.* No parece necesario insistir en la necesidad de que el administrador del sistema esté suficientemente entrenado en la técnica, si se quiere garantizar el éxito global. Sin embargo, no siempre es fácil que esto sea así y, como en la vida de tantas profesiones peligrosas o que ponen en peligro a los demás (toreros, cirujanos, pilotos aéreos, etcétera), alguna debe ser la primera vez. No conviene asustarse, pero sí ser consciente de las carencias que el seleccionador mismo puede tener con respecto al método y tratar de evitar sus riesgos emprendiendo procesos de selección de complejidad creciente.

↪ *Precisión del análisis del puesto.* Como es obvio, cuanto más preciso sea el análisis de los factores críticos de éxito del puesto de trabajo, tanto más fácil será identificar sus habilidades críticas y, en consecuencia, tanto mayor será la probabilidad de acierto en las decisiones finales de la selección. Contar con un número excesivo de criterios o *competencias conductuales* complicará excesivamente la evaluación y encarecerá su coste; si el número es escaso, no será posible discriminar con acierto entre los candidatos y la probabilidad de error aumentará. Si el número de criterios es correcto, pero están mal definidos o pobremente operativizados en cuanto a *conductas criterio*, la observación posterior del comportamiento será ambigua o se prestará a demasiadas interpretaciones personales...

↪ *Tamaño de la muestra de candidatos.* Por supuesto, otro factor de dificultades a manejar consiste en el número de candidatos o participantes que deberán someterse a pruebas en el proceso. Si el número es muy bajo, la capacidad de contraste y discriminación será reducida y la probabilidad de encontrar al *candidato completo* será baja. Si, por el contrario, el número es muy elevado, las dificultades de logística y administración del proceso se multiplicarán, y será difícil personalizar los resultados y obtener impresiones profundas de las cualidades conductuales de cada candidato. Este aspecto, por lo tanto, deberá ser tenido muy en cuenta a la hora de estructurar el proceso de toma de decisiones en las fases finales de la selección.

Pruebas de conocimientos técnicos

Esta fase del proceso de selección tiene por finalidad comprobar las *destrezas técnicas* y el grado de habilidad de la *puesta en práctica* de los diferentes *conocimientos teóricos y experienciales* que el candidato posee.

Los medios que se pueden utilizar son:

* ***Entrevistas estructuradas***
* ***Pruebas de conocimientos***

Entrevistas estructuradas

Alcanzada esta fase del proceso de selección los candidatos deben ser entrevistados por el responsable de línea o el directivo del área o el departamento en los que se encuentre encuadrado el puesto a cubrir.

En ella, dicho responsable repasará con el candidato su currículum vitae y contrastará la información que le habrá facilitado el seleccionador a través del *Informe de entrevista inicial*.

No obstante, el objetivo fundamental de la entrevista será comprobar que los conocimientos técnicos y la experiencia del candidato son los requeridos por el puesto de trabajo.

Para asegurar que se realiza una indagación completa de dichos aspectos, debe realizarse una preparación concienzuda de la entrevista.

A tal fin se elaborará un guión detallado análogo al que se incluye a continuación. Dicho guión servirá para facilitar la realización de la entrevista, así como para dejar constancia de las conclusiones derivadas de la indagación.

Algunas de las preguntas *clave* que deberá responder el responsable de línea de la unidad o departamento donde se vaya a incorporar el candidato, después de realizar la entrevista sobre aspectos técnicos serán las siguientes:

- ¿Ha tenido el candidato experiencias suficientes en el ámbito de su área profesional? Esto es en cuanto a:
    - Gestión de proyectos
    - Gestión de procesos
    - Dirección de personas y equipos
    - Orientación de la actividad de grandes organizaciones
    - Toma de decisiones estratégicas
    - Negociación
    - Etcétera.
- ¿Con qué alcance?
- ¿Con qué resultados?
- ¿Domina suficientemente las técnicas propias del área profesional?
- ¿Tiene criterios profesionales y madurez profesional suficiente para el puesto?
- ¿Está actualizado en conocimientos técnicos?

Concluidas estas entrevistas, el responsable de línea y el seleccionador decidirán conjuntamente los candidatos a destacar.

Puesto que ésta será, en la práctica, la única prueba de conocimientos y experiencia, debe ampliarse y mejorar su contenido, incluido el diseño del guión de la entrevista. Hará falta, además, un análisis profundo de los contenidos de su experiencia.

Un posible modelo de entrevista estructurada destinado a ayudar a los responsables de línea en su investigación con los candidatos es el que se muestra, a título de ejemplo, a continuación en la *figura 29*:

Figura 29

Conocimientos técnicos y profesionales del candidato *

Preguntas clave:	Comentarios del entrevistador

¿Qué grado de familiaridad tienes con los siguientes conceptos? (Incorporar de 5 a 7 conceptos clave del campo profesional técnico en el que el candidato deberá trabajar posteriormente, procurando un grado de dificultad/novedad gradualmente progresivo).
 	
   1. Concepto A: ....
   2. Concepto B: ....
   3. Concepto C: ....
   4. Concepto D: ....
   5. Concepto E: ....
   6. Concepto F: ....
   7. Concepto G:	

Proyectos clave en que ha participado

Describa brevemente los tres proyectos profesionales o planes de trabajo en los que ha participado el candidato y que resulten más ilustrativos del tipo de actividad técnica y profesional que ha desarrollado recientemente:

Título del proyecto 1:

Responsable	Objetivo/s	Método	Rol	Recursos	Plazo	Resultados

Título del proyecto 2:

Responsable	Objetivo/s	Método	Rol	Recursos	Plazo	Resultados

Título del proyecto 3:

Responsable	Objetivo/s	Método	Rol	Recursos	Plazo	Resultados

* Utilizar "tú" o "Ud." según convenga.

* ¿Cuáles son las últimas publicaciones sobre temas técnicos o profesionales que has conocido o leído y qué te han aportado?	☐ Conocida: ¿Cuál? ¿Qué tal? ☐ Leída: ¿Cuál? ¿Qué tal?

* Da la sensación de conocer aspectos técnicos y profesionales con un grado

☐ **Bajo** Casi nulo	☐ **Medio** No destaca	☐ **Alto** Destaca Explicar en qué:	☐ **Excelente:** Explicar por qué:

Comentarios sobre los conocimientos técnicos y profesionales explorados:
....
....
....
....
....

* En el desempeño del puesto de trabajo que se te ofrece, ¿qué elementos cambiarías, desde el punto de vista técnico?
....
....
....
....
....

* ¿Cuáles serían tus criterios a la hora de decidir sobre los siguientes temas? (preparar 3 a 5 cuestiones técnicas a modo de "problemas" que el candidato debe resolver de forma profesional y con criterios que admitan alternativas...).

	Resolución:
1. Problema A	☐ Bien ☐ Mal ☐ ?
2. Problema B	☐ Bien ☐ Mal ☐ ?
3. Problema C	☐ Bien ☐ Mal ☐ ?
4. Problema D	☐ Bien ☐ Mal ☐ ?
5. Problema E	☐ Bien ☐ Mal ☐ ?

Impresión general del entrevistador sobre la capacidad técnica y los conocimientos profesionales del candidato:
....
....
....
....
....

Pruebas de conocimientos

Llamamos *pruebas de conocimientos* a aquellos *tests o pruebas que tratan de medir el grado de dominio que tiene un candidato sobre un conjunto de conocimientos teóricos o prácticos respecto de una materia o área concreta de la actividad profesional*. En otras palabras, se trata de los "exámenes" tradicionales que, aplicados con rigor y prudencia, pueden darnos una información valiosa sobre la preparación de los candidatos en los terrenos mencionados. Se utilizarán cuando el dominio de conocimientos sea un factor crítico de éxito para el desempeño del puesto para el que seleccionamos y/o cuando el número de candidatos presentados a la selección sea tan alto que resulte imposible efectuar una preselección en función de otros criterios que requieran mayor atención y coste, y que deban ser postergados para fases más selectivas del proceso.

Las pruebas de conocimientos se diseñarán *ad hoc* y deberán respetar las normas de objetividad, fiabilidad y validez propias de todo proceso de construcción de tests.

Paso 13
Entrevistas avanzadas y en profundidad

Una vez cumplimentadas las fases anteriores de exploración mediante entrevista personal inicial, pruebas psicológicas individuales y/o grupales, pruebas técnicas de conocimientos y, eventualmente, pruebas situacionales, será el momento de tomar decisiones sobre los candidatos finales que han de explorarse en profundidad.

En este sentido, conviene hacer una *integración de la información recogida* y determinar cuáles de los candidatos evaluados reúnen todos los requerimientos objetivos y no objetivos del puesto, así como, en su caso, cuáles de entre ellos son los mejores, en número tal que el acierto con la construcción de la candidatura final se garantice.

Una vez tomadas las decisiones al respecto, se procederá a realizar una entrevista de exploración en profundidad de los candidatos finales. Los objetivos y el alcance de esta exploración final se describen a continuación.

Objetivos específicos de la exploración avanzada en profundidad a candidatos de selección externa/interna

Se trata de aquellas entrevistas finales que se realizarán únicamente con candidatos que hayan superado todo el proceso anterior de evaluación y sobre los que sea rentable y oportuno realizar una exploración más profunda y detallada que la ya realizada en el *paso 9*.

Consecuentemente, a la hora de preparar la entrevista en profundidad, el entrevistador deberá contemplar toda la información recogida para formarse una *imagen mental* del candidato que sea lo más estructurada y completa posible. La información de la que ya disponemos debería permitirnos establecer un análisis claro sobre el candidato y delimitar sus *"puntos fuertes"* y sus *"limitaciones"* con precisión y detalle.

Esta primera aproximación nos permite fijar *hipótesis* (conclusiones parciales a las que hemos llegado con la información anteriormente extraída e integrada), que habrán de contrastarse más finamente en la entrevista en profundidad.

Como consecuencia del planteamiento anterior, en cada entrevista en profundidad no será necesario recorrer todas las áreas de exploración que se proponen a continuación, sino que será preferible concentrarse "en profundidad" en aquellos aspectos en los que hemos percibido *"puntos fuertes"* o *"limitaciones"* que debemos evaluar y contrastar con alcance y precisión.

Objetivos específicos

Los objetivos específicos de esta entrevista con candidatos de selección que han superado todo el proceso anterior son los siguientes:

* *Recabar información más amplia sobre el candidato*. Conocer en profundidad a la persona, sus características, sus necesidades e intereses.
* *Explorar especialmente la trayectoria profesional* y personal del candidato, así como *verificar nuevamente* sus *"competencias conductuales"* específicas para el puesto de trabajo.
* Explorar más profundamente el *área motivacional* del candidato.

Áreas de exploración

Las áreas de exploración que han de considerarse en la entrevista en profundidad se presentan en el orden en que deberían sucederse en la propia entrevista para seguir una graduación progresiva desde los datos más "objetivos" o "duros" que, por lo tanto, suscitan menos tensión en el entrevistado y menos defensas, hasta llegar a aquellos que pueden resultar más "sensibles" para los candidatos y que pueden, en consecuencia, hacer que el entrevistado se sienta más forzado en la conversación y pueda "cerrarse" a la exploración:

1. Historia educativa
2. Historia profesional y experiencia
3. Historia personal y familiar
4. Red social interna y externa
5. Situación económica
6. Intereses, motivaciones y preferencias
7. Habilidades, competencias conductuales y carencias o necesidades de formación y desarrollo
8. Disponibilidad
9. Características personales y estado físico

1. Historia educacional

Contenido del área

Se intenta realizar una exploración del proceso completo de formación básica, académica, postgrado, etcétera, del candidato que nos permita valorar adecuadamente su preparación teórica, sus conocimientos y/o sus elementos diferenciadores, e inferir aspectos relevantes de su entorno educativo.

Se trata de recoger y completar información pertinente sobre la historia de aprendizaje del candidato a lo largo de toda su trayectoria educativa. Se entiende por tal, no sólo la formación que haya podido recibir de forma institucional o reglada (escuela primaria, instituto, colegio, formación profesional de diversos grados, universidad...), sino aquella formación que pueda haber sido adquirida por medios informales o no reglados (tutorías, aprendizaje autodidacta...).

En cualquier caso, el objetivo del entrevistador al analizar esta área será componer un dibujo nítido y completo que exprese de manera total y fidedigna el campo o los campos de conocimientos de información teórica y aplicada que son del dominio de la persona entrevistada, teniendo en cuenta que estos campos o áreas de conocimientos pueden estar relacionados de manera directa con el trabajo que desempeña la persona o, por el contrario, ser totalmente distantes de su actividad profesional actual. El entrevistador se interesará por cuantos aprendizajes experienciales o teóricos haya tenido el candidato, sean cuales fueren su naturaleza o ámbito.

Especial atención deberá prestarse al capítulo relativo al conocimiento de idiomas, tanto en su vertiente teórica como práctica, es decir el manejo real del idioma o los idiomas considerados en cuanto a su disponibilidad para la lectura, la traducción y la conversación.

Fuentes complementarias de información

Además de las preguntas directas recogidas en el guión de entrevista acerca de esta área, se deben considerar como fuentes complementarias y de contraste de la información sobre la historia educacional los siguientes elementos:

* Curriculum académico (si está disponible).
* Certificados de asistencia a diferentes cursos, seminarios, cursillos u otro tipo de acciones formativas, y su aprovechamiento.
* Certificados de evaluación de los diferentes cursos o seminarios, especialmente los de idiomas.
* Títulos académicos.
* Secretarías de centros docentes.

Observaciones y cautelas

El entrevistador deberá investigar no sólo aspectos formales de la educación recibida (títulos, disciplinas, duración, programas, fechas...) sino también aquellos aspectos cualitativos relacionados con ella (centros docentes donde recibió la formación, ideología del centro, experiencias y anécdotas notables de cada periodo, recuerdos y aprendizajes más significativos, compañeros...).

El entrevistador explorará con especial atención y detenimiento todos aquellos hitos o puntos específicos de la historia educacional del candidato que permitan suponer la existencia de situaciones especiales en el recorrido que normalmente las personas desarrollan. En concreto se profundizará en el conocimiento y las circunstancias de los siguientes aspectos:

* Retrasos significativos en el desarrollo del aprendizaje que haya podido sufrir el candidato con respecto a otras personas de la misma edad. Especialmente cuando se produzcan en los niveles superiores de formación.
* Cambios notables y significativos de orientación en el desarrollo educativo, bien debidos a abandonos de determinadas líneas de formación (por ejemplo, abandono de estudios superiores), bien por cambios drásticos de disciplina (por ejemplo, cambio de carrera...), o bien modificaciones sustanciales de circunstancias educativas (cambio de educación pública a privada o viceversa).
* Interrupciones largas y apreciables de la secuencia de avance normal de los estudios emprendidos (por ejemplo, abandono temporal de los estudios para ser retomados posteriormente; personas que vuelven a estudiar después de un largo período sin haber desarrollado ninguna actividad educativa...).
* Situaciones de continuidad ininterrumpida de la actividad formativa sin una finalidad pragmática específica que justifique esta conducta de estudio permanente.
* Abandono de las actividades profesionales relacionadas con el aprendizaje inicial para acudir a campos de actividad lejanos, desvinculados e inconexos con respecto a la formación básica recibida (por ejemplo, el licenciado en una disciplina que realiza funciones claramente alejadas del campo de su formación...).

Sugerencias de exploración*

Pueden resultar de interés las siguientes preguntas:
— *¿Recuerdas algún hecho relevante de esa época, tanto escolar como familiar?*
— *¿Qué recuerdas de tus notas? ¿Eran buenas, más que buenas o quizás un poco menos que buenas?*
— *Si no terminó estudios: motivos, causas, etcétera.*

* En todas las áreas, utilice el "tú" o el "Ud." según convenga.

— *Financiación de la carrera.*
— *¿Has tenido algún "maestro"? ¿Cómo era y por qué crees que te marcó?*
— *Materias mejores y peores.*
— *¿Cómo te has llevado con tus compañeros?*
— *Estancias al extranjero:*
  Viajes
  Estudios
  Otros.

2. Historia profesional y experiencia

Contenido del área

Se intenta realizar una exploración de la evolución profesional y la experiencia acumulada por el candidato. Dicha exploración debe permitir evaluar la coherencia entre las aptitudes y la práctica adquirida en trabajos pretéritos y la ubicación actual o posibilidades futuras del candidato. Se trata de un área de exploración importante que debe aportar información valiosa sobre factores generales del candidato, tales como aptitud mental, conducta moral, motivación, estabilidad, madurez, etcétera.

Es importante valorar cómo obtuvo sus puestos de trabajo anteriores, si los ha tenido, o de qué manera ha cambiado de puesto, si por propia iniciativa o pasivamente. Qué es lo que más le gustó de sus puestos de trabajo anteriores, por ejemplo, nos dirá mucho acerca de su motivación, estabilidad, madurez y sociabilidad.

Fuentes complementarias de información

* Contacto directo con anteriores empresas o jefes (si es oportuno).

Observaciones y cautelas

Para valorar de modo adecuado la experiencia del candidato es importante obtener una información lo más específica posible. No se trata de un apartado de la entrevista que deba ser cumplimentado rutinariamente. La experiencia pasada y sus características es uno de los métodos más fiables para predecir por sí solo el futuro éxito profesional. Conviene que el entrevistador confronte de modo estricto y muy específico las tareas y las responsabilidades afrontadas en puestos anteriores, además de colaboradores a su cargo, si existían.

Sugerencias de exploración

— *¿En qué época has disfrutado más profesionalmente?*
— *¿Cuáles han sido tus peores momentos en la vida profesional?*
— *¿Cómo estás, cómo te sientes en tu puesto actual? (si es pertinente)*
— *Análisis de la situación actual:*
  — *¿Cuál es tu trabajo actual?*
  — *¿Qué aspectos positivos y negativos tiene?*
  — *¿Cómo te sientes?*
  — *¿Qué perspectivas ofrece?*
— *¿Has tenido algún indicio de tus necesidades de desarrollo? Ya sabes que todos tenemos carencias, y reconociéndolas podemos hacer algo al respecto, ¿tendrías necesidad de adquirir más confianza en ti mismo, más tacto, más autodisciplina, más firmeza con la gente...? ¿Qué me puedes decir al respecto?:*
  — *Factores de satisfacción laboral.*
  — *Tipo de empleo deseado.*
  — *¿Cómo ves tu futuro en la organización?*

3. Historia personal y familiar

Contenido del área

Se persigue realizar una exploración de la evolución personal y familiar del interesado. Las influencias que han actuado en la persona durante su niñez y juventud, su tipo de constelación familiar anterior y actual, el grado de severidad en la educación, el entorno social, el nivel socioeconómico, etcétera, ya que éstos tienen mucho que ver con el desarrollo de su carácter, motivación, intereses y rasgos de personalidad. El entrevistador debe orientarse hacia los efectos de las influencias ambientales y familiares sobre el desarrollo personal, y asignará una especial importancia a todas las ventajas y desventajas que pueda haber experimentado. Todo ello ayuda en la apreciación del crecimiento personal que ha tenido lugar desde los primeros años.

Fuentes complementarias de información

* Libro de familia.
* Otros familiares en la organización.

Observaciones y cautelas

En esta área es muy importante conseguir proximidad al entrevistado, calidez en el ambiente... Es un área que no conviene explorar si la situación es tensa o el entrevistador se siente inseguro o incómodo con el entrevistado. Aunque esta área representa un tema de gran importancia dentro de la entrevista, es extremadamente personal y debe tratarse con suma cautela, destreza y sensibilidad.

Sugerencias de exploración

— *Profesión del padre.*
— *Profesión de la madre.*
— *Edad en que alcanzó la independencia económica.*
— *Padres separados o divorciados.*
— *Situaciones anómalas de evolución.*
— *Posición entre los hermanos.*
— *Estado civil. Casamientos dobles.*
— *Hermanos adoptivos.*
— *Hijos adoptivos.*
— *Otras cargas familiares.*
— *Salud y circunstancias especiales de quienes conviven con el entrevistado.*
— *Profesión del cónyuge y puesto actual.*
— *Al reflexionar sobre las primeras experiencias familiares, ¿qué efecto cree que tuvieron sobre su crecimiento y desarrollo?*

4. Red social interna y externa

Contenido del área

Se trata de realizar una exploración de las actividades sociales más relevantes del entrevistado. Esta área permitiría explorar todo lo relacionado con la adaptación social y orientación de los intereses extralaborales. Es un apartado adecuado para explorar la adaptación matrimonial del entrevistado. Se deberá establecer cuál es el impacto social y personal del entrevistado. La concisión y especificidad de la información obtenida permitirá contrastar su relevancia. Es un apartado importante para evaluar el nivel de "enganche" o red de apoyo social que tiene el candidato, su representatividad y su credibilidad.

Fuentes complementarias de información

* Directorios de miembros de asociaciones.

Observaciones y cautelas

Conviene iniciar la exploración de esta área a través de una pregunta simple relativa a intereses y aficiones actuales, sin emplear un enfoque muy global. Posteriormente, con mucho tacto, podemos seguir haciendo preguntas complementarias cada vez más específicas sobre tales actividades: las que comparte con la esposa, hijos, amigos, etcétera.

Sugerencias de exploración

— *Actividades sociales que desarrolla en su tiempo libre.*
— *Participación activa en actividades políticas*
  - militante
  - simpatizante.

5. *Situación económica*

Contenido del área

Se intenta realizar la exploración de la situación financiera actual del entrevistado. La información obtenida en esta área aporta indicios del sentido de responsabilidad, madurez y capacidad de planificación a largo plazo. Es muy importante tratar de determinar si el entrevistado vive de acuerdo con su nivel y capacidad económica.

Fuentes complementarias de información

* Registro de Operaciones de Activo Impagadas

Sugerencias de exploración

— *Niveles excepcionales de endeudamiento sin posibilidades razonables de devolución.*
— *Deuda normal (préstamos hipotecarios, personales, etc.).*
— *Otras deudas.*

— *¿Ingresos extras?*
— *Signos externos de depreciación o enriquecimiento.*

6. Intereses, motivaciones y preferencias

Contenido del área

Se trata de conseguir la exploración de las áreas de interés e impulso interno que manifiesta el entrevistado. Las preferencias en trabajos o tareas anteriores nos dan muchos indicios sobre capacidades, motivaciones y rasgos de personalidad, preferencias y capacidades correlacionadas, ya que se tiende a mostrar un mejor rendimiento en las tareas que resultan más motivadoras. Asimismo, las no preferencias nos dan indicios sobre posibles carencias o inadecuaciones.

Fuentes complementarias de información

* No hay.

Sugerencias de exploración

— *Situaciones de insatisfacción crónica.*
— *Situaciones de extraordinaria ambigüedad o inhibición.*
— *¿Cuál fue la tarea más interesante que tuvo que hacer este año?*
— *¿Cuál ha sido el terreno de más éxito el pasado año?*
— *¿Cuáles son las áreas de trabajo en las que diría que se precisa más atención?*
— *¿Qué piensa que necesita aprender para progresar aún más en su trabajo?*
— *¿Cuáles son los problemas más difíciles con los que se ha enfrentado?*
— *¿Qué cosas le han resultado menos atractivas en su trabajo hasta ahora? ¿Están relacionadas con el tipo de supervisión, falta de oportunidades para desarrollar la iniciativa, dificultades con algunos jefes, exceso de atención a detalles?*
— *¿Cómo ve su futuro en la organización, si llega a ser seleccionado?*
— *¿Querría especializarse o ser altamente competente en un área específica?*
— *¿En qué área/s?*
— *¿Le interesan puestos que ofrezcan una gran variedad o diferenciación de funciones? Por ejemplo...*
— *¿Le gustaría llegar a un nivel de responsabilidad en la organización desde donde sus decisiones tuvieran importancia? ¿Qué lugar?*
— *¿Es importante para usted llegar a una posición directiva desde la que pueda controlar e influir en el trabajo de otras personas? ¿En qué posición piensa?*

— ¿Le interesan puestos que ofrezcan un sinfín de retos? ¿Por qué?
— ¿Qué le gustaría hacer en los próximos dos años dentro de la organización, si pudiera decidirlo?
— ¿Se siente integrado dentro de la organización?

7. Habilidades, carencias y/o necesidades de formación

Contenido del área

Explorar las ventajas y dificultades que el entrevistado encuentra en sus funciones habituales asociándolas a posibles complementos de formación que potencien sus habilidades y, sobre todo, que disminuyan sus carencias.

Fuentes complementarias de información

* No hay

Observaciones y cautelas

Analizar que:
— La formación esté orientada a complementar valores personales y capacidades.
— Sea coherente con sus funciones.

Sugerencias de exploración

— ¿Qué situaciones o circunstancias laborales actuales desea evitar o mejorar con un posible cambio?
— Según su criterio, ¿qué aspectos de su historial podrían dificultar que le seleccionaran para desempeñar su "puesto de trabajo ideal"?
— ¿En qué aspectos personales o profesionales tiene propósitos o planes de mejora, desarrollo o corrección?
— Describa las cualidades o aptitudes que, en su opinión, pone en juego en su trabajo.
— ¿Cuáles cree que son los puntos débiles que dificultan su mejor éxito en el trabajo?
— ¿Qué formación inmediata cree que sería más útil para la función que desarrolla en este momento?
— ¿Qué formación requeriría, pensando en su carrera, dentro de la organización, a dos años vista?

8. Disponibilidad

Contenido del área

Explorar las posibilidades del entrevistado para disponer de su tiempo si es necesario para sus necesidades profesionales, y las posibilidades de movilidad real que manifiesta a otros puntos geográficos de la organización.

Fuentes de información complementaria

* No hay

Observaciones y cautelas

Analizar las posibles discrepancias existentes entre la voluntad expresada y las posibilidades reales.

Sugerencias de exploración

— *¿En qué condiciones estaría dispuesto a desplazar a su familia?*
  - *Distancia*
  - *Puesto*
  - *Tiempo*
  - *Compensaciones económicas.*
— *¿Tiene alguna dificultad "grave o insalvable" que dificulte o limite su disponibilidad?*
— *¿Durante cuánto tiempo?*

9. Características de personalidad y estado físico

Contenido del área

Se trata de explorar el estado físico general actual, así como algunas características de su personalidad.

Fuentes complementarias de información

* Expediente de pruebas psicológicas y entrevista inicial
* Expediente médico (si existe)
* Certificados médicos (si se aportan)

Observaciones y cautelas

Prestar atención a cualquier enfermedad u operación quirúrgica importante. Alteraciones como el insomnio, úlceras, alergias y algunos tipos de asma tienen relación con la manera de las personas de afrontar las presiones. La presencia de una de estas alteraciones puede indicarnos un perfil personal hiperresponsable y con un ajuste emocional inestable. Pueden ser personas que estén bien, pero de las cuales podamos prever que en situaciones de mayor presión tal vez no puedan soportar la carga adicional. Por otra parte, los niveles de energía, vigor y resistencia son factores de suma importancia para valorar en esta área. La falta de energía puede manifestarse en la tendencia del entrevistador a tomar las cosas por el lado más llevadero, que no más eficaz, en un talante flemático, etcétera.

Sugerencias de exploración

— *¿Padece algún problema físico?*
— *¿Qué enfermedades o accidentes serios ha tenido?*
— *¿Cómo los recuerda?*

PARTE TERCERA

Informe de evaluación y preparación de la candidatura final

Paso 14
Preparación de la candidatura final

Hasta aquí se han desarrollado las acciones exploradoras y evaluativas generales y específicas para llegar a un conocimiento completo y económico de los candidatos de un proceso de selección.

En la última fase del mismo, se habrá concentrado la acción del seleccionador en aquellos candidatos que reúnen de forma más completa y articulada todos los requerimientos básicos (objetivos y comportamentales) del puesto para el que se selecciona, tratando de profundizar después en sus características de historia personal, motivaciones, personalidades, etcétera.

El paso final en todos los procesos de selección consiste en la elaboración de una "candidatura" compacta y variada y en su proceso de documentación.

Con respecto al primer punto, llamamos "candidatura" al *conjunto final de candidatos que se habrán de presentar a la dirección del Grupo o a quien tome las decisiones finales de incorporación, de modo que pueda elegir a quien sea más idóneo o a quien provoque un entendimiento personal y/o profesional más ajustado a los intereses y objetivos de la organización.*

En este sentido, se deben tener en cuenta los siguientes aspectos:

- El número de candidatos finales será proporcional al número de incorporaciones y oscilará entre dos y cuatro candidatos por puesto a cubrir. Así, en una selección en la que el objetivo es encontrar un solo candidato final para un puesto de trabajo, se podrá construir una candidatura de cuatro personas. En un proceso de selección en el que el objetivo sea incorporar a diez profesionales, bastará con una candidatura de unos treinta candidatos finales; si el objetivo es la incorporación de cuarenta personas, la candidatura deberá reunir a unos cien candidatos potenciales.
- Al construir la candidatura se comenzará por responder a la pregunta: *¿qué características diferenciales tienen los distintos candidatos que se integran en ella? ¿Cuáles son sus valores añadidos diferenciales?* Se procurará que la candidatura final incorpore valores diferentes en las distintas personas que la componen, con el fin de satisfacer diferentes exigencias del decisor final. Así, resulta conveniente que se combinen personalidades más fuertes, llamativas, firmes

con otras más dúctiles y maleables; es interesante combinar candidatos de formación más técnica con otros de formación más experiencial; personas de perfil más agresivo en la relación con otras más aquiescentes. En términos ideales, resultaría idóneo combinar personas de distinta orientación en los ejes:

- *Personalidad y características de estilo personal*
- *Desarrollo profesional (carrera anterior)*
- *Formación (básica, complementaria y experiencia)*
- *Expectativas y perfil motivacional*

Con ello, conseguimos dar al decisor final una "panorámica" de alternativas profesionales, todas ellas igualmente válidas, dentro de la cual puede orientar sus preferencias y dar satisfacción a sus necesidades.

- Todos los candidatos presentados deberán ser advertidos del propósito de su encuentro final con los directivos del "cliente" y del carácter de toma de decisiones que esta entrevista tendrá.

- Todas las candidaturas deberán estar ampliamente documentadas con el correspondiente *Dossier de selección* construido del siguiente modo:

1. *Curriculum Vitae* del candidato (original presentado por él; copia o transcripción del curriculum oficial disponible en el departamento de Recursos Humanos, si es un empleado interno). Deberá incluir una fotografía reciente del candidato.
2. *Comentarios*, anotaciones del seleccionador o indicaciones para la entrevista final o la toma de decisiones. Se incorporarán así todos aquellos aspectos que el decisor deba conocer sobre el candidato y que no estén reflejados con suficiente precisión en el informe o en el curriculum.
3. *Informe de evaluación* según el modelo que se presenta a continuación. Para la elaboración de este informe se utilizará toda la información disponible extraída de las pruebas psicológicas, pruebas técnicas y situacionales, las diferentes entrevistas, el curriculum y cuanta información complementaria se pueda recabar, constituyendo un resumen completo y sintético de toda la información relevante, fiable, válida y contrastada recogida por diferentes vías, con diferentes herramientas y métodos y de distintas fuentes. Para la elaboración del *Informe de evaluación* se seguirá el método que describimos en el paso siguiente.

Paso 15
Redacción del informe final sobre los candidatos y el proceso

El informe final sobre los candidatos de un proceso de selección, así como el informe sobre el proceso mismo es, con frecuencia, el documento resumen –a veces, el único– que ve nuestro "cliente". Por ello, se convierte a la vez en un instrumento de recogida y almacenamiento de información imprescindible para la toma de decisiones acerca de los candidatos y para su posterior seguimiento dentro de la organización y, en muchas ocasiones, en un documento de venta interna de la calidad del proceso que debe ser cuidada y minuciosamente elaborado.

Informe de evaluación de los candidatos

El *Informe de evaluación* se cumplimentará siguiendo el modelo propuesto a continuación, teniendo en cuenta las siguientes observaciones:

- Se reflejarán el *nombre del candidato, sus datos personales* y el nombre del puesto, así como los nombres de los diferentes evaluadores y entrevistadores que hayan intervenido en el proceso de selección en el apartado de cabecera y apartado I del *"Informe resumen de evaluación de candidatos de selección"*.

- Se reflejarán los *"Aspectos generales"* en el apartado II del *"Informe resumen de evaluación de candidatos de selección"*, según se desprenda de la entrevista inicial. Se reseñará, asimismo, en este apartado la retribución esperada por el candidato, tal y como se haya expresado a lo largo del proceso.

- En el apartado III, se indicará el estado de *desarrollo y formación* del candidato, integrando las informaciones recibidas de las siguientes fuentes:
  — *Curriculum Vitae* contrastado en la entrevista inicial.
  — *Entrevista Inicial*.

— *Entrevista con el "jefe de línea" para contrastar los conocimientos técnicos o, en su caso, pruebas técnicas de conocimientos.*
— *Área de historia de aprendizaje de la entrevista en profundidad.*
— *Pruebas de idiomas, si se han practicado.*

- En el apartado IV, se indicará la *experiencia* detectada y contrastada del candidato, desprendiéndose ésta de la exploración de los siguientes elementos:
    — *Curriculum Vitae*
    — *Entrevista inicial*
    — *Entrevista en profundidad*

- Igualmente, y con igual fuente de información, se cumplimentará el apartado V referente a la *"Responsabilidad"*

- En el apartado VI se indicará el grado de *"Adaptabilidad social"* registrado en el candidato, que se evaluará teniendo en cuenta de forma integrada los resultados de:
    — *Entrevista inicial (en especial, las "competencias conductuales" relativas a las relaciones interpersonales).*
    — *Entrevista en profundidad (en especial, el capítulo referente a "red social interna y externa").*
    — *Pruebas psicológicas (especialmente, el factor de "adaptación social" del 16-PF).*

- En el apartado VII, *"Capacidad ejecutiva"*, se indicará, junto a los aspectos de capacidad de toma de decisiones, evaluados en entrevista, los resultados del *Test de Estilo de Dirección Motivacional* (si es que ha sido utilizado) o bien de la prueba o pruebas sobre este aspecto que se hayan aplicado en el proceso de aplicación de pruebas, tal y como se derivan directamente de la evaluación del test (puntuaciones corregidas).

- En el apartado VIII se reseñarán las diferentes *"competencias conductuales"* que hayan sido definidas como críticas para el puesto de trabajo seleccionado, procurando hacer una descripción cualitativa algo más profunda que la meramente enunciada en las descripciones genéricas del *Anexo*. Se trata de profundizar más en la naturaleza de las habilidades personales que se requieren para un comportamiento totalmente eficaz en el puesto de trabajo y anotar después la evaluación que merezca el candidato en cada una de ellas, según se desprenda de la *Entrevista "Focalizada"*, así como de las pruebas de evaluación psicométrica (especialmente, del *16 PF de Cattell* o cualquier otro cuestionario de personalidad factorial que se haya aplicado y cuya fiabilidad y validez esté suficientemente contrastada). Se harán cuantos comentarios cualitativos sean necesarios para ilustrar el grado y el tipo de habilidades mostradas, así como sus limitaciones y alcance.

- La información del apartado IX, "*Capacidad intelectual*" se habrá apreciado mediante pruebas de inteligencia general o mediante escalas específicas que se desprenden de tests como el *16-PF (escala B)*, o del *Factor G de Cattell* y del análisis correspondientes de éstos u otros tests de forma integrada.

- Los apartados X y XI, referentes a "*Capacidad de comunicación*" se cumplimentan como resultado de las *observaciones directas* de los entrevistados en las Entrevistas Inicial y en Profundidad (véase Hoja de Datos de la Entrevista Inicial).

Los resultados de la exploración psicométrica se indicarán en el apartado XII "*Factores de personalidad*", teniendo en cuenta los resultados obtenidos en las pruebas aplicadas y su interpretación integradora. Por ejemplo, si se utilizó el *Cuestionario de Personalidad de Cattell, 16-PF*, se tomarán los datos de las escalas de primero y segundo orden, de las observaciones en *entrevistas* Inicial y en Profundidad, así como de otras pruebas realizadas. Con respecto a la forma de integrar los datos del cuestionario de personalidad, y sin que esta breve fórmula pretenda sustituir a las magníficas monografías técnicas del test disponibles en el mercado, ni hacer una utilización reduccionista de su riqueza de información, proponemos a continuación una posible guía de integración de sus escalas en cuanto a los parámetros que se incluyen en el modelo de informe propuesto. Así, cabe señalar la siguiente orientación para la interpretación en la *figura 30*.

Figura 30

Elemento	Origen de la evaluación Escala/s del 16-PF:
—Nivel de ansiedad	QI / (C) / (Q4)
—Extroversión	QII / Q2
—Adaptación social	QIII / (E) / Q3 / (Q4)
—Independencia	QIV / Q2 / (M)
—Madurez	C / (G) Q2
—Control emocional	(A) / (C) / (QI) / (O) / (Q4)
—Impulsividad	H / E / (C) / Q1
—Atrevimiento	Q2 / H / Q1 / E / (G) / M / (Q3)
—Dominancia	E / N / (O) / Q3
—Conservadurismo	(Q1)
—Autoconfianza	C / H / (I) / (N) / (O) / (L)
—Optimismo	F / QII / (L)

Se indican entre paréntesis aquellas escalas que puntúan en el sentido inverso para contribuir a evaluar positivamente el elemento concreto que se trata de apreciar.

- Los resultados de la exploración psicométrica se indicarán en el apartado XII *"Actitudes ante el trabajo"*, teniendo en cuenta las observaciones de la entrevista en profundidad y los resultados de los cuestionarios específicos. Así, si se han utilizado las escalas del *P.A.P.I.* de *Kostik*, y, por ejemplo, el test de *"Roles profesionales"*, se integrarán sus resultados con las observaciones de las entrevistas Inicial y en Profundidad, cuando sea procedente, así como de otras pruebas realizadas y se llegará a una percepción integrada de este aspecto. Las denominaciones de los elementos que hemos incorporado al modelo de informe se corresponden con las escalas del test de Kostik, con el fin de dar un ejemplo más fácil de su evaluación y valoración, así como de la integración final.

- En el apartado XIV se indicarán los resultados de la *"Exploración motivacional"* efectuada. Si se utilizó, por ejemplo, el *"Test de perfil motivacional"* de *McClelland*, se incluirán sus puntuaciones baremadas y contrastadas con observaciones personales a lo largo del proceso, y se indicarán las observaciones pertinentes sobre los demás componentes de la motivación del candidato.

- A la vista de todo lo anterior, se redactará, muy brevemente, una *"Descripción sintética"* del perfil global del candidato, algo así como su "retrato robot", que se incorporará al apartado XV, junto con una evaluación final sobre la adecuación de las *características Personales, de Formación, de Experiencia y Circunstanciales* a los requerimientos del puesto de trabajo para el que se selecciona.

- En el apartado XVI, último del *"Informe Resumen de Evaluación de candidatos de selección"*, se efectuará una redacción sencilla de *la descripción global del candidato*, según los epígrafes en él indicados, de modo que cualquier profesional de la organización, aun no siendo experto en terminología psicológica, pueda tener una impresión completa y rica en detalles y matices del candidato analizado. Esta descripción debe comprender toda la información relevante recogida a lo largo de todo el proceso de selección y servirá como "fotografía psicoprofesional" del candidato. En los diferentes apartados se incorporará la descripción de los siguientes aspectos:

Características del área intelectual del candidato

Se comentará el tipo y alcance del razonamiento y forma de trabajo cognitivo del candidato, especificando aspectos de:

- Tipo de razonamiento (concreto/abstracto)
- Capacidad de análisis numérico
- Rapidez de respuesta intelectual
- Capacidad de aprendizaje
- Creatividad y pensamiento lateral

así como cuantas otras características se puedan evaluar.

Características de la capacidad de comunicación del candidato

Se describirá la capacidad real de comunicación del candidato, así como las características del impacto inicial que produce y la primera reacción que suscita en sus interlocutores. Factores especialmente relevantes serán:

- Forma de presentarse
- Cuidado personal
- Aspecto físico
- Fluidez en la reacción verbal
- Acierto y originalidad de las expresiones verbales
- Precisión de su comunicación
- Corrección gramatical del lenguaje verbal
- Adecuación y expresividad de la Comunicación No Verbal y lenguaje corporal
- Sensación global que proyecta sobre los interlocutores

Características de personalidad y habilidades del candidato

Se persigue una apreciación global del "tipo de persona" de que estamos hablando. Qué funcionamiento integrado sugiere la apreciación de toda la información disponible y qué tipos de hipótesis de funcionamiento se sugieren. Los aspectos más relevantes a enumerar serán los siguientes:

- Semblanza general del candidato
- Principales rasgos de su funcionamiento personal
- Forma en que afronta la relación social
- Forma en que afronta la toma de posturas vitales frente a diversos temas
- Forma en que se integra en los grupos sociales
- Forma en que organiza sus creencias y mundo interno
- Sistema emocional
- Motivaciones fundamentales
- Actitudes más destacables en cuanto a su entorno.

Características profesionales y potencial del candidato

Se describirán en este apartado los aspectos más sobresalientes del rendimiento esperado del candidato, apuntando las hipótesis sobre:

- Tipos de situaciones en que será más eficaz: Puntos fuertes
- Tareas que prefiere para trabajar
- Áreas en las que necesitará más apoyo
- Expectativas que condicionarán su satisfacción organizacional
- Tipo de mando que requiere para un rendimiento motivado
- Tipo de mando que ejercerá sobre los colaboradores
- Áreas de riesgo en su desempeño: Puntos débiles
- Áreas en que requerirá más desarrollo
- Posible evolución de su potencial personal: aspectos a perfeccionar
- Posible evolución de la carrera

Nombre de la organización cliente	**Informe resumen de evaluación de candidatos de selección**

Nombre del candidato:

Nombre del puesto: ....
Unidad de trabajo: ....
Fecha de la evaluación: .... Nº de Expediente: ......
Nombre de los evaluadores: ....

○ *Curriculum*:	○ Entrev. Inic.	○ Pruebas	○ Entrev. Prof.

I. Datos personales

Edad: .... Sexo:
Nacionalidad: ....   ○ Varón   ○ Mujer
Lugar de origen: .... Residencia habitual: ....
Teléfono familiar: .... Teléfono de contacto: ....
Estado civil:
○ Soltero/a   ○ Casado/a   ○ Separado/a   ○ Divorciado/a   ○ Viudo/a

Situación militar:

○ Sº militar cumplido ○ Exento de Sº militar ○ Libre de Sº militar ○ Objetor con Prestación Social Sustitutoria cumplida ○ Objetor sin Prestación Social Sustitutoria cumplida

II. Aspectos generales

Disponibilidad: dispone de libertad para la total disponibilidad   **Comentarios:**
○ No   ○ Sí

Permiso de conducir:
Indicar si el candidato debe poseer permiso de conducir y su clase:
○ A1   ○ A2   ○ B1   ○ B2   ○ C1   ○ C2   ○ D   ○ E

Vehículo propio:
Indicar si es preciso que el candidato posea vehículo propio:
○ No   ○ Sí

Retribución aproximada bruta total anual

(Indicar las expectativas del candidato sobre la retribución y sus comentarios acerca de la que se le ha ofrecido).
....
....
....
....

III. Formación

Formación básica del candidato:

- ○ Enseñanza primaria
- ○ Perito mercantil/Graduado social
- ○ Otros (describir):
  ....
  ....

- ○ Bchto. Elemt.
- ○ Ing. Técn./Diplom. Univ./A.T.S.
  Especialidades:
  ....
  ....

- ○ Bchto. Sup.
- ○ Licenciado Univ./Ingeniero Sup.
  Especialidades:
  ....
  ....

Formación técnica del candidato:
....
....

Grado de desarrollo de estos conocimientos:

- ○ Muy alta especialización
- ○ Alta especialización
- ○ Media especialización
- ○ Baja especialización
- ○ Muy baja especialización
- ○ Sin especialización

Idiomas manejados por el candidato:

- ○ Inglés
- ○ Francés
- ○ Alemán
- ○ Otro:

Nivel requerido:
- ☐ Pleno dominio en conversación técnica y de negocios
- ☐ Dominio alto para la interacción profesional
- ☐ Manejo medio. Lectura y comprensión general en situaciones sociales
- ☐ Manejo elemental para el automantenimiento

IV. Experiencia

....
....
....
....
....

Grado de desarrollo de la experiencia previa:

- ○ Muy desarrollada
- ○ Bastante desarrollada
- ○ Desarrollo de tipo medio
- ○ Bajo desarrollo
- ○ Muy bajo desarrollo
- ○ Sin experiencia

V. Responsabilidad

Relaciones: Tipo, frecuencia y alcance de las relaciones interpersonales que el candidato ha desarrollado. Describir:
....
....
....
....
....

Mando:

Nº de subordinados directos ☐☐☐
que el candidato
ha mandado

Características del
trabajo de los
subordinados
....
....
....

VI. Elementos de adaptación social

Describir las características que posee el candidato para enfrentarse con éxito al entorno social en que deberá desempeñar su función:

Adaptación al jefe inmediato:	*Adaptación a los clientes más frecuentes e importantes:*	*Adaptación a los compañeros y colegas:*	*Adaptación a los proveedores más importantes:*
○ Muy buena. Perfecta ○ Bna. Normal. Razonable ○ Con algunos problemas ○ Muy difícil. Muy mala	○ Muy buena. Perfecta ○ Bna. Normal. Razonable ○ Con algunos problemas ○ Muy difícil. Muy mala	○ Muy buena. Perfecta ○ Bna. Normal. Razonable ○ Con algunos problemas ○ Muy difícil. Muy mala	○ Muy buena. Perfecta ○ Bna. Normal. Razonable ○ Con algunos problemas ○ Muy difícil. Muy mala

VII. Capacidad ejecutiva

Toma de decisiones:
Describir las características del candidato en los procesos de toma de decisiones
....

Estilo de dirección
Anotar las puntuaciones del "Test de Estilo de Dirección": .

Origen	*Estilo*	Grado de intensidad										
		1	2	3	4	5	6	7	8	9	10	11
Basadas en el Logro:	Directivo											
	Coercitivo											
Basadas en la Afiliación:	Demócrata											
	Afiliación											
Basadas en la Influencia:	Formador											
	Fijador de pautas											

VII. Competencias conductuales

Nº	Competencia: describir	Nivel de competencia
1	....	....
2	....	....
3	....	....
4	....	....
5	....	....
6	....	....
7	....	....
8	....	....
9	....	....
10	....	....
11	....	....
12	....	....
13	....	....
14	....	....

Observaciones:
....
....

IX. Capacidad intelectual

Elemento	Nivel			
	Bajo	Medio	Alto	Muy alto
Capacidad intelectual general	....	....	....	....
Inteligencia social	....	....	....	....
Capacidad de aprendizaje	....	....	....	....
Índice de creatividad	....	....	....	....

Observaciones:

X. Capacidad de comunicación verbal

Elemento	Nivel			
	Bajo	Medio	Alto	Muy alto
Fluidez verbal	....	....	....	....
Riqueza de vocabulario	....	....	....	....
Comprensión verbal	....	....	....	....
Escucha activa	....	....	....	....
Formulación de preguntas	....	....	....	....

Observaciones:

XI. Capacidad de comunicación no verbal

Elemento	Nivel			
	Bajo	Medio	Alto	Muy alto
Forma de introducirse	....	....	....	....
Contacto visual	....	....	....	....
Control postural	....	....	....	....
Gesticulación	....	....	....	....
Sonrisa	....	....	....	....

Observaciones:

XII. Factores de personalidad

Elemento	Nivel			
	Bajo	Medio	Alto	Muy alto
Nivel de ansiedad	....	....	....	....
Extroversión	....	....	....	....
Adaptación social	....	....	....	....
Independencia	....	....	....	....
Madurez	....	....	....	....
Control emocional	....	....	....	....
Impulsividad	....	....	....	....
Atrevimiento	....	....	....	....
Dominancia	....	....	....	....
Conservadurismo	....	....	....	....
Autoconfianza	....	....	....	....
Optimismo	....	....	....	....

XIII. Actitudes ante el trabajo

Elemento	Nivel			
	Bajo	Medio	Alto	Muy alto
Energía-Dinamismo				
Capacidad de organización				
Capacidad de planificación				
Interés en trabajar con detalle				
Adaptación				
Facilidad de toma de decisiones				
Interés en consultar con superiores				
Necesidad de normas y supervisión				

Observaciones:

XIV. Perfil motivacional

Centil:	Necesidad de Logro:	Necesidad de Afiliación:	Necesidad de Influencia:
100 %			
90 %			
80 %			
70 %			
60 %			
50 %			
40 %			
30 %			
20 %			
0 %			

Otros elementos del impulso

Elemento	Intensidad				
	Muy baja	Baja	Media	Alta	Muy alta
Autoconfianza					
Compromiso profesional					
Expectativas de promoción					
Expectativas de desarrollo profesional					

XV. Resumen de conclusiones sobre el perfil del candidato

Describa brevemente, a modo de resumen, el "retrato robot" del candidato, así como su apreciación sobre las circunstancias de "adaptación" al puesto que se enumeran más abajo:

....
....

	Bajo	Medio	Bueno	Óptimo
Personales				
Formación				
Experiencia				
Circunstanciales				

XVI. Resumen general sobre el candidato

Efectúe una descripción redaccional con el resumen de apreciaciones sobre el candidato evaluado, siguiendo los apartados que se proponen a continuación, de tal manera que pueda ser comprendida por cualquier profesional no especialmente familiarizado con los métodos y la terminología de evaluación psicológica:

Características del área intelectual del candidato:
....
....
....
....
....
....
....
....
....

Características de la capacidad de comunicación del candidato:
....
....
....
....
....
....
....
....
....
....

Características de la personalidad y habilidades del candidato:
....
....
....
....
....
....
....
....
....
....

Características profesionales y potencial del candidato:
....
....
....
....
....
....
....
....
....
....
....
....

ANEXO I

Ejemplo de tabla de requerimientos básicos u objetivos del puesto de trabajo analizado

Edad mínima	*Edad máxima*
23 años (desde mayo 19xx)	27 años (a septiembre de 19xx)

Procedencia geográfica aceptable
Todas las provincias de España. Nacionalidad española.

Nivel mínimo de formación
Licenciado Universitario en las especialidades de: Económicas/Empresariales Derecho Ingenierías Ciencias Exactas Con un máster general o especializado. En ausencia de Máster, dos licenciaturas pueden valer (como son el Instituto Católico de Administración de Empresas - Estudios de Derecho - Económicas) se debe buscar candidatos con las mejores aportaciones

Experiencia previa máxima aceptable
No más de 18 meses de experiencia profesional en una organización empresarial grande. Se deben analizar con cuidado otras experiencias ya que de lo que se trata es de evitar que el candidato tenga experiencias que le puedan haber transmitido una cultura de empresa muy determinada. No se debe excluir a personas que tengan experiencias enriquecedoras sin este matiz.

Situación militar no aceptable
En el caso de los varones, se exige el servicio militar cumplido, exento o la Prestación Social Sustitutoria cumplida, en el caso de los objetores de conciencia. En ningún caso se considerarán candidatos con el servicio militar pendiente.

Otros factores
Se considerarán otros factores excluyentes como falta de autonomía o de disponibilidad geográfica, defectos físicos, situaciones personales especiales u otras circunstancias que hagan pensar en la existencia de dificultades de adaptación o rendimiento en el puesto de trabajo (estos casos se analizarán cuidadosamente antes de adoptar una decisión).

ANEXO II

Descripción de competencias conductuales

Nota previa

Las posibles descripciones sobre las *competencias conductuales* o características de la conducta profesional de los sujetos pueden ser tan variadas y distintas como organizaciones emprendan la tarea de analizar y "taxonomizar" la conducta. Se puede contemplar la conducta desde múltiples puntos de vista y llegar a definiciones cuyos matices sean diversos, de tal modo que unos aspectos concretos de la "forma de ejecución" de unas conductas profesionales concretas se incluyan en una definición de una *competencia conductual* específica o de otra. Esta diversa forma de contemplar las facetas "finas" del comportamiento dará origen a diversas listas de *competencias conductuales* y, en consecuencia, a diferentes maneras de analizar los puestos de trabajo y de analizar las capacidades de los candidatos en los procesos de selección.

Por una parte, parece recomendable, desde una óptica estratégica que permita la búsqueda de aspectos diferenciales de competencias, "*ventajas diferenciales*" según se han venido en denominar, que cada organización haga el esfuerzo de identificar y describir su propia lista de *competencias conductuales*. Este esfuerzo se ve recompensado por el resultado final obtenido –que hemos comprobado en múltiples ocasiones en grandes grupos empresariales– ya que las listas de definiciones de *competencias conductuales* resultantes resaltan, de manera especialmente vívida, las características de la "*cultura corporativa*" que se pretende impulsar desde la alta dirección, y definen con claridad aspectos de los valores y de las formas características que la organización persigue en el comportamiento de sus miembros. Esto, tanto más firmemente transmitido al conjunto de la organización cuanto mejor se definen aquellas *competencias conductuales*, en un número reducido, que se aplican de forma "fija" como requerimientos universales para colectivos concretos dentro de la organización. Por ejemplo, se puede definir que un conjunto de seis a ocho *competencias conductuales* específicas son aplicables como objetivo "*sine qua non*" para los *directivos* o para los *técnicos* o para los *trabajadores de línea de producción*... Con ello se consigue, a largo plazo, una identificación y homogeneización de los valores clave o básicos de ese colectivo y una identificación más precisa de quienes se encuentran dentro de las corrientes de evolución diseñadas por la dirección y quienes se encuentran al margen de ellas.

El problema generalmente detectado es la propia construcción de tales listas de *competencias conductuales*. En efecto, una de las condiciones imprescindibles para que estas listas de definiciones sobre las características de la conducta sean útiles y "científicamente" correctas, estriba en que sus contenidos sean realmente independientes unos de otros; es decir, que la presencia de una determinada *competencia conductual* en un sujeto no implique necesariamente la presencia de las demás. De otro modo, sería difícil identificar y discriminar unas de otras en el proceso de análisis de puestos de trabajo y en el de evaluación de los candidatos. La independencia estadística, empírica, de cada una de las *competencias conductuales* es difícil de establecer cuando se trata de listas nuevas, creadas *ad hoc* para una organización, y este proceso de investigación suele ser costoso y largo. Por ello, en la mayoría de las ocasiones, se opta por acudir a listas de descripciones de *competencias conductuales* previamente elaboradas y estudiadas por especialistas, entre las cuales se eligen las más pertinentes para el uso de una organización específica, añadiendo, en ocasiones, matices o restricciones particulares a estas definiciones estándar, de modo que, finalmente, reflejen de forma más adaptada, la *personalidad* de la organización en la que se van a implantar.

En cuanto a las listas predefinidas o estandarizadas, existen variadas versiones según los autores, y pueden, en términos generales, clasificarse en dos grandes grupos:

— *Competencias generales*. Aquellas que están referidas exclusivamente a las características o habilidades del comportamiento general del sujeto en el puesto de trabajo, independientemente de otros aspectos como su dominio de elementos tecnológicos o conocimientos específicos. Excluyen, asimismo, definiciones muy específicas de habilidades ligadas directamente a una peculiar actividad o función. Son definiciones de *competencias conductuales* que afectan al conjunto de los profesionales de una organización, sea cual sea su nivel o área funcional.

— *Competencias técnicas*. Son aquellas que están referidas a las habilidades específicas implicadas con el correcto desempeño de puestos de un área técnica o de un área funcional específica y que describen *competencias conductuales* ligadas directamente a esta área, incluyendo, por regla general, las habilidades de puesta en práctica de conocimientos técnicos y específicos muy ligados al éxito en la ejecución técnica del puesto. Un buen ejemplo puede ser la *"capacidad para el manejo de ordenadores personales"* o la lista de habilidades específicas, excepcionalmente bien construida, que aporta la *American Society for Training and Development* para la selección y evaluación de profesionales del campo de la "Selección y Desarrollo de Recursos Humanos" en diversos tipos de organizaciones.

En el modelo que hemos elegido en este caso, hemos optado por una lista de *"competencias generales"*, dejando al análisis de la formación básica y específica requerida por el puesto de trabajo, dentro del proceso de *definición de los requerimientos "objetivos" del puesto* (*paso 4*) y a la *aplicación de pruebas técnicas y de conocimientos* (*paso 12*), la búsqueda de las habilidades técnicas concretas que resultan relevantes para el éxito en el desempeño del puesto y su consecuente evaluación e identificación en los candidatos de los procesos de selección tanto externa (candidatos del mercado laboral externo a la organización) como interna (empleados de la organización que pueden llegar a ocupar otras posiciones o misiones dentro de su estructura).

Otro problema clásico se encuentra en determinar cuál es el número de *competencias conductuales* que debe incluirse en una "lista" de "*competencias generales*". Existen, también en este caso, variadas opciones. En opinión de algunos profesionales, el número debe ser tan reducido como sea posible para evitar la "confusión" del seleccionador y de los asesores/evaluadores de la línea jerárquica que intervengan en los procesos de *ACM*. Otros especialistas sugieren que cuanto más rica y diversificada sea la lista, tanto más pormenorizado y rico será el análisis. En nuestro caso, aportamos una lista de *50 competencias conductuales* que, además de resultar independientes desde el punto de vista de los contenidos de cada una de ellas, ha sido utilizada en múltiples ocasiones en nuestros procesos de selección, mostrando una gran capacidad discriminativa entre los diferentes puestos de trabajo, incluso cuando se han aplicado a colectivos de *puestos de trabajo* muy extensos (en alguna ocasión, a más de 200 puestos de trabajo distintos dentro de la misma organización). Existen, sin embargo, diferencias entre la lista de *competencias conductuales* que aquí presentamos y las listas de profesionales tan prestigiosos como nuestro socio *GITP*, en Holanda, que utiliza 40 *competencias conductuales*, o la lista que hemos encontrado en algún cliente de empresas multinacionales que incluía 53 *competencias conductuales*...

Otra cuestión interesante sobre las *competencias conductuales* está relacionada con el modo en que éstas podrían clasificarse entre sí, dada una lista específica de "*competencias generales*". En este sentido, nuestra experiencia práctica nos inclina a una clasificación basada en los niveles de adquisición de las diferentes habilidades en el proceso de evolución profesional de los colaboradores de una organización. El motivo fundamental para preferir este tipo de clasificación es que resulta altamente relevante a la hora de definir procesos de evaluación del potencial y de diseñar planes de desarrollo y, eventualmente, caminos de carrera individuales o colectivos para determinadas profesiones. Así, las categorías que utilizamos en esta clasificación son las siguientes:

- *Metahabilidades:* Se trata de habilidades o *competencias conductuales* de tipo elemental, general, básicas en el individuo, de cuyo desarrollo, generalmente, se ocupan los procesos de inculturación básica y de formación reglada en las sociedades desarrolladas, y que resultan *preparatorias* para el posterior desarrollo profesional de un desempeño eficaz y eficiente.

- *Betahabilidades*: Se trata de habilidades o *competencias conductuales* que resultan imprescindibles para la adaptación de un profesional a la vida de una organización estructurada y *para desarrollar una carrera* dentro de tal organización, de modo que sus capacidades potenciales obtengan desarrollo y oportunidades de ser puestas en práctica con éxito, al tiempo que posibilitan y potencian el desarrollo posterior de habilidades más específicas.

- *Habilidades operativas*: Se trata de habilidades o *competencias conductuales* relacionadas con el desempeño eficaz de los puestos de trabajo desde el punto de vista de una *actuación personal*, individual, en ellos. Son habilidades de eficacia y eficiencia operativa cuando el profesional trabaja en una tarea o proyecto personal e individual.

- *Habilidades interpersonales*: Se trata de habilidades o *competencias conductuales* que resultan relacionadas con el éxito en las tareas que *suponen contacto interpersonal con otras personas* para el correcto desempeño del puesto de trabajo. Generalmente, este tipo de habilidades están íntimamente implicadas con la eficacia y la eficiencia en puestos de contacto social.

- *Habilidades directivas*: Se trata de habilidades o *competencias conductuales* que resultan imprescindibles para *dirigir a otras personas dentro de la organización*, orientando su desempeño, en diferentes niveles o grados de supervisión y con distintos grados de responsabilidad.

Al realizar la determinación del conjunto de *doce a catorce competencias conductuales* que componen los criterios de éxito para un determinado puesto de trabajo, suele resultar útil efectuar una revisión crítica de cuántas *competencias conductuales* de cada uno de los tipos se han incluido en la lista final y el *grado de congruencia* que esta composición muestra con el tipo y el nivel del puesto de trabajo descrito, así como el rango de dispersión de sus actividades, el rango de supervisión de colaboradores y el grado de responsabilidad estratégica que la organización le asigna. Así, no parecería muy adecuado un análisis que contuviese, como resultado final, una lista en la que *nueve* de las *doce competencias conductuales* seleccionadas fuesen de tipo *operativo*, cuando el puesto de trabajo fuese de dirección; de igual manera, para un puesto de trabajo de un "mando medio" en una cadena de producción directa, no parecería muy congruente que entre las, por ejemplo, *diez competencias conductuales* identificadas como críticas, apareciesen *seis* de carácter *directivo*.

En la tabla siguiente se presenta la clasificación que hemos mencionado, según las cinco categorías:

Clasificación de las competencias conductuales por tipos o categorías

METAHABILIDADES
Adaptabilidad
Análisis de problemas
Aprendizaje
Decisión
Energía
Flexibilidad
Independencia
Integridad
Juicio
Resolución
Sensibilidad interpersonal
Tolerancia al estrés
BETAHABILIDADES
Ambición profesional
Conocimiento del entorno
Gama de intereses amplia
Innovación/Creatividad
Impacto
Orientación al logro
Tenacidad
Toma de riesgos
HABILIDADES OPERATIVAS
Análisis numérico
Atención al detalle
Autoorganización
Comunicación oral
Comunicación escrita
Disciplina
Dominio de la comunicación no verbal
Facilitar/participar en reuniones
Orientación ambiental
Sentido de la urgencia

HABILIDADES INTERPERSONALES
Atención al cliente
Capacidad de negociación
Escucha activa
Dominio de los medios audiovisuales
Orientación al cliente
Persuasión
Presentación
Sociabilidad
Trabajo en equipo/cooperación
HABILIDADES DIRECTIVAS
Control directivo
Delegación
Desarrollo/Apoyo de colaboradores
Espíritu emprendedor
Evaluación de los colaboradores
Identificación directiva
Liderazgo de grupos
Liderazgo de personas
Planificación y organización
Sensibilidad organizacional
Visión

En las páginas siguientes se describen las diferentes *competencias conductuales* que componen nuestra "lista", tratando de ofrecer al seleccionador una definición lo más exacta posible, en términos lingüísticos, del contenido de cada una de ellas, así como algunos matices que las complementen cualitativamente.

Definiciones de las competencias conductuales

1. Adaptabilidad

"Modificar la propia conducta para alcanzar determinados objetivos cuando surgen dificultades, nuevos datos o cambios en el entorno."

Hace referencia, fundamentalmente, a la versabilidad en el comportamiento, en la emisión de conductas adaptativas y no tanto a los cambios de tipo cognitivo o en los sistemas de valores, expectativas y/o creencias del sujeto. Una persona puede ser, al mismo tiempo, adaptativa en sus formas de conducta y mantener sus convicciones y creencias, en espera del momento adecuado para su implantación o a otros cambios en el entorno...

2. Ambición profesional

"Intentar alcanzar posiciones más altas en la organización, mostrando conductas orientadas al desarrollo de carrera y al éxito. Esforzarse por el propio desarrollo profesional."

Se trata de la característica de conducta de un sujeto que se muestra orientado a su propia promoción profesional y a desarrollar al máximo su potencial de carrera y de generación de nuevas habilidades personales y/o profesionales. Pondrá en juego, para lograr esta promoción, todos sus recursos y se interesará por el aprendizaje y las nuevas experiencias. No debe concederse a esta definición una connotación negativa ni asociarse con conductas destructivas o de competencia desleal con el resto de los miembros del equipo o del entorno de trabajo del sujeto.

3. Análisis de problemas

"Identificar problemas, reconocer información significativa; buscar y coordinar datos relevantes; diagnosticar posibles causas."

Es la capacidad general que muestra un sujeto para realizar un análisis lógico, sistemático y estructurado de una situación o problema hasta llegar a determinar, con un margen de error razonable, las posibles causas o alternativas de solución de esta situación o dificultad. Muestra, para ello, una potencia lógica basada en principios generales de funcionamiento de la realidad sobre la que reflexiona y elimina, en la medida de lo posible, los efectos emocionales de la situación.

4. Análisis numérico

"Habilidad para analizar, organizar y presentar datos numéricos, por ejemplo, datos financieros y estadísticos."

Capacidad que tiene que ver con el razonamiento numérico, pero también con la capacidad para resaltar lo fundamental sobre lo superfluo y para establecer conexiones relevantes entre datos numéricos.

5. Aprendizaje

"Asimilar nueva información y aplicarla eficazmente."

La clave de esta habilidad estriba en la capacidad del sujeto para incorporar a su repertorio conductual, de forma eficaz y rápida, nuevos esquemas o modelos cognitivos; nuevas formas de interpretar la realidad o de ver las cosas, cuando asimila un conjunto de datos o de referencias nuevas desde el exterior, así como la capacidad, que expresa en conductas, de traducir estas asimilaciones de nuevos enfoques en formas también nuevas y adaptativas de hacer las cosas, consecuentemente con aquéllos. La capacidad de aprendizaje aplicado tiene que ver con la rapidez y el esfuerzo implicados para realizar los aprendizajes, así como la capacidad básica de comprensión de los fenómenos observados y las relaciones causa-efecto que se establecen entre ellos.

6. Atención al cliente

"Percibir las necesidades y demandas del cliente frente a la organización y ser capaz de darles satisfacción razonable con el menor coste posible."

Se conecta, fundamentalmente, con los aspectos relacionales de la interacción con el cliente y con las demandas directas planteadas por éste. Se diferencia de *"Orientación al cliente"* porque, en este caso, estaríamos considerando aspectos teóricos o abstractos del "cliente" considerado en general, mientras que aquí se trata de un cliente concreto con una demanda concreta a la que se debe dar cauce y respuesta eficaz anticipándose, si es posible, a sus demandas.

7. Atención al detalle

"Manejo eficaz y prolongado de información detallada."

Se relaciona con la minuciosidad de análisis y manejo de conjuntos complejos y amplios de información de cualquier tipo con la que el sujeto ha de trabajar, procurando eliminar el error y las duplicidades, etcétera.

8. Autoorganización

"Organizar eficazmente la propia agenda de actividades, estableciendo las prioridades necesarias y utilizando el tiempo personal de la forma más eficiente posible."

La clave de esta habilidad es el aspecto personal de la organización del trabajo, frente a *"Planificación y organización"*, que está referida al trabajo y las actividades de terceras personas.

El sujeto que muestra esta habilidad es especialmente ordenado, puntual, metódico en el uso de su tiempo y es capaz de sacar el máximo rendimiento posible a su agenda.

9. Capacidad de negociación

"Identificar las posiciones propia y ajena de una negociación, intercambiando concesiones y alcanzando acuerdos satisfactorios basados en una filosofía 'ganar-ganar'."

En definitiva, la capacidad para efectuar intercambios con terceras personas, de cualquier tipo, que resulten beneficiosas para ambos y adaptativas con respecto a la situación en la que se desarrollan.

10. Comunicación escrita

"Expresar ideas y opiniones de forma clara y correcta a través del lenguaje escrito."

Ser capaz de una comunicación escrita que resulte clara, precisa, concisa, económica, comprensible y expresiva. Adaptar la forma de redacción al lector y a los objetivos del mensaje. Utilizar las formas y los medios de comunicación escrita más adecuados a la tecnología disponible, al tiempo y al objetivo de la comunicación.

11. Comunicación oral

"Canalizar clara y comprensiblemente ideas y opiniones hacia los demás a través del discurso hablado."

Esta habilidad, tan amplia como queramos describirla, se relaciona con la capacidad básica para expresar pensamientos o contenidos internos de manera comprensible para el interlocutor, con toda la potencia de la palabra hablada, utilizada de forma proporcional al objetivo y a la audiencia que recibe el mensaje, utilizando las imágenes verbales y los recursos lingüísticos adecuados. Difiere de la habilidad de *"Presen-*

taciones" en el hecho de que el interlocutor puede ser individual y, consecuentemente, las claves de comunicación son más amplias y generalistas que en situaciones grupales.

12. Conocimiento del entorno

"Tener conciencia de las condiciones específicas del entorno de trabajo. Dominar información actualizada sobre el entorno del negocio, de la actividad profesional."

En definitiva, es la habilidad básica de *"estar al día"*, *"estar al corriente"* de lo que es importante para la organización. Mantenerse informado, dentro de una prudencia y economía de tiempo y esfuerzo, de las grandes líneas de los sucesos importantes que ocurren en el entorno de trabajo y que afectan al negocio, al sector, a la actividad o a su discurso estratégico.

13. Control directivo

"Establecer y aplicar procedimientos para el seguimiento y la regulación de procesos y políticas internos y/o externos."

En definitiva, la capacidad que tiene el sujeto en una posición de dirección o de supervisión para establecer los mecanismos que indican la desviación o el avance correcto hacia la dirección de los acontecimientos previamente definida (objetivos, metas, orientaciones estratégicas, transformaciones internas y/o externas) y de ejercer la voluntad de adquirir información aferente aun cuando la consecución de esta información suponga entrar en conflicto con algunas partes del sistema organizacional.

14. Decisión

"Toma de decisiones activa, eligiendo entre varias alternativas de solución a un problema. Comprometerse con opiniones concretas y acciones consecuentes con éstas, aceptando la responsabilidad que implican."

Es la toma de decisiones activa por parte de un sujeto que implica, necesariamente, optar entre varias alternativas de acción, eligiendo una y rechazando, aunque sólo sea momentáneamente, otras. Suele ser el último paso de un proceso de *"análisis de problemas"*, pero resulta una habilidad diferencial con respecto a aquélla, ya que no siempre quien efectúa tal análisis es responsable de tomar la decisión final de solución. Se relaciona, asimismo, con la capacidad para *"tomar riesgos"*, pero difiere en que no siempre las decisiones a adoptar en un puesto de trabajo implican necesariamente un riesgo o probabilidad de fracaso, sino, simplemente, dos vías diferenciales y alternativas de acción para resolver un problema o solución.

15. Delegación

"Asignar las propias responsabilidades y autoridad al miembro del equipo adecuado, de forma inequívoca."

Se trata de la habilidad de un sujeto para transferir a otro, de manera adecuada y aceptable, alguna de sus tareas o funciones, dotándole de la información necesaria para ello, transfiriéndole, además, la capacidad para la toma de decisiones en el proceso de cumplimentación de la tarea y, en ocasiones, la autoridad que él mismo ostenta o su propia representación. Tiene que ver con la capacidad para ejercer una supervisión adecuada del avance posterior de la tarea y de efectuar el desarrollo de la capacidad del colaborador a quien se ha delegado, de manera eficaz y aceptada por el otro.

16. Desarrollo/apoyo de colaboradores

"Analizar las necesidades de desarrollo de los colaboradores e iniciar actividades de desarrollo relacionadas con los puestos de trabajo actuales o futuros."

Se trata de la habilidad que un directivo demuestra, en el desempeño de su función como responsable de un colaborador o equipo de colaboradores, para prestarles su apoyo, para ejercer una acción permanente y enriquecedora de desarrollo de sus habilidades y conocimientos, así como para dotarles de las experiencias necesarias para promover su valor profesional y su desarrollo. Al mismo tiempo tiene que ver con la habilidad para prestar atención al estado emocional y motivacional que va percibiendo en ellos y en su capacidad para prestar apoyo emocional y para resolver conflictos normales en el desempeño profesional.

17. Disciplina

"Adaptarse a las políticas y procedimientos organizacionales. Buscar información de los cambios en la autoridad competente."

La clave de esta habilidad estriba en ser capaz de subordinar las propias opiniones, convicciones y/o preferencias a las decisiones de la dirección, aun cuando se esté en desacuerdo con ellas. También se refleja en la capacidad para hacer "lo que es necesario hacer" aun en contra de lo que "gustaría hacer" en un determinado momento, entorno o situación.

18. Dominio de la comunicación no verbal

"Conocer y utilizar adecuadamente el lenguaje corporal en las situaciones de comunicación interpersonal."

Consiste, fundamentalmente, en la mayor o menor habilidad para desarrollar el lenguaje corporal y los demás elementos de la comunicación no verbal en el transcurso de interacciones sociales en las que la comunicación, en cualquiera de sus modalidades y con cualquiera que sea su objetivo, así lo requiera. Tiene que ver con la expresividad en la comunicación oral y con la aceptabilidad social y la credibilidad de los mensajes emitidos por el sujeto.

19. Dominio de los medios audiovisuales

"Utilizar de manera fluida y eficaz, las diversas técnicas de comunicación audiovisual como soporte a la comunicación interpersonal en cualquier situación."

Representa una habilidad de manejo de los diferentes medios audiovisuales disponibles hoy en día en las organizaciones y que, cada día de manera más potente, apoyan la comunicación grupal en éstas. Tiene que ver con el conocimiento y manejo adecuado de videocámaras, videoproyectores, retroproyectores, pantallas de cristal líquido, proyectores de diapositivas, papelógrafos, *flip-charts*, etcétera.

20. Energía

"Habilidad para crear y mantener un nivel de actividad apropiadamente dirigido, capacidad para trabajar duro. Impulso."

Es la habilidad básica de una persona para trabajar duro, en diferentes situaciones cambiantes o alternativas, con interlocutores muy diversos, que cambian en cortos espacios de tiempo, en jornadas de trabajo prolongadas y hacerlo de forma que su nivel de activación vital no se vea afectada. Tiene que ver con la forma en que el sujeto se autointerpreta ante los demás y la fuerza y grado de ímpetu que transmite ante otros. Un elemento crítico de la definición de esta habilidad es que todo ello se mantiene de forma prolongada en periodos de tiempo largos y no es fruto de unas circunstancias especiales o limitadas, sino que conforma una característica del comportamiento del sujeto.

21. Escucha activa

"Escucha activa, demostrada tomando notas durante la comunicación oral de los aspectos importantes, preguntando hasta que los mensajes del emisor estén totalmente claros y estando alerta a las reacciones y analizándolas."

En definitiva, la capacidad para mostrar de forma fehaciente al interlocutor de una comunicación interpersonal cara a cara, que se le está escuchando y comprendiendo en profundidad. No sólo los aspectos intelectuales de cuanto está refiriendo, sino los aspectos emocionales implicados en el mensaje. Tiene que ver con la habilidad del sujeto para identificar y reflejar sentimientos y emociones que su interlocutor le transmite de forma explícita o implícita y para hacerle saber a éste que se le ha comprendido en profundidad. Difiere de la habilidad de *"sensibilidad interpersonal"* en que ésta va más allá, al relacionarse no sólo con los aspectos formales de la comunicación, sino con los aspectos más complejos del contenido emocional y de su comprensión.

22. Espíritu emprendedor

"Buscar activamente oportunidades en el mercado –tanto en las actividades y servicios ya existentes como en otros nuevos–, sacando el máximo de ellas y comprendiendo el riesgo que comportan."

Se trata de la habilidad –difícil de encontrar en la vida real– que caracteriza a los promotores de sus propios negocios o actividades económicas y que los mantiene permanentemente alertas para la identificación de oportunidades de negocio que el mercado ofrece. Es una conducta de permanente *proactividad* que impulsa a quien la posee a anticiparse a otros en la generación de nuevas ideas rentables.

No ha de confundirse con la habilidad de *"Resolución"* ya que no sólo es la rapidez para dar respuesta a problemas u oportunidades, sino que implica un auténtico interés por desarrollar un nuevo negocio o actividad, por diversificar los ya existentes y asumir en ello una responsabilidad personal y un protagonismo.

Esta habilidad está presente como *competencia conductual* crítica en muy pocas posiciones de las organizaciones convencionales y su inclusión como factor crítico de un determinado puesto de trabajo debe reflexionarse con cautela ya que identificar en los candidatos este tipo de habilidad –y que, no obstante, deseen colaborar en una organización que no sea la suya propia– es muy difícil...

23. Evaluación de los colaboradores

"Demostrar habilidad y perspicacia en la evaluación de los aspectos profesionales del desempeño de los colaboradores utilizando adecuadamente las técnicas de entrevista, apreciación del desempeño, proyección del potencial, etcétera."

Se basa, fundamentalmente, en las habilidades de comprensión de las necesidades de desarrollo, formación y adquisición de capacidades de los colaboradores, así como en la habilidad para identificar sus áreas de satisfacción o insatisfacción profesional y de impulso o motivación, que les pueden servir de *palancas* de movilización y desarrollo en el seno de la organización.

Es una habilidad previa a la de *"Desarrollo/apoyo de los colaboradores"*, anteriormente descrita e imprescindible para que aquélla tenga éxito.

24. Facilitar/participar en reuniones

"Actuar eficazmente como presidente de reuniones, desarrollando su agenda, efectuando la convocatoria y canalizando la participación ordenada de todos los asistentes. Jugar adecuadamente el papel de participante en una reunión, desarrollando las propias posturas con coherencia y con las formas aceptables y cooperativas de comunicación con los demás participantes."

Además de la habilidad descrita, se debe incluir en esta habilidad la capacidad de participar activa y eficazmente en reuniones, ya que esta habilidad está subsumida en la anterior. Algunas clasificaciones de *competencias conductuales* diferencian entre ambas. Nosotros preferimos incorporar ambas dimensiones en una sola ya que, frecuentemente, los roles de participante y presidente de una reunión son rotativos, no están predeterminados, se deciden sobre la marcha o son intercambiables...

25. Flexibilidad

"Facilidad para cambiar de criterios y orientación de la propia forma de pensar y enjuiciar situaciones, personas y cosas cuando cambian las premisas básicas, las condiciones del entorno o se recibe nueva información."

Se relaciona con aspectos de la versatilidad cognitiva y la capacidad para cambiar de valores, creencias, expectativas y formas de interpretar la realidad, cuando la nueva información y los criterios lógicos a que se ha sometido la revisión de las propias posiciones previas, así lo aconsejan. Es una habilidad muy vinculada a la racionalidad del sistema de pensamiento personal y a la capacidad para la revisión crítica y el autoanálisis.

No se debe confundir con la *labilidad de las propias convicciones* que muestra quien no posee un sistema muy definido de creencias sobre el funcionamiento de la realidad o quien no ha elaborado de manera personal sus actitudes y valores. No es flexible quien cambia aquello que no posee, sino quien modela de forma adaptativa y conveniente su mundo interno cuando encuentra evidencia para que tal cambio resulte en una mayor eficacia personal o profesional.

Por otra parte, se debe tener en cuenta que la "*Flexibilidad*", tal y como aquí se considera, será más costosa al sujeto según se profundice en capas de actitudes y valores más nucleares de su estructura cognitiva. Conviene definir con "*conductas criterio*" realistas el alcance y el tipo de "*Flexibilidad*" que se espera de un sujeto para un determinado puesto de trabajo.

Finalmente, como ya hemos señalado, no se debe confundir con los aspectos más conductuales –y, por tanto, más cambiantes y situacionales– de la habilidad de "*Adaptatividad*".

26. Gama de intereses amplia

"Mostrar un amplio rango de intereses personales y profesionales. Manifestar interés y motivación por muy diversos aspectos de la vida profesional y de los conocimientos sociales, científicos, artísticos, técnicos, etcétera."

El aspecto central de esta habilidad está en que el sujeto que la posee se encuentra motivado e interesado por una muy amplia gama de aspectos de la vida de su entorno que no han de ser puramente profesionales. Le interesarán campos concretos de la realidad (la astrofísica o los deportes; la política o la literatura clásica; el mantenimiento del sistema ecológico o la pintura renacentista... ¡o todos ellos!), pero, en cualquier caso, su gama de intereses rebasará ampliamente lo puramente profesional o tecnológico directamente vinculado a su profesión o trabajo.

No debe confundirse esta *habilidad* con los estados patológicos más o menos pasajeros de *multimotivación* (incluso de éxtasis universal...) de algunas personas con tendencias maníacas. Lo que caracteriza a esta competencia es la estabilidad en el tiempo y que no se asocia con inestabilidad emocional ni con un ansia por conocerlo todo o por practicarlo todo...

27. Identificación directiva

"Explorar y anticiparse a los problemas de dirección, así como difundir las decisiones de la línea de mando."

Se trata de una habilidad que, fundamentalmente, consiste en que un miembro de la organización es capaz de *ver* los problemas y las decisiones adoptadas desde la óptica de la dirección y de comprender los conflictos de intereses que se juegan en estas decisiones, haciéndose solidario con sus superiores en las dificultades para adoptar medidas que dañan intereses particulares, aun cuando se trata de salvaguardar intereses comunes más amplios. Se *"pone en el papel"* de los directivos de la organización y comprende aspectos del desarrollo organizacional anticipándose a los cambios que se han de producir.

28. Impacto

"Generar y mantener una primera impresión favorable en los demás."

Sin duda, los aspectos físicos son importantes para esta habilidad (si es que podemos denominarla así en sentido estricto), pero no son los únicos ni, en ocasiones, los más importantes. Dicho de forma muy directa, tener impacto no equivale a ser bien parecido/a, aunque tal rasgo, sin duda, ayude.

Está relacionado con la buena presencia personal, pero, además, con la forma de introducirse en los ambientes y las situaciones sociales, con la deseabilidad social de su comportamiento y con la conveniencia de sus formas de conducta en el largo plazo para el entorno social en el que se desarrolla.

29. Independencia

"Actuar sobre la base de las propias convicciones más que intentar satisfacer las expectativas de los demás. Mantener el mismo punto de vista mientras se puede (razonablemente)."

La base fundamental de esta habilidad consiste en la perseverancia para mantener posiciones personales, fruto de las convicciones elaboradas con criterios propios, mientras resulte aceptable y económico para el proceso global.

No se debe confundir con *"Tenacidad"*, que es la dimensión más conductual (mantener la conducta), frente a la dimensión más intelectual (mantener la opinión).

30. Innovación / creatividad

"Descubrir soluciones imaginativas de problemas relacionados con el trabajo y con alternativas a sus soluciones, métodos y formas clásicas de resolución."

Generar ideas, desarrollarlas, enriquecerlas, someterlas a crítica y a juicio con criterios de pragmatismo y viabilidad, implantarlas para construir con ellas soluciones a problemas planteados u oportunidades de innovación en cualquier campo profesional es una habilidad cada día más necesaria en la vida de las organizaciones.

No se debe interpretar como la imaginación pura, que genera ideas, aunque no tengan aplicabilidad práctica o no tengan utilidad alguna. Tampoco con la creatividad estética, más propia de profesiones artísticas y cuya característica es la irrepetibilidad.

31. Integridad

"Actuar conforme a las normas éticas y sociales en las actividades relacionadas con el trabajo."

Aunque se trata de una característica del comportamiento humano deseable –exigible– en todas las posiciones de cualquier organización (en todas las personas, trabajen en organizaciones o no), a lo que aquí nos referimos es a la especial habilidad para mantenerse dentro de unos determinados parámetros de comportamiento ético, aun cuando existan oportunidades para no hacerlo y no se disponga de mecanismos de detección de tales irregularidades o bien estos mecanismos sean fácilmente evitables.

Los puestos en que esta habilidad es un factor crítico de éxito son escasos, y debe efectuarse un fino análisis antes de incluir esta *competencia conductual* en la lista final de criterios.

32. Juicio

"Considerar factores y posibles desarrollos de la acción a la luz de criterios relevantes y llegar a juicios realistas."

No es otra cosa que el vulgarmente denominado *"sentido común"* o capacidad para aplicar la lógica elemental, desprovista de distorsiones emocionales, al análisis de situaciones presentes o futuras, y llegar a conclusiones pragmáticas y verosímiles.

33. Liderazgo de grupos

"Guiar y dirigir un grupo y establecer y mantener el espíritu de grupo necesario para alcanzar sus objetivos del mismo."

Con todas las implicaciones que conlleva tan simplificada definición, se trata de la habilidad para ejercer el liderazgo y orientar la acción de grandes grupos de personas en una dirección determinada, inspirando valores de acción y anticipando los posibles escenarios de desarrollo de la acción de ese grupo humano, aún cuando no sea posible la interacción personal continuada entre el directivo y el grupo que dirige.

Lo que diferencia esta habilidad de la de *"Liderazgo de personas"* es precisamente el contacto humano permanente y directo, que es posible en el segundo caso y no en el primero, y el hecho de que el *"Liderazgo de grupos"* se basa en componentes más carismáticos del líder, mientras que el *"Liderazgo de personas"* se sustenta más en la capacidad de dirección, técnicamente considerada, del directivo.

34. Liderazgo de personas

"Dirigir y aconsejar a los miembros de su equipo en el desempeño de su trabajo."

Como ya hemos señalado, se trata de una capacidad personal que tiene que ver, fundamentalmente, con la habilidad de un responsable de personas en la organización, para orientar adecuada y eficazmente el desempeño de éstas hacia las metas establecidas. La capacidad para detectar y anticipar problemas y dificultades de los colaboradores en el desempeño de sus funciones, para dotarlos de recursos y medios tecnológicos, para facultarlos y ejercer el seguimiento de sus trabajos... La habilidad para la fijación de objetivos, el seguimiento de esos objetivos, la capacidad para dar *feed-back* y para integrar las opiniones de los propios colaboradores, ayudando a encontrar vías de resolución de dificultades, arbitrando en los conflictos interpersonales, analizando resultados, etcétera, están íntimamente relacionados con esta habilidad.

35. Orientación al logro

"Determinación para fijar las propias metas de forma ambiciosa, por encima de los estándares y de las expectativas, mostrando insatisfacción con el desempeño 'medio'."

La clave central de esta habilidad está en la *"ambición"* en cuanto a la consecución de resultados positivos para la organización, aún más allá de las exigencias institucionales o de la línea jerárquica. Mostrar un impulso alto para conseguir retos y desafíos profesionales, aplicando de forma autodirigida la originalidad de planteamientos novedosos para alcanzar la meta.

36. Orientación ambiental

"Demostrar sensibilidad hacia los desarrollos sociales, económicos y políticos y otros factores ambientales que puedan, presumiblemente, afectar al trabajo o a la organización."

Es decir, estar al tanto de las grandes líneas de desarrollo de la actividad que afecten a su actividad o negocio de forma global en cuanto a grandes tendencias de avance o aspectos generales.

37. Orientación al cliente

"Demostrar sensibilidad hacia las necesidades o demandas que un conjunto de clientes potenciales (el 'cliente' en abstracto) de la organización, pueden requerir en el presente o en el futuro, y ser capaz de darles satisfacción desde cualquier ámbito de la organización."

Lo más característico de esta habilidad estriba en que no se trata de una conducta concreta frente a un cliente real, sino de una actitud permanente de *"contar con las necesidades del cliente"* desde cualquier ámbito de la organización, y con sus posibles demandas de valor añadido para incorporar este conocimiento a la forma específica de plantear la propia actividad.

No debe confundirse con *"Atención al cliente"* que, como hemos señalado, tiene que ver con atender las demandas o las necesidades de un cliente real y concreto en la interacción directa con él. Esta dimensión es más conductual, mientras que aquí se trata, más bien, de una constante preocupación o actitud.

38. Persuasión

"Tener habilidad para persuadir a otros con argumentos relevantes sobre la base de un estilo positivo, para adaptarse a ciertos puntos de vista o ponerse de acuerdo sobre ciertos planes."

La clave de esta habilidad se encuentra en la capacidad que muestra en la práctica una determinada persona para atraer a otra, sin ejercer la autoridad o la violencia y sin recurrir, en ningún caso, a forzar o torcer los deseos del otro, a sus propios planteamientos o acciones de forma que éstos quedan asumidos por el interlocutor por la fuerza de los argumentos del persuasor o por su propia credibilidad intrínseca o por la forma en que transmite sus posiciones.

39. Planificación y organización

"Determinar eficazmente las metas y prioridades estipulando la acción, los plazos y los recursos requeridos para alcanzarlas."

Es decir, la habilidad para hacer concurrir en forma eficaz las acciones coordinadas de un conjunto de personas, en tiempo y coste efectivos, de forma que se aprovechen del modo más eficiente posible los esfuerzos y se alcancen los objetivos, cuando éstos requieran el concurso simultáneo, paralelo o consecutivo de varias personas ejerciendo diversas acciones conectadas entre sí de una forma específica.

El factor clave que diferencia esta habilidad de la de *"Autoorganización"* es el que se ejerce sobre las acciones de otros y no sobre las propias.

40. Presentación

"Presentar ideas y hechos de una forma clara, usando los medios adecuados."

Se trata de la habilidad de comunicación interpersonal con audiencias grupales, de forma directa, cara a cara, unidireccional, generalmente con una unicidad en el tiempo, con el fin de comunicarles ideas, proyectos, información, planes, acciones, etcétera.

Está relacionado con las habilidades de estructurar el mensaje; utilizar herramientas y conceptos de análisis de la audiencia; seleccionar la información o contenido por transmitir; diseñar los apoyos de medios audiovisuales correctos; desarrollar la puesta en escena de una comunicación eficaz ante el grupo; utilizar el lenguaje verbal, no verbal y audiovisual adecuado; mantener la atención del grupo y responder adecuadamanete a las preguntas manteniendo el coloquio controlado.

41. Resolución

"Eficacia y agilidad para dar soluciones a problemas detectados, emprendiendo las acciones correctoras necesarias con sentido común, sentido del coste e iniciativa."

También podríamos denominarlo *"resolutividad"*, pero el término no es muy correcto en castellano. Es la habilidad de *"ejecutividad"* o iniciativa rápida ante las pequeñas dificultades o problemas que surgen en el día a día de la actividad. Supone tomar acción, de manera proactiva, ante las desviaciones o dificultades, sin pérdida de tiempo y atendiendo a las soluciones que marca el sentido común, pensando, no obstante en las repercusiones que pueden tener en un plazo o ámbito más amplio.

Se diferencia de la *"Toma de decisiones"* pura en cuanto que esta habilidad no se relaciona con *optar* por varias alternativas, sino en *"hacer lo que se necesita hacer"* de forma inmediata y sin esperar a efectuar todas las consultas a la línea jerárquica que pueden hacer que el problema se intensifique o agrave.

42. Sensibilidad interpersonal

"Mostrar que se es consciente de los demás y del entorno así como de la influencia que se ejerce sobre ambos. Desarrollar una conducta que refleje el reconocimiento de los sentimientos de los demás."

Lo fundamental de esta habilidad consiste en que los demás reconozcan la sensibilidad que el sujeto posee para entender, desde la óptica de ellos y usando sus propias categorías y conceptos, la naturaleza de sus problemas emocionales y personales, así como la forma en que la acción y las decisiones del propio sujeto pueden afectar positiva o negativamente a quienes le rodean.

Es la capacidad para mostrar que se ha entendido de manera profunda los sentimientos y el estado emocional de los demás, y que se es consciente de hasta dónde se puede actuar sobre ello.

43. Sensibilidad organizacional

"Tener conciencia de la repercusión que tienen en el medio plazo las propias acciones y decisiones sobre el conjunto de organizaciones complejas y grandes. Conocer y/o anticipar las consecuencias individuales que tendrá la propia conducta sobre polos o partes muy lejanas de la organización."

Es la habilidad de la persona para ser consciente de que sus acciones de aquí y ahora tienen efecto sobre personas y ámbitos lejanos en el tiempo y en el espacio.

Está muy relacionado con el nivel jerárquico que ostenta el sujeto en la organización, con el tamaño de ésta y con la cercanía o lejanía que separa al sujeto de las personas o las partes del sistema en las que sus decisiones o acciones tendrán efecto.

44. Sentido de la urgencia

"Percibir la urgencia real de determinadas tareas y actuar de manera consecuente para alcanzar su realización en plazos muy breves de tiempo."

En definitiva, se trata de la habilidad para *"ponerse en marcha"* con celeridad, cuando se percibe la necesidad de hacerlo, porque el tiempo apremia, para desarrollar una acción u obtener un resultado concreto.

45. Sociabilidad

"Interactuar sin esfuerzo con otras personas. Tener facilidad para hacer contactos con otros y desarrollar actividades sociales."

Mostrar habilidades para la relación y el contacto personal, sin necesidad de muchos apoyos externos al sujeto o de situaciones muy estructuradas en las que esta relación viene dada por sí sola.

Tiene que ver con elementos de la motivación de *afiliación* y con el *gusto* que algunas personas encuentran en relacionarse con otras y mantener lazos afectivos positivos y enriquecedores.

46. Tenacidad

"Mantener el punto de vista o plan de acción hasta conseguir el objetivo perseguido o hasta que no resulte razonable insistir en él."

Se trata de la persistencia en la acción, más allá de las dificultades y los obstáculos que se encuentran para la consecución del objetivo propuesto, y siempre que tal persistencia resulte razonable sin dañar otras partes de la organización, otros objetivos igualmente importantes o el futuro desarrollo de las acciones.

Se diferencia de la *"Independencia"*, como hemos señalado, por ser una dimensión más conductual, mientras que aquélla es más cognitiva o intelectual.

Es importante, además, diferenciar ambas de la *"Flexibilidad"* –o, más bien, de la falta de ésta– que supondría llevar hasta el final la acción o la opinión, incluso cuando existiesen elementos suficientes para desautorizar tal acción u opinión.

47. Tolerancia al estrés

"Seguir actuando con eficacia bajo la presión del tiempo y haciendo frente al desacuerdo, la oposición y la adversidad."

Pero, sobre todo, sin mostrar los efectos del cansancio, tanto en la dimensión de pérdida de control de la conducta, como en sus manifestaciones psicosomáticas.

48. Toma de riesgos

"Tomar riesgos calculados para obtener ventajas específicas."

Tiene que ver con la capacidad de soportar la incertidumbre y la ambigüedad de las previsiones acerca del desarrollo futuro de los acontecimientos y, aun así, tomar acciones que pueden implicar una ganancia o una pérdida.

La esencia de esta habilidad es la capacidad para evaluar el significado y la probabilidad de la pérdida posible frente al significado, y la probabilidad de la ganancia posible, de forma racional y controlando los efectos emocionales que el riesgo conlleva.

49. Trabajo en equipo/cooperación

"Participar activamente en la consecución de una meta común, incluso cuando la colaboración conduce a una meta que no está directamente relacionada con el interés propio."

Es la capacidad para cooperar, incluso de forma anónima, en los objetivos comunes, subordinando los propios intereses a los intereses comunes y considerando como más relevante el objetivo de todos que las circunstancias personales que se han de sacrificar o posponer.

Supone una habilidad para la relación interpersonal y para comprender la repercusión de las propias acciones sobre el éxito en las acciones de los demás. Es imprescindible, además, una cierta habilidad para superar conflictos emocionales interpersonales y para expresar abiertamente las propias opiniones a pesar de la oposición del resto del equipo.

50. Visión

"Pensar sobre la base de la estrategia de la empresa y convertirla en objetivos concretos para el propio campo de responsabilidad. Ser capaz de hacer contribuciones a la formulación de la estrategia de la organización."

Está relacionada con la capacidad para anticipar escenarios de posible evolución futura de la realidad, tanto en los aspectos tecnológicos y sociales relativos a la propia actividad, como a otros aspectos más complejos del entorno político, económico, monetario, etcétera.

Es una habilidad compleja que requiere capacidad de manejo de múltiples variables y su interconexión, así como el resultado final de su interacción a lo largo del tiempo.

Es, posiblemente, la habilidad más importante en la dirección estratégica de las organizaciones complejas.

ANEXO III

Conductas específicas que definen los criterios de competencias conductuales

Nota previa

En las páginas siguientes se presentan cada una de las "*competencias conductuales*" definidas para la descripción de puestos de trabajo y los procesos de selección de personal con indicación de algunas "*conductas específicas*", a través de las cuales se puede percibir su presencia en una persona determinada.

La finalidad de este anexo es doble: por una parte, ayudar a los seleccionadores a identificar el contenido específico de cada una de las "*competencias conductuales*" a la hora de describir los puestos de trabajo y de definir sus requerimientos en este campo. Por otra parte, ayudar a identificar la presencia de las mismas "*competencias conductuales*" en un determinado candidato desde el punto de vista del proceso de evaluación para la selección.

La lista no pretende ser más que un indicador limitado que puede –y debe– ser enriquecido con las aportaciones de cada seleccionador y con la observación natural de las conductas profesionales que se desarrollen en la organización en la que se realiza la selección y, muy especialmente, con la identificación de las "conductas específicas" que resulten críticas para resolver con éxito las *situaciones críticas* implicadas en la consecución de resultados concretos en el puesto de trabajo.

Se debe tener siempre en cuenta que las descripciones de conductas aquí aportadas son "*genéricas*", mientras que el seleccionador habrá de identificar conductas lo más específicas y concretas, con objeto de concentrar la atención en la evaluación y de promover el acuerdo en la observación posterior de los asesores/evaluadores en las fases de evaluación. Cuanto más concretas sean las conductas identificadas y más relevantes para el éxito en el puesto de trabajo, mayor será la calidad del resultado final.

1. Adaptabilidad

- Modificar objetivos de un colaborador cuando se ve imposible que éste los alcance.
- Cambiar la estrategia de relación con un cliente cuando han cambiado los interlocutores en el seno de su organización.

- Cambiar la forma de relación con el jefe cuando se han percibido cambios en su actitud en los últimos encuentros.
- Cambiar la actitud ante un proveedor cuando la calidad de sus suministros ha cambiado sustancialmente en los últimos pedidos.
- Anular un pedido, aun cuando éste sea necesario, cuando la situación financiera requiera un mayor control del gasto.

2. Ambición profesional

- Presentarse a exámenes de promoción dentro de la organización.
- Solicitar formación para desarrollar puestos de más elevado nivel.
- Solicitar vacantes en puestos de mayor responsabilidad y/o jerarquía.
- Acceder a procesos de entrenamiento en nuevas áreas a desarrollar en la organización.
- Solicitar rotación en diferentes áreas de negocio para obtener una enseñanza integral.

3. Análisis de problemas

- Determinar las causas de un desequilibrio de balance.
- Observar la infrautilización de un dispositivo tecnológico cuando, debido a ello, se produzca una falta de eficacia en la unidad de trabajo o departamento.
- Analizar información periódica de rentabilidad de recursos.
- Descubrir y estudiar causas del porqué existen desviaciones en el rendimiento del personal.
- Determinar los efectos de subida o bajada de tipos de interés en el resultado financiero o en la cuenta de resultados.
- Analizar efectos negativos de una determinada variable en la *cascada* de resultados.
- Identificar causas y motivaciones personales que dificulten la integración en el espíritu de grupo de una determinada persona o grupo de personas.
- Estudiar y analizar las repercusiones de la caída de actividad en el mercado con respecto a la actividad específica del negocio.
- Analizar una correcta ubicación de los puntos de venta de la organización para los diferentes segmentos.
- Analizar causas que originen situaciones indeseadas en la actividad o negocio.
- Establecer con acierto las causas de determinados problemas operativos, realizando la investigación lógica necesaria para llegar a conclusiones pertinentes.

4. Análisis numérico

- Diseñar cuadros de presentación de datos que resulten significativos.
- Asegurarse de la fiabilidad de los datos que se manejan.
- Desarrollar con acierto estudios de análisis financiero y/o análisis de balances.
- Organizar fichas de rentabilidad para clientes que supongan un gran peso específico en una determinada área de actividad.
- Estudiar con detalle información numérica compleja y en gran cantidad.
- Efectuar análisis de *ratios* de gestión.

5. Aprendizaje

- Adaptarse al uso de ordenadores o de nuevos programas de informática.
- Adaptarse y aplicar nuevas tecnologías que se implanten en la organización.
- Analizar y aplicar circulares generales de normas organizativas de forma adecuada.
- Observar determinadas conductas en los interlocutores para aprovechar las soluciones aportadas por ellos a sus problemas.
- Tratar de aplicar determinadas teorías a casos concretos y reales.
- Modificar la propia conducta después de cometer errores.
- Ponerse en acción tras estudiar y analizar las diferentes circulares y notas internas sobre normativa, enviadas por el departamento de Organización.
- Asimilar nueva información y aplicarla correctamente.
- Imitar la conducta de otras personas para mejorar la propia.
- Llevar a la práctica correctamente instrucciones complejas.

6. Atención al cliente

- Escuchar y valorar las peticiones de los clientes y darles respuesta.
- Desarrollar y ofrecer nuevos productos.
- Resolver incidencias antes de su reclamación.
- Revisar los listados de vencimientos de plazos, avisando con antelación.
- Comunicar campañas internas y/o externas de cualquier tipo.
- Ofrecer servicios específicos al cliente y asesoría.
- Detectar errores.
- Anticiparse al error.
- Ante un error cometido por la entidad, tratar de solucionarlo antes de que el cliente lo haga saber.
- Establecer diferentes canales de comunicación para que las incidencias sean atendidas con la mayor celeridad.

- Crear rutinas de trabajo por las cuales el cliente sea atendido en el menor tiempo posible.
- Realizar cursos para el personal, para que aprendan rutinas de comportamiento ante clientes perjudicados.
- Crear sistemas que informen al cliente de la resolución de problemas concretos.
- Resolver problemas o incidencias en el menor tiempo posible.

7. Atención al detalle

- Ser riguroso en el manejo de datos.
- Profundizar en el estudio de las diferentes herramientas que están a nuestro alcance.
- Avisar al Departamento de Organización de la información que existe duplicada y/o que dé poco valor añadido para reducir costes.
- Crear rutinas de estudio personal y de grupo de las diferentes fuentes de información.
- Estudiar a fondo las diferentes herramientas de que disponemos.

8. Autoorganización

- Inventariar las tareas a realizar en un periodo de tiempo.
- Establecer procedimientos para su propio trabajo.
- Definir prioridades en sus actividades.
- Planificar y programar diariamente los trabajos de su agenda personal.
- Establecer sistemas de control interno de su propio rendimiento.
- Trabajar con programación.
- Ser puntual.
- Cumplir la propia agenda.
- Entregar los trabajos a realizar en los plazos establecidos.
- Ajustar los objetivos a la agenda de programación para que ésta sea efectiva.
- Trabajar con programación en tiempo suficiente de las tareas o personas a visitar.

9. Capacidad de negociación

- Ponerse en el lugar del otro y tratar de anticipar sus necesidades y expectativas en la negociación.
- Valorar lo más objetivamente posible los efectos que representan su posición y mi posición.
- Esforzarse en identificar las ventajas mutuas de una negociación y destacar los inconvenientes de una no negociación.

- Seleccionar y valorar las aportaciones que una negociación supondría, no sólo para mi unidad o departamento, sino también para las otras áreas o departamentos de la organización.
- Cerrada una negociación, obtener compensaciones adicionales.
- Preparar borradores, documentación, simulaciones, etcétera, antes del desarrollo de una negociación.
- Obtener o cerrar acuerdos satisfactorios para ambas partes.
- Identificar las propias necesidades.

10. Comunicación escrita

- Destacar los aspectos importantes de los mensajes que se emiten por escrito.
- Escribir pensando en los receptores a que se destina el escrito.
- Precisar el mensaje escrito y no permitir sobreentendidos.
- Supervisar la comunicación escrita que dimana de su departamento o área de responsabilidad.
- Escribir ideas con lenguaje claro, conciso, etcétera.
- Trasladar a los colaboradores copia de aquellos escritos que puedan ser modelo de claridad y corrección.
- Resumir los conceptos.
- Tratar de evitar frases hechas.
- Estructurar los mensajes escritos.
- Enviar copias a cuantas personas deban recibir los mensajes escritos.
- Pedir respuesta a las comunicaciones escritas.
- Hacer una presentación clara y cuidada de los documentos.

11. Comunicación oral

- Estructurar bien los mensajes.
- Captar la atención del interlocutor.
- Precisar el mensaje oral y no permitir frases hechas y/o sobreentendidas.
- Influir en la mejora de la escucha al cliente, tanto personalmente como en los colaboradores.
- Hablar con precisión.
- Identificar con claridad y acierto los contenidos de la propia comunicación.
- Expresar ideas con orden.
- Dar y recibir *feed-back*.
- Ser conciso y directo.
- Utilizar expresiones brillantes y descriptivas.

12. Conocimiento del entorno

- Describir la ubicación posible de una nueva unidad o punto de venta con potencial.
- Obtener conocimiento de los productos de la competencia.
- Obtener información de los precios de la competencia.
- Obtener conocimiento de clientes potenciales del entorno.
- Conseguir documentación económica de distintos medios del entorno.
- Conseguir censos de empresas del entorno.
- Conseguir censos de particulares del entorno.
- Reunirse con clientes de diferentes sectores para evaluar su situación.
- Localizar la ubicación de las unidades operativas de la competencia.
- Estar al día en acontecimientos clave del sector.
- Estar al día en la evolución de los acontecimientos importantes de los sectores más señalados del entorno económico general y, especialmente, del que afecta a los negocios de su organización.
- Seguir las grandes líneas de la evolución política y económica del país.

13. Control directivo

- Controlar el avance o el retroceso en la consecución de objetivos.
- Establecer reuniones con el equipo para analizar el seguimiento de objetivos.
- Establecer reuniones con el equipo para analizar el seguimiento de tareas.
- Facilitar manuales definiendo funciones y responsabilidades del puesto de trabajo.
- Ejercer acciones de corrección de desviaciones, cuando éstas se produzcan.

14. Decisión

- Avanzar situaciones y actuar anticipándose a los hechos.
- Preparar los trabajos con antelación a que le sean solicitados.
- Tomar decisiones sin consultar al jefe.
- Emitir informes con soluciones alternativas.
- Emitir informes sobre posibles productos que pueden ser rentables para la organización.
- Emitir estudios para introducir el negocio en zonas no explotadas.

15. Delegación

- Asignar facultades en materia de precios a sus colaboradores.
- Encargar a sus colaboradores nuevas tareas y/o retos y efectuar su seguimiento correcto.
- Asignar facultades en materia de riesgos a sus colaboradores.
- Fomentar que sus colaboradores le representen en actos profesionales o que representan a la unidad.
- Asignar a sus colaboradores tareas que formen parte de sus propios objetivos.

16. Desarrollo/ apoyo de colaboradores

- Solicitar la asistencia de sus colaboradores a cursos de formación.
- Comunicar a sus colaboradores cuanta información o cambios se ocasionen en el desarrollo de sus trabajos.
- Hacer participar a sus colaboradores en la toma de decisiones de superior nivel al que les corresponde, escuchando sus puntos de vista y fomentando el diálogo para construir criterios comunes en torno a los parámetros de las decisiones a adoptar.
- Analizar periódicamente el desempeño cualitativo de los colaboradores, identificando sus puntos fuertes y débiles, las causas de éstos, y buscando y proponiendo acciones que mejoren las habilidades básicas de su equipo.
- Realizar sesiones periódicas con los colaboradores para analizar la marcha de la unidad en términos cuantitativos y cualitativos, de forma que se analicen las causas de las desviaciones y las posibles mejoras a introducir, favoreciendo que sean los propios colaboradores quienes "descubran" las soluciones y las propongan.
- Buscar la colaboración de los departamentos de Recursos Humanos para planificar acciones de desarrollo individuales y colectivas para cada colaborador.

17. Disciplina

- Aceptar instrucciones, aunque se difiera de ellas.
- Aceptar objetivos ambiciosos, aún cuando no se vean claras las posibilidades de realizarlos.
- Contestar de inmediato escritos de requerimiento.
- Cumplir los horarios establecidos por la normativa interna.
- Realizar todos los cometidos o las tareas que definen el puesto de trabajo, incluso en aquellos aspectos que resultan menos atractivos o más desagradables.
- Ponerse en acción en cuanto se reciben instrucciones de corregir objetivos, aun

en contra de sus deseos o de sus propias estimaciones de lo que puede realizarse o no.
- Consultar las decisiones por encima de sus atribuciones en la toma de riesgos.
- Consultar las decisiones por encima de sus atribuciones en precios.

18. Dominio de la comunicación no verbal

- No dar la espalda cuando está hablando con otras personas.
- Adoptar posiciones físicas, en situaciones de comunicación interpersonal, que no generen barreras.
- Eliminar los "tics" físicos en situaciones de escucha (apertura de la boca, cambios continuos de postura).
- Apoyar con gestos de asentimiento o seguimiento la comunicación que está recibiendo.
- No mostrar precipitación o nerviosismo por interrumpir verbalmente al interlocutor.
- No precisar de un guión escrito más que en muy contadas ocasiones. No hacer frecuentes consultas a los papeles.
- Establecer contacto visual con el/los interlocutor/es, sin que llegue a parecer un duelo de miradas.
- Utilizar la sonrisa como un apoyo al interlocutor.
- Dominar el tiempo de comunicación.

19. Dominio de medios audiovisuales

- Acompañar con gráficos las exposiciones orales.
- Planificar los mensajes en función del auditorio y tiempo de exposición.
- Utilizar con soltura transparencias, sin distracción, en una presentación y sin equivocaciones.
- Apagar el proyector cuando en un coloquio se establece un diálogo.
- Utilizar las transparencias como un recordatorio didáctico sin recurrir a su lectura textual y posterior comentario.
- Pasar con fluidez de un medio a otro (retroproyector, rotafolios...).
- Modular adecuadamente la voz en función de las características del auditorio y la importancia que le quiere dar a los distintos mensajes.
- Conseguir ser congruente entre el mensaje y los mediosaudiovisuales utilizados.
- Adaptar la intervención a las preguntas de los interlocutores, establecer un diálogo fluido. Recuperar adecuadamente el hilo conductor del mensaje a transmitir.

20. Energía

- Solicitar trabajos que impliquen un grado alto de actividad.
- Prolongar la jornada de trabajo sin mostrar cansancio.
- Mantener un *"tono"* similar en situaciones de prolongación de reuniones. Ser rápido en retomar los temas cuando éstos cambian súbitamente.
- Retomar el hilo de la reunión cuando el grupo se divide.
- Pasar de una actividad a otra con rapidez y coherencia de conceptos.
- Repetir el mismo mensaje a distintos grupos de receptores dando la sensación de que es la primera vez que lo dice.
- Desconectarse adecuadamente del momento presente sin quedarse enganchado en el análisis del pasado.
- Mantener un ritmo de trabajo constante sin que la presión o la frustración afecten al trabajo que se desarrolla.
- Seguir dedicando atención a los temas importantes a pesar de las distracciones de los temas urgentes.

21. Escucha activa

- Utilizar la comunicación no verbal para animar al interlocutor a proseguir con su comunicación.
- Tomar notas cuando se escucha.
- Personalizar las relaciones interpersonales llamando al/los interlocutor/es por sus nombres.
- Utilizar frases completas de lo dicho por el interlocutor para continuar o retomar con el tema.
- No dar juicios de valor ni adelantarse a finalizar frases del otro.
- No anticipar mentalmente el contenido de una frase por las dos primeras palabras escuchadas...
- Preguntar cuando algo no queda claro.
- No juzgar la información recibida.
- No interrumpir.

22. Espíritu emprendedor

- Anticiparse a los problemas y aportar soluciones alternativas.
- Estar atento a la evolución de factores externos de la empresa (crisis, curvas económicas) con el fin de detectar oportunidades de negocios.
- Investigar los productos y los servicios de la competencia adaptándolos a los puntos fuertes de su organización, con el fin de reforzar las ventajas competitivas y disminuir los errores o costes ocultos.

- Investigar nuevas oportunidades de negocios.
- Estar atento a la innovación tecnológica en el sector o el área de actividad.
- Aprovechar actividades colaterales ajenas a su trabajo para informarse de necesidades del mercado y procurar su satisfacción.

23. Evaluación de los colaboradores

- Aprovechar los buenos resultados de sus colaboradores para reforzarles de modo inmediato, sin dejar pasar el tiempo.
- Estar atento a las necesidades de formación práctica y técnica de sus colaboradores.
- Preparar adecuadamente las entrevistas con sus colaboradores.
- Tener en cuenta los acontecimientos importantes, pero sin que éstos supongan el mayor peso específico de la evaluación.
- No recordar constantemente a los colaboradores errores anteriores ya comentados.
- Estar atento a las "puntas" y los "valles" que se dan en el ritmo de trabajo de los colaboradores indagando las causas.
- Preocuparse de establecer objetivos coherentes con los medios técnicos, financieros y humanos de que se dispone.
- Delegar el trabajo y asumir la responsabilidad.
- Agradecer de modo inmediato los esfuerzos por encima de lo habitual.

24. Facilitar/participar en reuniones

- Preocuparse de preparar la sala de reuniones adecuadamente.
- Dirigir reuniones consiguiendo que todo el mundo participe, creando un clima de confianza, donde los asistentes opinen sin sentirse cohibidos.
- Planificar las reuniones, cuidando los detalles y procurando que todo el mundo tenga información previa de los temas a tratar.
- Desarrollar el dominio de las situaciones de conflicto en las reuniones, especialmente los enfrentamientos o situaciones violentas.
- Conseguir que se respeten los turnos de opinión, réplica y contra réplica.

25. Flexibilidad

- Rectificar cuando se comprende que se está defendiendo una postura equivocada.
- Escuchar, analizar, debatir y, en su caso, aceptar, propuestas contrarias a sus ideas originales.

- Defender las propias opiniones con convicción, tratando de buscar puntos que acerquen las posiciones.
- Emprender acciones concretas para rectificar las acciones cuando cambia la planificación.
- Aceptar cambios de horario temporales para hacer frente a determinadas circunstancias de la organización.
- Cambiar de funciones y de responsabilidades, adaptándose a las nuevas sin dificultades.

26. Gama de intereses amplia

- Mostrar interés por temas alejados del núcleo de la propia actividad profesional.
- Asistir a conferencias y otros actos culturales.
- Aprender nuevas habilidades (por ejemplo, la informática) aun cuando no estén directamente relacionadas con el núcleo de la actividad profesional.
- Mostrar interés por diferentes temas de índole general.

27. Identificación directiva

- Discutir las decisiones que se van a tomar pero aceptándolas como propias, cuando se han decidido.
- Comprender las decisiones de la dirección o de los superiores, tratando de entender los motivos estratégicos por los que se han tomado tales decisiones.
- Ponerse en el lugar de los directivos de rango superior y comprender sus motivaciones y formas de reacción.
- Efectuar frecuentes reuniones con los colaboradores sobre estrategia y resultados de la empresa.

28. Impacto

- Causar muy buena impresión.
- Saber dar a su tono de voz una marcada cordialidad.
- Utilizar el nombre de pila de los interlocutores.
- Hacer preguntas que inciten a la confianza.
- Interesarse realmente por los problemas de los demás, preguntando por su familia, por cómo van las cosas...
- No enfadarse aunque se le lleve la contraria.
- Ser simpático.
- Dar la sensación de *conocerse de toda la vida* al poco tiempo de hablar de él.

- Causar una impresión que difícilmente se olvide...
- Transmitir tranquilidad, sosiego, calma, serenidad...
- Transmitir seguridad, confianza, fiabilidad...

29. Independencia

- Mostrar disconformidad cuando, en una reunión, un superior jerárquico defiende algo con lo que, honestamente, no se está de acuerdo. Aportar los propios puntos de vista, cuando sea pertinente y en el momento adecuado.
- Tener puntos de vista propios sobre los temas e interpretaciones originales sobre las situaciones y la realidad, y expresarlos cuando sea pertinente.
- Llamar la atención a un subordinado, si es necesario, aunque sea una persona con la que lleva mucho tiempo trabajando juntos.
- No dejarse influenciar por las presiones de los clientes. Defender los intereses de la propia organización.

30. Innovación/creatividad

- Aplicar nuevos sistemas de control.
- Aplicar nuevos sistemas de obtención de datos.
- Participar en concursos de ideas.
- Aplicar nuevos sistemas de información.
- Aplicar nuevos sistemas que permitan ahorro en tiempo de trabajo administrativo.
- Aplicar nuevas técnicas comerciales.

31. Integridad

- Actuar conforme a las normas y a los estándares éticos establecidos.
- No responsabilizar a otros de las propias decisiones erróneas.
- No aceptar beneficios inmerecidos o inequidades con respecto a otros de igual derecho.
- Responsabilizarse de las consecuencias negativas de la propia actuación.
- Mostrar coherencia entre lo que *dice* y lo que *hace*.
- No apropiarse de éxitos ajenos.

32. Juicio

- Escuchar a las personas antes de emitir juicio sobre ellas.
- Decidir sobre la base de datos contrastados.
- No juzgar sobre la base de comentarios.
- Tener sentido común.
- No juzgar por la primera impresión.
- Aplicar el sentido común y tratar de dar explicaciones sencillas pero explicativas y completas a los problemas complejos.
- Ser ecuánime y justo en las decisiones.
- Repartir de forma equilibrada las cargas y las recompensas entre los miembros de su equipo.
- Buscar soluciones aceptables y pragmáticas a las situaciones de conflicto interpersonal de sus colaboradores.
- Mantener los problemas dentro de control en el seno de su unidad, siempre que sea posible.

33. Liderazgo de grupos

- Establecer reuniones con el equipo para analizar el seguimiento de tareas.
- Facilitar manuales, definiendo funciones y responsabilidades del puesto de trabajo.
- Establecer los objetivos del grupo de forma clara y equilibrada.
- Motivar al grupo, generar expectativas de éxito.
- Establecer un clima de confianza entre los miembros del grupo.
- Aprovechar las sinergias individuales.
- Asumir la responsabilidad en los fracasos del grupo.
- No apropiarse de los éxitos del grupo.
- Hacer reflexionar al grupo sobre su propia situación y problemas o éxitos, y sus causas.
- Fomentar la participación de todos en los procesos de reflexión y de toma de decisiones.
- Fomentar en el grupo un espíritu de "tarea común" de modo que todos vean las implicaciones de los demás en el éxito personal.
- Fomentar la comunicación clara, directa, completa y la sinceridad de los miembros del equipo.
- Generar un clima positivo y de seguridad en los colaboradores que sepan que pueden expresar su opinión con toda libertad hasta que las decisiones son adoptadas.

34. Liderazgo de personas

- Informar a las personas sobre todos los detalles y aspectos relevantes que afecten a su trabajo.
- Atender las demandas de información y/o ayuda de los colaboradores.
- Aclarar dudas.
- Recibir información referente a las personas.
- Preocuparse por los temas personales de sus colaboradores.
- Reconocer el éxito de los colaboradores.
- Analizar a cada colaborador para utilizar con él las técnicas de comunicación adecuadas.
- Adaptar a cada colaborador y a sus necesidades el propio estilo de mando y el nivel de exigencia.
- Mantener con cada colaborador una relación personal cercana y de confianza mutua, donde puedan expresarse todos los problemas y dificultades sin recelos.
- Saber modular los niveles de exigencia respecto a las posibilidades reales de cada cual, imponiendo con firmeza objetivos ambiciosos pero realistas.
- Marcar objetivos (reuniones con colaboradores y subordinados).
- Establecer y diseñar los puestos de trabajo de sus colaboradores.
- Fijar políticas de actuación a los colaboradores.
- Establecer corrientes de comunicación (transmitir ideas, ser comunicador del grupo).
- Corregir actuaciones de desviaciones de objetivos.
- Delegar funciones.
- Resolver incidencias organizativas y/o de relaciones interpersonales.
- Marcar objetivos cualitativos.
- Corregir y mecanizar conductas o actuaciones orientadas a los objetivos.

35. Orientación al logro

- Marcarse objetivos superiores a los establecidos, de forma realista y ambiciosa.
- Mostrar afán en obtener resultados.
- Presentarse a concursos, premios de profesionales, competiciones deportivas...
- Presentarse voluntario a tareas o puestos vacantes de nueva creación.
- Trabajar hasta alcanzar las metas o retos propuestos.

36. Orientación ambiental

- Leer e informarse sobre el estado de desarrollo de las condiciones del entorno y su estado ambiental.

- Asistir a reuniones informativas sobre temas de actualidad que afecten al entorno ecológico.
- Leer resúmenes de prensa sobre evolución del entorno medio-ambiental.
- Acudir a ferias, exhibiciones, etcétera.
- Participar en reuniones informativas sobre el sector, la economía general, la competencia, etcétera, de forma sistemática.
- Leer prensa y bibliografía, revistas especializadas en negocios y entorno técnico.
- Participar en conferencias.
- Pertenecer a grupos técnicos especializados.
- Asistir a congresos, cursos especializados, etcétera.

37. Orientación al cliente

- Estructurar la propia actividad de forma que se pueda dar mejor servicio a los clientes internos/externos.
- Preocuparse por dar valor añadido a una función interna de la organización, de forma que sea reconocido por los clientes internos/externos.
- Considerar las necesidades del cliente a la hora de diseñar productos/servicios de la organización.
- Eliminar costes superfluos para poder reducir el precio final y beneficiar así al cliente y aumentar la competitividad.
- Ponerse en el lugar del cliente potencial a la hora de diseñar los sistemas internos de comunicación y tratar de anticipar las repercusiones que tendrá en éstos.

38. Persuasión

- Convencer a los clientes para la compra de productos adicionales (venta cruzada).
- Convencer a los colaboradores para que aumenten sus horarios de trabajo en situaciones concretas que así lo requieran.
- Cambiar jornadas de los empleados.
- Conseguir hacer cambiar las políticas del cliente con respecto a la propia organización.
- Conseguir bajar las condiciones comerciales con los clientes, sin que se produzcan tensiones con éstos.
- Vender internamente cambios de políticas y/o sistemas de trabajo.
- Convencer a la dirección para que autorice proyectos nuevos.
- Modificar conductas negativas de los demás.
- Diseñar variantes, opciones y alternativas en la presentación de producto/s.

- Conseguir que los demás le den la razón en sus planteamientos.
- Conseguir que los demás actúen como él quiere o plantea sin necesidad de imponerse.

39. Planificación y organización

- Distribuir los recursos humanos y técnicos.
- Programar campañas comerciales.
- Distribuir tareas.
- Organizar y definir el sistema de archivo.
- Organizar y distribuir el espacio físico.
- Establecer prioridades y tiempos.
- Utilizar correctamente instrumentos y herramientas de planificación.
- Repartir la cartera de clientes a los miembros del equipo comercial.
- Distribuir objetivos a los colaboradores.
- Establecer plazos de cumplimiento de objetivos.
- Prever mecanismos de coordinación entre unidades o grupos de trabajo.
- Definir sistemas y esquemas de trabajo.
- Anticipar dificultades potenciales que pueden presentarse en el desarrollo de las tareas de los colaboradores o del propio trabajo.
- Diseñar mecanismos de control y seguimiento, del rendimiento y productividad de su equipo de trabajo.
- Prever acciones de corrección en caso de desviaciones de los objetivos previstos.

40. Presentación

- Presentar adecuadamente las propuestas de todo tipo.
- Informar a los diferentes comités internos de la organización de manera eficaz.
- Dar énfasis a las ideas principales.
- Utilizar resúmenes y sinopsis que hagan más clara la presentación.
- Preparar folletos y *mailings* a clientes o grupos de clientes.
- Diseñar los soportes publicitarios de campañas.
- Diseñar buenos soportes audiovisuales para las reuniones.
- Comunicar sus ideas en público sin ansiedad y con orden.
- Conectar con la audiencia a nivel personal, haciendo que sus mensajes se entiendan y se recuerden.
- Crear informes eficaces para los comités internos.
- Presentar con éxito ofertas a colectivos de diferentes tipos.

41. Resolución

- Satisfacer demandas de los organismos de la administración pública que sean mandatorios, antes de recibir órdenes de la línea jerárquica en este sentido.
- Dar tiempo libre a un empleado que lo merezca en compensación a sus extraordinarios servicios, sin tener que recibir autorización del jefe superior.
- Mandar que se realicen las tareas de reparación pertinentes de una instalación, aun antes que el servicio de mantenimiento central lo haya decidido.
- Organizar las actividades de la semana siguiente, contando con las necesidades de las personas y los incidentes posibles, aun antes de recibir indicaciones sobre el tema.
- Adelantarse en la previsión de determinadas necesidades de materia prima contando con los índices de producción, aun antes de conocer las órdenes de producción específicas.
- Comenzar tareas preparatorias para determinadas actividades necesarias, antes de que se ordenen estas tareas.

42. Sensibilidad interpersonal

- Preocuparse por el estado de salud de los empleados a su cargo.
- Escuchar y mostrar comprensión ante las comunicaciones emocionales de los colaboradores o de sus problemas personales y familiares.
- Investigar activamente problemas laborales que puedan estar afectando a sus colaboradores o a otras personas en la organización.
- Apoyar activamente a las personas que se prejubilan, en la reorganización de su vida social y personal posterior.
- Recordar las celebraciones de acontecimientos personales importantes.
- Resolver problemas de los compañeros en el plano personal.
- Interesarse periódicamente por la situación emocional y profesional de sus colaboradores, compañeros, etcétera.
- Interesarse por situaciones: familiares, enfermedades, problemas personales y profesionales de los compañeros y colaboradores.
- Visitar a colaboradores enfermos.
- Asistir a celebraciones de relevancia de los colaboradores.
- Comunicar de forma inmediata las buenas noticias.

43. Sensibilidad organizacional

- Asistir a comités interdisciplinares en la organización.
- Comunicar a todos los compañeros y colaboradores los cambios en el departamento que puedan afectar a las funciones de los demás.

- Circular la información que sea necesario que los demás departamentos o instancias de la empresa conozcan.
- Leer y enterarse del contenido de las circulares y comunicados de otros departamentos.
- Comprender las repercusiones que pueden tener para otros departamentos las decisiones o nuevos procedimientos que se adopten en la propia área.
- Calcular y ponderar los efectos globales en la organización de las conductas específicas que emite la persona, especialmente si tiene un significado simbólico para los demás.
- Ofrecer colaboración en proyectos de otras unidades o departamentos.
- Asistir a comités interdisciplinares.
- Percibir las repercusiones de la propia tarea en el conjunto de la organización.
- Comprender las relaciones entre el propio trabajo y el trabajo de otras unidades.
- Mantener la continuidad del trabajo de los demás departamentos relacionados, evitando convertir la actividad propia en un "cuello de botella" para los demás.

44. Sentido de la urgencia

- Facilitar datos e información en los plazos requeridos, aún cuando sean breves o insuficientes.
- Dar prioridad a aquellos que la tienen.
- Agilizar los procesos de resolución de trabajos cuando percibe la presión de sus superiores o de sus colegas para recibir la información.
- Percibir la necesidad de la información o resultado que se le pide en tiempo breve para la continuidad del trabajo de los demás.

45. Sociabilidad

- Integrarse en nuevos puestos de trabajo sin problemas de adaptación interpersonal.
- Participar en concursos o actividades sociales de la empresa.
- Organizar actos de celebración de jubilaciones, comidas de cumpleaños, etcétera.
- Frecuentar el trato y el contacto humano con clientes.
- Participar en actividades sociales, deportivas y extralaborales: campeonatos deportivos, excursionismo social, etcétera.
- Organizar comidas con clientes, compañeros, colaboradores, amigos, etcétera.
- Tener acceso a instituciones u organizaciones de todo tipo, externas a la suya, y buena comunicación con ellas.
- Pertenecer a grupos asociativos (antiguos alumnos, jubilados...).

46. Tenacidad

- Reiterar reuniones y comunicación hasta el momento oportuno: con clientes y colaboradores para negociar operaciones.
- Mantener las solicitudes de incremento de plantilla hasta que se demuestre su inutilidad o no procedencia.
- Mantener sus propuestas de promociones, hasta que se cumplan o se demuestre su inconveniencia.
- Seguir realizando gestiones comerciales para la promoción de un producto o servicio, incluso cuando sus resultados iniciales sean negativos o desalentadores.
- Persistir en las acciones de motivación de los colaboradores incluso cuando inicialmente no hayan surtido efecto alguno.
- Perseguir el recobro de operaciones de clientes morosos aun cuando los clientes se hayan mostrado poco inclinados a efectuar los pagos en las primeras aproximaciones.
- Mantener la relación con antiguos clientes, aun después de que el nivel de sus relaciones comerciales con la organización haya decrecido o desaparecido.

47. Tolerancia al estrés

- Soportar con buen ánimo y resultados positivos la acumulación de campañas con falta de medios humanos e instrumentales.
- Mantener una aproximación lógica y controlada a los problemas difíciles de resolver y a las situaciones interpersonales violentas y/o desagradables.
- Atender al trabajo del día a día después de continuar las negociaciones con clientes y de realizar tareas durante la jornada laboral normal.

48. Toma de riesgos

- Decidir el cierre de una unidad o proyecto cuando resultan poco rentables o estratégicamente inadecuados.
- Decidir la cobertura de vacantes en una unidad o proyecto, eligiendo entre varios candidatos.
- Decidir el cierre de operaciones complicadas o arriesgadas con clientes.
- Proponer el ascenso de un subordinado, aun cuando las condiciones no estén perfectamente claras y se haga una *"apuesta"* por él.
- Efectuar cambios en el organigrama del equipo.
- Efectuar cambios en tareas de las personas que componen el equipo.
- Elegir entre varias alternativas de proyectos a realizar para la remodelación de algunas áreas, funciones, estructuras o partes de la organización o de los mecanismos operativos de la organización.

- Ofrecer condiciones especiales para captar y mantener al cliente.
- Decidir los precios a aplicar a un cliente en función del tipo y el volumen de negocio que ofrece.

49. Trabajo en equipo/cooperación

- Facilitar a otros departamentos copia de los resultados obtenidos en la cumplimentación de un trabajo propio y que sean de importancia para ellos.
- Facilitar, transitoriamente, personal a otro departamento que pase por momentos de especial carga de trabajo.
- Fomentar el seguimiento de dificultades a otros miembros de la organización, a través de cruces de experiencias en la resolución de problemas específicos.
- Tratar las demandas de otros departamentos con la misma celeridad, presión, etcétera, con que deseamos que sean tratadas las nuestras.
- Facilitar a los responsables de otros departamentos las ideas que se tengan para la resolución de los problemas que consideramos se les puedan plantear.
- Transmitir información.
- Supeditar los objetivos propios a los del equipo.
- Dar prioridad a las tareas que afectan al trabajo de otros.
- Ayudar a los compañeros y compensar sus *"carencias"*.
- Dar protagonismo a los colaboradores cuando se alcanza el éxito.

50. Visión

- Anticipar situaciones y escenarios futuros con acierto.
- Analizar la evolución de las grandes tendencias del mercado.
- Diseñar escenarios alternativos de evolución de la realidad.
- Percibir oportunidades y *"nichos de mercado"* cuando surjan.
- Buscar soluciones a los problemas que suponen un "cambio cualitativo" del estado de las cosas en un momento dado.
- Identificar posibles amenazas de la competencia con tiempo suficiente para reaccionar.

ANEXO IV

Ejemplos de grados de requerimiento de algunas competencias conductuales

Planificación y organización

— **Definición de la dimensión:**
"Determinar eficazmente las metas y las prioridades estipulando la acción, los plazos y los recursos requeridos para alcanzarlas."

Nivel de requerimiento 1: capacidad requerida **baja**. Exige al ocupante del puesto un dominio bajo de la capacidad, lo que supone las siguientes conductas específicas:

- Organizar el trabajo de forma correcta con un grado de aprovechamiento normal del tiempo.
- Mantener los "papeles" y los documentos controlados, sin que se pierdan documentos importantes.
- Demostrar conciencia de la necesidad de tener metas y objetivos concretos y claros para el trabajo del equipo con plazos cerrados, y de cumplirlos.
- Atender a los asuntos puntuales y urgentes de la actividad que van emergiendo sin perder la visión de las tareas de fondo que han de desarrollarse.

Nivel de requerimiento 2: capacidad requerida **media, normal**. Exige al ocupante del puesto un dominio medio de la capacidad, lo que supone las siguientes conductas específicas:

- Organizar el trabajo de forma correcta con un grado de aprovechamiento alto del tiempo personal.
- Mantener los "papeles" y los documentos controlados, sin que se pierdan documentos importantes y ser capaz de establecer rutinas de control y archivo para los correspondientes a una unidad de trabajo.
- Demostrar conciencia de la necesidad de tener metas y objetivos claros y concretos para el equipo de trabajo, con plazos cerrados, y de cumplirlos; ser capaz de priorizar las acciones personales.
- Ser capaz de establecer objetivos y plazos en las tareas de un equipo de perso-

nas pequeño (hasta cinco colaboradores), definiendo las prioridades adecuadas a las mismas, para tareas lineales en entornos conocidos de trabajo.
- Atender a los asuntos puntuales y urgentes de la actividad de un equipo pequeño de colaboradores (hasta cinco personas), que van emergiendo, sin perder la visión de las tareas de fondo que han de desarrollarse.
- Anticipar los puntos críticos de una planificación o proyecto sencillo, con pocas variables y un número limitado de tareas, estableciendo los puntos de control y los mecanismos de coordinación de las acciones de un equipo de hasta cinco colaboradores directos.

Nivel de requerimiento 3: capacidad requerida **alta**. Exige al ocupante del puesto un dominio alto de capacidad, lo que supone las siguientes conductas específicas:

- Organizar el trabajo de forma eficaz con un grado **alto** de aprovechamiento del tiempo. Ser capaz de atender en paralelo diversos proyectos y/o acciones de su equipo de trabajo.
- Mantener los "papeles" y los documentos controlados y eficazmente organizados, sin que se pierdan documentos importantes o se anulen las relaciones entre ellos, y ser capaz de establecer rutinas de control y archivo para los documentos de una unidad de trabajo mediana (hasta quince personas).
- Ser capaz de establecer objetivos claros y concretos, articulados y especificados de forma pormenorizada, así como plazos en las tareas, para un equipo de personas mediano (hasta quince colaboradores), definiendo las prioridades adecuadas a las mismas para tareas complejas en entornos de trabajo de incertidumbre media.
- Atender a los asuntos puntuales y urgentes de la actividad de un equipo medio de colaboradores (hasta quince personas) que van emergiendo, sin perder la visión de las tareas de fondo que han de desarrollarse.
- Establecer procedimiento de trabajo.
- Definir prioridades.
- Anticipar los puntos críticos de una planificación o proyecto complejo con gran número de variables y un número grande de tareas, estableciendo los puntos de control y los mecanismos de coordinación de las acciones de un equipo de hasta quince colaboradores directos.
- Definir los recursos necesarios para el correcto cumplimiento de la planificación mencionada, estableciendo los mecanismos necesarios para su consecución.

Nivel de requerimiento 4: capacidad requerida **máxima**. Exige al ocupante del puesto un dominio perfecto de la capacidad, lo que supone las siguientes conductas específicas:

- Organizar el trabajo de forma muy eficaz con un grado máximo de aprovecha-

miento del tiempo. Ser capaz de atender en paralelo a muy diversos proyectos y/o acciones personales y de su equipo de trabajo.
- Mantener los "papeles" y los documentos controlados y eficazmente organizados, sin que se pierdan documentos importantes o se anulen las relaciones entre ellos, y ser capaz de establecer rutinas de control y archivo para los documentos de una unidad de trabajo grande (más de quince personas).
- Ser capaz de establecer objetivos claros y concisos, estructurados y muy pormenorizados en cuanto a plazos, en las tareas de un equipo grande de personas (más de quince colaboradores), definiendo las prioridades adecuadas a las mismas para tareas complejas o muy complejas en entornos de trabajo de incertidumbre alta, estableciendo planes alternativos de acción contingentes, con diversas alternativas del curso de los acontecimientos.
- Atender a los asuntos puntuales y urgentes de la actividad de un equipo grande de colaboradores (más de quince personas) que van emergiendo, sin perder la visión de las tareas de fondo que han de desarrollarse.
- Anticipar los puntos críticos de una planificación o proyecto muy complejo con gran número de variables y un número grande de tareas, estableciendo los puntos de control y los mecanismos de coordinación de las acciones de un equipo de más de quince colaboradores directos.
- Definir los recursos necesarios para el correcto cumplimiento de la planificación mencionada, estableciendo los mecanismos necesarios para su consecución.
- Mostrar una especial sensibilidad para optimizar los recursos personales o tecnológicos en la aplicación a muy diversas actividades.

Trabajo en equipo/cooperación

— Definición de la dimensión:
"Participar activamente en la consecución de una meta común, incluso cuando la colaboración conduzca a una meta que no está directamente relacionada con el interés propio."

Nivel de requerimiento 1: capacidad requerida **baja**. Exige al ocupante del puesto un dominio bajo de la capacidad, lo que supone las siguientes conductas específicas:

- Ser eficaz en trabajos o tareas prácticamente independientes del resto de su unidad y muy aislados en los objetivos y los procedimientos.
- Desarrollar el trabajo en colaboración con compañeros del mismo departamento sin generar conflictos.
- Mantener la continuidad de su propio trabajo.
- Mostrarse dispuesto a colaborar con su jefe cuando éste se lo pide.

Nivel de requerimiento 2: capacidad requerida **media, normal**. Exige al ocupante del puesto un dominio medio de la capacidad, lo que supone las siguientes conductas específicas:

- Realizar trabajos aislados del resto de la organización pero fundamentalmente ligados a un departamento o unidad, en los que resultan centrales y básicos para el buen funcionamiento.
- Desarrollar su trabajo en colaboración con compañeros del mismo departamento sin generar conflictos.
- Mantener la continuidad de su propio trabajo.
- Mostrarse dispuesto a colaborar con su jefe aun cuando no se le pida.
- Facilitar, transitoriamente, personal de su unidad a otra del mismo departamento cuando ésta pase por momentos de especial carga de trabajo.

Nivel de requerimiento 3: capacidad requerida **alta**. Exige al ocupante del puesto un dominio alto de la capacidad, lo que supone las siguientes conductas específicas:

- Realizar actividades en forma de servicios al resto de la organización, sin los cuales ésta tendría serias dificultades para alcanzar sus objetivos operativos o lo haría de forma más pobre o con mayor coste y menor eficacia, y sin cuya finalidad de servicio las tareas pierden su razón de ser o se convierten en pura rutina o formalidad.
- Desarrollar su trabajo en colaboración con compañeros del mismo departamento o de otros departamentos sin generar conflictos.
- Mantener la continuidad de su propio trabajo y del de sus colaboradores.
- Mostrarse dispuesto a colaborar con su jefe o con otros jefes de otros departamentos aun cuando no se lo pidan.
- Facilitar a otros departamentos copia de los resultados obtenidos en la determinación de un trabajo propio y que puedan ser de importancia para ellos.
- Facilitar, transitoriamente, personal a otro departamento cuanto éste pase por momentos de especial carga de trabajo.
- Tratar las demandas de otros departamentos con la misma celeridad, presión, etcétera, con que trata las de su departamento o unidad.
- Facilitar a los responsables de otros departamentos las ideas que se tengan para la resolución de los problemas que considere que se les puedan plantear.
- Transmitir información relevante de unos departamentos a otros.

Nivel de requerimiento 4: capacidad requerida **máxima**. Exige al ocupante del puesto un dominio perfecto de la capacidad, lo que supone las siguientes conductas específicas:

- Realizar actividades en forma de servicio al resto de la organización, sin las cuales ésta no podría alcanzar sus objetivos operativos y sin cuya finalidad su propio trabajo perdería la razón de ser.

- Desarrollar su trabajo en colaboración con compañeros del mismo departamento o de otros departamentos, sin generar conflictos.
- Mantener la continuidad de su propio trabajo y del de sus colaboradores, así como el trabajo de otras unidades.
- Mostrarse dispuesto a colaborar con su jefe o con los jefes de otros departamentos aun cuando no se lo pidan.
- Facilitar a otros departamentos copia de los resultados obtenidos en la determinación de un trabajo propio y que puedan ser de importancia para ellos.
- Facilitar, transitoriamente, personal a otro departamento cuando éste pase por momentos de especial carga de trabajo.
- Tratar las demandas de otros departamentos con la misma celeridad, presión, etcétera, con que se tratan las de su departamento o unidad.
- Facilitar a los responsables de otros departamentos las ideas que se tengan para la resolución de los problemas que considere que se les puedan plantear.
- Transmitir información relevante de unos departamentos a otros.

Liderazgo de personas

— **Definición de la dimensión:**
"Dirigir y aconsejar a los miembros de su equipo en el desempeño de su trabajo."

Nivel de requerimiento 1: capacidad requerida **baja**. Exige al ocupante del puesto un dominio bajo de la capacidad, lo que supone las siguientes conductas específicas:

- Ser capaz de dirigir, motivar, supervisar y recompensar a no más de *una o dos personas que realizan tareas sencillas y concentradas* de carácter poco tecnificado.

Nivel de requerimiento 2: capacidad requerida **media, normal**. Exige al ocupante del puesto un dominio medio de la capacidad, lo que supone las siguientes conductas específicas:

- Controlar el avance o retroceso en la consecución de objetivos de un *pequeño equipo de trabajo (hasta cinco personas)*.
- Establecer reuniones con el equipo para analizar el seguimiento de tareas.
- Facilitar definiciones de funciones y responsabilidades del puesto de trabajo.
- Informar a las personas sobre todos los detalles y aspectos relevantes que afectan a su trabajo.
- Atender a las demandas de información y/o ayuda de los colaboradores.
- Aclarar sus dudas.

- Preocuparse por los temas personales de sus colaboradores.
- Reconocer el éxito a los colaboradores.
- Adaptar a cada colaborador y a sus necesidades el propio estilo de mando y el nivel de exigencia.
- Mantener con cada colaborador una relación personal cercana y de confianza mutua, donde puedan expresarse todos los problemas y las dificultades sin recelos.
- Saber modular los niveles de exigencia respecto a las posibilidades reales de cada cual, imponiendo con firmeza objetivos ambiciosos pero realistas.
- Corregir actuaciones de desviaciones de objetivos.
- Delegar funciones.
- Resolver incidencias organizativas y/o de relaciones interpersonales.

Nivel de requerimiento 3: capacidad requerida **alta**. Exige al ocupante del puesto un dominio alto de la capacidad, lo que supone las siguientes conductas específicas:

- Controlar el avance o retroceso en la consecución de objetivos de un *equipo de trabajo mediano (hasta quince personas)*.
- Establecer reuniones con el equipo para analizar el seguimiento de tareas.
- Facilitar definiciones de funciones y responsabilidades del puesto de trabajo.
- Informar a las personas sobre todos los detalles y los aspectos relevantes que afectan a su trabajo.
- Atender las demandas de información y/o ayuda de los colaboradores.
- Aclarar sus dudas.
- Preocuparse por los temas personales de sus colaboradores.
- Reconocer el éxito a los colaboradores.
- Adaptar a cada colaborador y a sus necesidades el propio estilo de mando y el nivel de exigencia.
- Mantener con cada colaborador una relación personal cercana y de confianza mutua, donde puedan expresarse todos los problemas y las dificultades sin recelos.
- Saber modular los niveles de exigencia respecto a las posibilidades reales de cada cual, imponiendo con firmeza objetivos ambiciosos pero realistas.
- Corregir actuaciones de desviaciones de objetivos.
- Delegar funciones.
- Resolver incidencias organizativas y/o de relaciones interpersonales.
- Establecer sistemas de control interno.
- Distribuir los recursos humanos y técnicos disponibles entre los diversos proyectos y/o funciones a desarrollar en la unidad.
- Asignar facultades y autoridad a sus colaboradores.
- Fomentar que sus colaboradores le representen en actos profesionales o que representen a la unidad.
- Asignar a sus colaboradores tareas que forman parte de sus propios objetivos.

Nivel de requerimiento 4: capacidad requerida **máxima**. Exige al ocupante del puesto un dominio perfecto de la capacidad, lo que supone las siguientes conductas específicas:

- Controlar el avance o retroceso en la consecución de objetivos de un *equipo de trabajo grande (más de quince personas)*.
- Establecer reuniones con el equipo inmediato para analizar el seguimiento de tareas.
- Informar a las personas sobre todos los detalles y los aspectos relevantes que afectan a su trabajo.
- Atender las demandas de información y/o ayuda de los colaboradores.
- Preocuparse por los temas personales de sus colaboradores inmediatos.
- Reconocer el éxito a los colaboradores.
- Adaptar a cada colaborador y sus necesidades el propio estilo de mando y nivel de exigencia.
- Mantener con cada colaborador inmediato una relación personal cercana y de confianza mutua, donde puedan expresarse todos los problemas y dificultades sin recelos.
- Saber modular los niveles de exigencia respecto a las posibilidades reales de cada cual, imponiendo con firmeza objetivos ambiciosos pero realistas.
- Corregir actuaciones de desviaciones de objetivos.
- Delegar funciones.
- Resolver incidencias organizativas y/o de relaciones interpersonales.
- Establecer sistemas de control interno.
- Distribuir los recursos humanos y técnicos disponibles entre los diversos proyectos y/o funciones a desarrollar en la unidad.
- Asignar facultades y autoridad a sus colaboradores.
- Fomentar que sus colaboradores le representen en actos profesionales o que representen a la unidad.
- Asignar a sus colaboradores tareas que forman parte de sus propios objetivos.
- Solicitar la asistencia de sus colaboradores a cursos de formación.
- Hacer participar a sus colaboradores en la toma de decisiones de superior nivel al que les corresponde, escuchando sus puntos de vista y fomentando el diálogo para construir criterios comunes en torno a los parámetros de las decisiones a adoptar.
- Analizar periódicamente el desempeño cualitativo de los colaboradores, identificado sus puntos fuertes y débiles, las causas de éstos, y buscar y proponer acciones que mejoren las habilidades básicas de su equipo.
- Realizar sesiones periódicas con los colaboradores para analizar la marcha de la unidad en términos cuantitativos y cualitativos, de forma que se analicen las desviaciones y las posibles mejoras a introducir, favoreciendo que sean los propios colaboradores quienes "descubran" las soluciones y las propongan.

Aprendizaje

— Definición de la dimensión:
"Asimilar nueva información y aplicarla eficazmente."

Nivel de requerimiento 1: capacidad requerida **baja**. Exige al ocupante del puesto un dominio bajo de la capacidad, lo que supone las siguientes conductas específicas:

- Ser capaz de integrar un escaso número de elementos nuevos en sus funciones profesionales, adaptando su actuación a los cambios de forma no muy ágil y quizá algo retardada.

Nivel de requerimiento 2: capacidad requerida **media, normal**. Exige al ocupante del puesto un dominio medio de la capacidad, lo que supone las siguientes conductas específicas:

- Ser capaz de integrar un número moderado de elementos nuevos en sus funciones profesionales adaptando, su actuación a los cambios de forma ágil y adecuada en el tiempo.
- Integrar aspectos teóricos y prácticos a su forma de trabajo, que van surgiendo como fruto de la investigación o los planes propuestos por otros departamentos.

Nivel de requerimiento 3: capacidad requerida **alta**. Exige al ocupante del puesto un dominio alto de la capacidad, lo que supone las siguientes conductas específicas:

- Ser capaz de integrar un número alto y diversificado de elementos nuevos en sus funciones profesionales, adaptando su actuación a los cambios de forma ágil y adecuada en el tiempo.
- Integrar aspectos teóricos y prácticos a su forma de trabajo, que van surgiendo como fruto de la investigación o los planes propuestos por otros departamentos, o de su propia integración de datos de forma original.
- Adaptarse al uso de nuevos sistemas de trabajo.
- Analizar y aplicar las circulares generales y las instrucciones de gestión de la dirección general de forma adecuada.
- Observar determinadas conductas en sus interlocutores para aprovechar las soluciones aportadas por ellos a sus problemas.
- Tratar de aplicar determinadas teorías a casos concretos y reales.
- Modificar la propia conducta después de cometer errores.
- Asimilar nueva información y aplicarla correctamente.
- Imitar la conducta de otras personas para mejorar la propia.
- Llevar a la práctica correctamente instrucciones complejas.

Nivel de requerimiento 4: capacidad requerida **máxima**. Exige al ocupante del puesto un dominio perfecto de la capacidad, lo que supone las siguientes conductas específicas:

- Ser capaz de integrar un número muy alto y diversificado de elementos nuevos en sus funciones profesionales, adaptando su actuación a los cambios de forma ágil y adecuada en el tiempo.
- Integrar aspectos teóricos y prácticos a su forma de trabajo, que van surgiendo como fruto de la investigación o de los planes propuestos por otros departamentos o de su propia integración de datos de forma original.
- Adaptarse rápidamente al uso de nuevos sistemas de trabajo.
- Analizar y aplicar las circulares generales y las instrucciones de gestión de la dirección general, de forma adecuada en breve espacio de tiempo y con la correcta interpretación.
- Observar determinadas conductas en sus interlocutores para aprovechar las soluciones aportadas por ellos a sus problemas.
- Tratar de aplicar determinadas teorías a casos concretos y reales.
- Modificar la propia conducta después de cometer errores.
- Asimilar nueva información y aplicarla correctamente.
- Imitar la conducta de otras personas para mejorar la propia.
- Llevar a la práctica correctamente instrucciones complejas.

Decisión

— Definición de la dimensión:

"Toma de decisiones activa, eligiendo entre varias alternativas de solución a un problema. Comprometerse con opiniones concretas y acciones consecuentes con éstas, aceptando la responsabilidad que implican."

Nivel de requerimiento 1: capacidad requerida **baja**. Exige al ocupante del puesto un dominio bajo de la capacidad, lo que supone las siguientes conductas específicas:

- Ser capaz de efectuar algunos, pocos, cambios en sus actividades o en las funciones que tiene encomendadas cuando detecta problemas o fallos de eficacia.
- Superar con algunas dificultades la decisión de cuándo es prudente ofrecer ventajas inusuales a un cliente o un compañero a cambio de concesiones mutuas.
- Le cuesta decidir en situaciones de baja complejidad y no mucha incertidumbre.

Nivel de requerimiento 2: capacidad requerida **media, normal**. Exige al ocupante del puesto un dominio medio de la capacidad, lo que supone las siguientes conductas específicas:

- Ser capaz de efectuar algunos cambios sencillos y no muy comprometidos en sus actividades o en las funciones que tiene encomendadas cuando detecta problemas o fallos de eficacia.
- Ser capaz de elegir entre varias alternativas de proyectos a realizar. Se siente algo perdido cuando tiene muchas opciones.
- Tener alguna dificultad para decidir cuándo es prudente ofrecer ventajas inusuales a un cliente o un compañero a cambio de concesiones mutuas.
- Ser capaz de decidir en situaciones de baja complejidad y no mucha incertidumbre o en situaciones de alta incertidumbre pero poca complejidad.

Nivel de requerimiento 3: capacidad requerida **alta**. Exige al ocupante del puesto un dominio alto de la capacidad, lo que supone las siguientes conductas específicas:

- Ser capaz de efectuar cambios complejos y comprometidos en sus actividades o en las funciones que tiene encomendadas cuando detecta problemas o fallos de eficacia.
- Ser capaz de elegir entre muchas alternativas de proyectos a realizar. Se siente cómodo cuando tiene muchas opciones.
- No tener ninguna dificultad para decidir cuándo es prudente ofrecer ventajas inusuales a un cliente o un compañero a cambio de concesiones mutuas.
- Ser capaz de decidir en situaciones de alta complejidad e incertidumbre media o en situaciones de alta incertidumbre pero complejidad media.

Nivel de requerimiento 4: capacidad requerida **máxima**. Exige al ocupante del puesto un dominio perfecto de la capacidad, lo que supone las siguientes conductas específicas:

- Ser capaz de efectuar cambios muy complejos y comprometidos en sus actividades o en las funciones que tiene encomendadas cuando detecta problemas o fallos de eficacia.
- Ser capaz de elegir entre muchas alternativas de proyectos a realizar. Se siente cómodo cuando tiene muchas opciones.
- No tener ninguna dificultad para decidir cuándo es prudente ofrecer ventajas inusuales a un cliente o un compañero a cambio de concesiones mutuas.
- Ser capaz de decidir en situaciones de alta complejidad y alta incertidumbre.

Capacidad de negociación

— Definición de la dimensión:

"Identificar las posiciones propia y ajena de una negociación, intercambiando concesiones y alcanzando acuerdos satisfactorios basados en la filosofía 'ganar-ganar'."

Nivel de requerimiento 1: capacidad requerida **baja**. Exige al ocupante del puesto un dominio bajo de la capacidad, lo que supone las siguientes conductas específicas:

- Valorar los efectos que representan su posición y la posición del contrario en una negociación, en aspectos elementales.
- Preparar borradores elementales, documentación sencilla, etcétera, para la negociación.
- Tener dificultades para obtener o cerrar acuerdos satisfactorios para ambas partes.
- Identificar las propias necesidades de forma incompleta o poco elaborada.

Nivel de requerimiento 2: capacidad requerida **media, normal**. Exige al ocupante del puesto un dominio medio de la capacidad, lo que supone las siguientes conductas específicas:

- Valorar los efectos que representan su posición y la posición del contrario en una negociación, en aspectos elementales.
- Preparar borradores elementales, documentación sencilla, etcétera, para la negociación.
- Tener algunas dificultades para obtener o cerrar acuerdos satisfactorios para ambas partes.
- Identificar las propias necesidades de forma incompleta o poco elaborada.
- Cerrada una negociación, obtener algunas compensaciones adicionales.
- Identificar las propias necesidades con exactitud, aunque a veces tiene demasiado valor emocional para él aquello que quiere intercambiar.
- Reiterar reuniones y comunicación hasta el momento oportuno, con clientes y colaboradores, para negociar operaciones.

Nivel de requerimiento 3: capacidad requerida **alta**. Exige al ocupante del puesto un dominio alto de la capacidad, lo que supone las siguientes conductas específicas:

- Valorar objetivamente los efectos que representan su posición y la posición del contrario en una negociación.
- Esforzarse en identificar las ventajas mutuas de una negociación y destacar los inconvenientes de una **no negociación**.
- Seleccionar y valorar las aportaciones de la otra parte, que una negociación

supondría, no sólo para él sino también para la organización como conjunto (sinergias).
- Cerrada una negociación, obtener compensaciones adicionales.
- Preparar borradores, documentación, simulaciones, etcétera, antes del desarrollo de una negociación.
- Obtener o cerrar acuerdos satisfactorios para ambas partes.
- Identificar las propias necesidades con exactitud.
- Reiterar reuniones y comunicación hasta el momento oportuno, con clientes y colaboradores, para negociar operaciones.

Nivel de requerimiento 4: capacidad requerida **máxima**. Exige al ocupante del puesto un dominio perfecto de la capacidad, lo que supone las siguientes conductas específicas:

- Valorar precisa y objetivamente los efectos que representan su posición y la posición del contrario en una negociación. Tener gran intuición para evaluar la importancia subjetiva de las concesiones para el otro.
- Identificar las ventajas mutuas de una negociación y destacar los inconvenientes de una **no negociación** con gran acierto.
- Seleccionar y valorar las aportaciones de la otra parte, que una negociación supondría, no sólo para él sino también para la organización como conjunto (sinergias).
- Cerrada una negociación, obtener a menudo compensaciones adicionales.
- Preparar buenos borradores, documentación, simulaciones, etcétera, antes del desarrollo de una negociación.
- Obtener o cerrar acuerdos muy ventajosos para ambas partes.
- Identificar las propias necesidades con exactitud.
- Reiterar reuniones y comunicación hasta el momento oportuno, con clientes y colaboradores, para negociar operaciones.
- Tener gran intuición para seleccionar los momentos en que debe negociar algo.
- Tener sentido de la estrategia y de las tácticas en la negociación. Usar muy bien los trucos y el "ritmo".

Análisis de problemas

— **Definición de la dimensión:**
"Identificar problemas, reconocer información significativa; buscar y coordinar datos relevantes; diagnosticar posibles causas."

Nivel de requerimiento 1: capacidad requerida **baja.** Exige al ocupante del puesto un dominio bajo de la capacidad, lo que supone las siguientes conductas específicas:

- Analizar información periódica de tipo repetitivo.
- Analizar posibles duplicidades de recursos.
- Escuchar a las personas antes de emitir juicios.
- Aplicar el sentido común y tratar de dar explicaciones sencillas de problemas no muy complejos.
- Mantener los problemas sencillos dentro de control en el seno de su unidad, siempre que no supongan una identificación compleja de parámetros variados de los mismos.

Nivel de requerimiento 2: capacidad requerida **media, normal**. Exige al ocupante del puesto un dominio medio de la capacidad, lo que supone las siguientes conductas específicas:

- Analizar información no periódica o inusual.
- Descubrir y estudiar causas del porqué existen desviaciones en el rendimiento del personal o en otras variables de complejidad media.
- Determinar efectos de cambios efectuados en parámetros de la cuenta de resultados.
- Identificar causas y motivaciones personales que dificultan la integración de los colaboradores en el equipo.
- Escuchar a las personas antes de emitir juicios sobre ellas.
- Decidir sobre la base de datos contrastados.
- Eliminar o neutralizar la emocionalidad en los análisis de datos.
- Aplicar el sentido común y tratar de dar explicaciones sencillas pero completas a los problemas complejos.
- Ser ecuánime y justo en las apreciaciones.
- Mantener, por regla general, los problemas dentro de control en el seno de su unidad.

Nivel de requerimiento 3: capacidad requerida **alta**. Exige al ocupante del puesto un dominio alto de la capacidad, lo que supone las siguientes conductas específicas:

- Analizar información no periódica o inusual con gran frecuencia e integrar de forma adecuada datos aparentemente incoherentes.
- Descubrir y estudiar causas complejas de por qué existen desviaciones en el rendimiento del personal o en otras variables de complejidad alta.
- Determinar efectos de cambios efectuados en parámetros de la cuenta de resultados, aun cuando sean indirectos o condicionados a otros.
- Identificar causas y motivaciones personales que dificultan la integración de los colaboradores en el equipo, incluso cuando no son evidentes.
- Escuchar a las personas antes de emitir juicios sobre ellas.
- Decidir sobre la base de datos complejos contrastados.
- Eliminar o neutralizar la emocionalidad en los análisis de datos.

- Aplicar el sentido común y tratar de dar explicaciones complejas y muy completas a los problemas complejos.
- Ser ecuánime y justo en las apreciaciones.
- Mantener los problemas dentro de control en el seno de su unidad.

Nivel de requerimiento 4: capacidad requerida **máxima**. Exige al ocupante del puesto un dominio perfecto de la capacidad, lo que supone las siguientes conductas específicas:

- Analizar información inusual con gran facilidad.
- Transformar en teorías o hipótesis complejas los datos empíricos fruto de la observación de situaciones muy complejas.
- Descubrir y estudiar causas del porqué existen desviaciones en la evolución de variables de complejidad alta.
- Determinar efectos de cambios efectuados en parámetros de un sistema complejo, de manera indirecta o condicionada por otros cambios intermedios.
- Escuchar a las personas antes de emitir juicios sobre ellas.
- Decidir sobre la base de datos contrastados.
- Eliminar o neutralizar la emocionalidad en los análisis de datos.
- Aplicar el sentido común y tratar de dar explicaciones complejas y conceptuales, pero muy completas a los problemas complejos.
- Generar modelos aplicables a la realidad.
- Ser ecuánime y justo en las apreciaciones.
- Mantener los problemas dentro de control en el seno de su unidad.

Liderazgo de grupos

— **Definición de la dimensión:**
"Guiar y dirigir a un grupo, y establecer y mantener el espíritu de grupo necesario para alcanzar los objetivos."

Nivel de requerimiento 1: capacidad requerida **baja**. Exige al ocupante del puesto un dominio bajo de la capacidad, lo que supone las siguientes conductas específicas:

- Establecer los objetivos del grupo de forma clara y equilibrada, especialmente cuando éstos afectan a su organización.
- Establecer un clima de confianza en su organización.
- Aprovechar las sinergias individuales.
- Asumir la responsabilidad en los éxitos y en los fracasos de la unidad propia.
- Hacer reflexionar a su unidad sobre su propia situación y problemas o éxitos, y sus causas.

Nivel de requerimiento 2: capacidad requerida **media, normal**. Exige al ocupante del puesto un dominio medio de la capacidad, lo que supone las siguientes conductas específicas:

- Establecer los objetivos de un departamento de forma clara y equilibrada.
- Motivar a su departamento, generar expectativas de éxito.
- Establecer un clima de confianza en su departamento. Crear ilusiones y sueños de éxito.
- Aprovechar las sinergias individuales.
- Asumir la responsabilidad en los éxitos y en los fracasos de su departamento.
- Hacer reflexionar al conjunto de su departamento sobre su propia situación y problemas o éxitos, y sus causas.
- Fomentar la participación de todos en los procesos de reflexión y de toma de decisiones.
- Fomentar en su departamento un espíritu de "tarea común" de modo que todos vean las implicaciones de los demás en el éxito personal.
- Fomentar la comunicación clara, directa, completa y la sinceridad de los miembros del equipo.
- Generar un clima positivo y de seguridad para que se puedan expresar opiniones con toda libertad hasta que se adopten las decisiones.
- Anticiparse a los problemas y aportar soluciones alternativas.
- Estar atento a la innovación.

Nivel de requerimiento 3: capacidad requerida **alta**. Exige al ocupante del puesto un dominio alto de la capacidad, lo que supone las siguientes conductas específicas:

- Establecer los objetivos del grupo de forma clara y equilibrada, especialmente cuando éstos afectan a gran parte de la estructura.
- Motivar a la organización, generar expectativas de éxito.
- Establecer un clima de confianza generalizado en la organización. Crear ilusiones y sueños de éxito.
- Aprovechar las sinergias individuales.
- Defender a la organización frente a terceros.
- Asumir la responsabilidad en los éxitos y en los fracasos de la organización.
- Hacer reflexionar al conjunto de la organización sobre su propia situación y problemas o éxitos, y sus causas.
- Fomentar la participación de todos en los procesos de reflexión y de toma de decisiones.
- Fomentar en la organización un espíritu de "tarea común" de modo que todos vean las implicaciones de los demás en el éxito personal.
- Fomentar la comunicación clara, directa, completa y la sinceridad de los miembros del equipo.

- Generar un clima positivo y de seguridad para que se puedan expresar opiniones con toda libertad hasta que se adopten las decisiones.
- Anticiparse a los problemas y aportar soluciones alternativas.
- Estar atento a la evolución de factores externos de la empresa (crisis, curvas económicas...) con el fin de detectar oportunidades.

Nivel de requerimiento 4: capacidad requerida **máxima**. Exige al ocupante del puesto un dominio perfecto de la capacidad, lo que supone las siguientes conductas específicas:

- Ejercer una influencia indiscutible e indiscutida en toda la organización, siendo reconocido como opinión cualificada para la toma de decisiones en cualquier materia de su área o, incluso, en materias de otras áreas. Se le percibe como "guía" e inspirador de las decisiones estratégicas del conjunto de la organización.

ANEXO V

Ejemplos de aspectos a considerar en la entrevista inicial "focalizada"

Ejemplo 1:
Tabla de aspectos a considerar en la entrevista inicial focalizada

Puesto de trabajo:
"Instructor de nuevos pilotos de línea aérea"

Elementos de presentación y aspecto físico
— Impacto general   — Imagen   — Aspecto físico
Comunicación no verbal a lo largo de la entrevista
— Contacto visual   — Forma de dar la mano   — Gesticulación facial   — Sonrisa   — Postura   — Gesticulación con manos y brazos
Comunicación verbal a lo largo de la entrevista
— Fluidez verbal   — Riqueza de vocabulario   — Precisión   — Concisión   — Riqueza de imágenes   — Originalidad de las expresiones   — Empatía   — Valor global del lenguaje verbal

Habilidades conductuales específicas
— Análisis de problemas
— Capacidad de aprendizaje
— Comunicación oral
— Decisión
— Disciplina
— Escucha activa
— Evaluación de colaboradores
— Flexibilidad
— Impacto
— Juicio
— Persuasión
— Sensibilidad interpersonal
— Tolerancia al estrés

Perfil motivacional	
— Necesidad de logro	media/alta
— Necesidad de afiliación	media
— Necesidad de influencia	alta/muy alta
— Autoconfianza	alta
— Compromiso profesional	alto
— Satisfacción organizacional	media/alta
— Disponibilidad	media

Ejemplo 2:
Tabla de aspectos a considerar en la entrevista inicial focalizada

Puesto de trabajo
"Jóvenes titulados universitarios de alto potencial directivo"

Hoja de datos de: ....
Evaluador: ....

Elementos de presentación y aspecto físico
— Atractivo personal: imagen física — Cuidado personal — Forma de vestir — Forma de entrar y de sentarse
Comunicación no verbal a lo largo de la entrevista
— Mirada y contacto visual — Forma de saludar y dar la mano — Sonrisa — Tono, volumen y timbre de voz — Forma de sentarse — Forma de moverse — Expresividad facial — Gesticulación con manos y brazos
Comunicación verbal a lo largo de la entrevista
— Fluidez verbal — Riqueza de vocabulario — Expresividad verbal — Precisión de la comunicación — Capacidad para expresar sentimientos — Originalidad de las expresiones verbales

Habilidades conductuales específicas

— Energía
— Comunicación verbal
— Sensibilidad interpersonal
— Servicio al cliente
— Tenacidad
— Adaptabilidad
— Flexibilidad
— Toma de riesgos
— Juicio
— Resistencia
— Decisión
— Orientación al logro

Perfil motivacional

— Expectativas retributivas ⟶ altas
— Expectativas de desarrollo profesional ⟶ muy altas
— Expectativas de promoción ⟶ muy altas
— Expectativas de dedicación, jornada, exigencia… ⟶ muy altas
— Autoconfianza ⟶ alta/muy alta

Situación familiar y expectativas

Comentarios: ....
....
....

Otras observaciones sobre el candidato

....
....
....
....

ANEXO VI

Ejemplos de preguntas para suscitar "flash-backs" en la entrevista inicial "focalizada"

Competencia conductual	*Preguntas para el "flash-back"*	*Conductas indicadoras de la competencia:*	*Resultado*	
Comunicación verbal/oral			SÍ	NO
¿Recuerdas algún momento en que haya sido muy importante para ti saber transmitir tus ideas y/o tus sentimientos a otras personas?					
A veces las personas tienen problemas para hacer llegar a los demás sus ideas o sentimientos…, ¿Recuerdas alguna vez en que te haya pasado a ti?					
¿Cuál ha sido el episodio de tu vida en que has tenido que esforzarte más para comunicarte con otras personas?					

Competencia conductual	*Preguntas para el "flash-back"*	*Conductas indicadoras de la competencia:*	*Resultado*	
Sensibilidad interpersonal			SÍ	NO
¿Recuerdas alguna ocasión en que otras personas te hayan contado sus problemas personales?					
En ocasiones, las personas nos dejan saber sus emociones o las cosas íntimas que les ocurren…, ¿Recuerdas si te ha pasado esto alguna vez a ti?					
En la vida, hay personas que tienen desgracias o problemas serios que les afectan profundamente, ¿conoces a alguien que le ocurra esto? ¿Cuándo fue la última vez que hablaste con esta persona?					
¿Recuerdas alguna vez que alguien cercano a ti haya tenido un problema personal grave?					

Competencia conductual	Preguntas para el "flash-back"	Conductas indicadoras de la competencia:	Resultado	
Tolerancia al estrés			SÍ	NO
	¿Recuerdas alguna situación en que hayas tenido que resistir una presión del entorno muy alta y mantenida en el tiempo?			
	¿Has tenido problemas personales y/o familiares graves en algún momento de tu vida que hayas debido resolver sin dejar de volar?			
	¿Puedes recordar la situación más tensa que has debido resolver en tu vida?			
	Cuando tienes presiones de trabajo extraordinarias y los problemas se amontonan, ¿qué haces para resolverlos?			
Competencia conductual	Preguntas para el "flash-back"	Conductas indicadoras de la competencia:	Resultado	
Tolerancia al estrés			SÍ	NO
	¿Has tenido que cambiar de opinión alguna vez en tu vida sobre alguna cosa importante?			
	En ocasiones, las formas de actuación que eran buenas en una situación dada, dejan de serlo…, ¿Te ha ocurrido a ti alguna vez?			
	Cuando te encuentras con personas que tienen opiniones muy distintas de las tuyas, ¿qué sueles hacer? ¿Puedes recordar una de estas situaciones?			
	¿Recuerdas una vez en que te hayas equivocado mucho con respecto a algo que creías que era de otra manera?			

Competencia conductual	Preguntas para el "flash-back"	Conductas indicadoras de la competencia:	Resultado	
Capacidad de escucha activa			SÍ	NO
	Cuando alguien te cuenta un problema personal, ¿qué haces para demostrarle que lo has comprendido?			
	¿Puedes recordar la última vez que recibiste un mensaje complejo? ¿Qué pasó?			
	¿Recuerdas una situación en que haya sido especialmente importante escuchar a la gente con atención y entender sus estados de ánimo? ¿Cuál? ¿Qué pasó?			

Competencia conductual	Preguntas para el "flash-back"	Conductas indicadoras de la competencia:	Resultado	
Capacidad de análisis de problemas			SÍ	NO
	¿Cuál es el problema más complicado con el que has tenido que enfrentarte en tu vida profesional?			
	¿Recuerdas una situación problemática que has tenido que solucionar recientemente? ¿Qué pasó?			
	Cuando te enfrentas a un fallo de un sistema, ¿cómo procedes? ¿Recuerdas la última vez que ocurrió?			

Competencia conductual	Preguntas para el "flash-back"	Conductas indicadoras de la competencia:	Resultado	
Capacidad de aprendizaje			SÍ	NO
	¿Cuál ha sido la asignatura o materia que te ha costado más aprender en tu vida profesional?			
	¿Recuerdas alguna situación en que hayas fracasado al aprender algo?			
	¿Puedes recordar los aprendizajes más fáciles que has tenido en tu vida?			
	¿Cuál fue la materia o asignatura que más te gustaba durante tus estudios? ¿Por qué? ¿Te costó estudiarla? ¿Por qué?			

Competencia conductual	Preguntas para el "flash-back"	Conductas indicadoras de la competencia:	Resultado	
Evaluación de colaboradores			SÍ	NO
	¿Puedes recordar la última vez que debiste enjuiciar la actuación de alguien? ¿Qué pasó?			
	¿Cuándo tuviste que expresar por escrito u oficialmente tu opinión sobre alguien la última vez? ¿Cómo lo hiciste?			
	¿Puedes hacer un juicio sobre cada uno de tus hijos de forma que sea a la vez justo, descriptivo y evaluador?			
	¿Qué pasos sigues para tomar opinión sobre el comportamiento de alguien?			

Competencia conductual	Preguntas para el "flash-back"	Conductas indicadoras de la competencia:	Resultado	
Juicio			SÍ	NO
	¿Cuándo fue la última vez que tuviste que tomar una decisión? ¿Por qué la tomaste en ese sentido?			
	¿Qué es lo que pesa más en tus decisiones personales? ¿Puedes recordar un ejemplo reciente?			
	¿Por qué te gustaría acceder a este puesto de trabajo?			

Competencia conductual	Preguntas para el "flash-back"	Conductas indicadoras de la competencia:	Resultado	
Decisión			SÍ	NO
	¿Puedes recordar alguna ocasión en que hayas debido tomar una decisión sin tiempo de pensarlo?			
	A veces, se debe actuar antes de poder pensar con tranquilidad, ¿recuerdas alguna de estas situaciones que te haya ocurrido a ti?			
	En caso de duda sobre cómo actuar en una emergencia, ¿qué criterio te guía? ¿Puedes dar un ejemplo de tu experiencia?			

Competencia conductual	Preguntas para el "flash-back"	Conductas indicadoras de la competencia:	Resultado	
Disciplina			SÍ	NO
	A veces uno debe actuar en contra de sus creencias para seguir las instrucciones de un superior; ¿puedes recordar si te ha pasado esto alguna vez?			
	¿Recuerdas haber tenido que convencer a alguien de algo que tú no creías para seguir las directrices de alguien superior a ti?			
	¿Puedes recordar alguna situación en la que hayas debido hacer algo en contra de tu voluntad o tus convicciones para cumplir con las normas o reglas de conducta?			

Competencia conductual	Preguntas para el "flash-back"	Conductas indicadoras de la competencia:	Resultado	
Persuasión			SÍ	NO
	¿Cuándo ha sido la vez en tu vida en que te ha costado más convencer a alguien de algo?			
	¿Recuerdas alguna situación en que has debido convencer a alguien de algo difícil?			
	¿Quién ha sido la persona a la que te ha costado más convencer de algo en los últimos tiempos? ¿Por qué?			

Bibliografía específica

Adams, J.; Priest, R.F., y Prince, H.T. (1985): "Achievement motive: Analysing the validity of the WOFO", *Psychology of Women Quarterly*, 9, 357-369.

Alban-Metcalfe, B. (1989): "The Use of Assessment Centres in the NHS", informe publicado por la NHS Training Agency.

American Psychological Association (1987): "Casebook on ethical principles of psychologists", Washington.

—: 1990: "Ethical principles of psychologists (enmienda June 2, 1989): *American Psychologist* 45, 390-395.

Anastasi, A. (1982): *Psychological testing*, Nueva York, MacMillan, 5a. ed.

Andrew, D.M., Paterson, D.G. y Longstaff, H.P. (1979): *Minnesota Clerical Test Manual: 1979 revision,* San Antonio, TX, Psychological Corporation.

Andrews, H.A. (1975): "Beyond the high point code in testing Holland's theory", *Journal of Vocational Behaviour*, 6, 101-108.

Ansari, M.A.; Baumgarter, H., y Sullivan, G. (1982): "The personal orientation-organisational climate fit and managerial success", *Human Relations,* 35,1159-1177.

Ansley, T.N., Spratt, K.F. y Foryth, R.A. (1989): "The effects of using calculators to reduce the computational burden of a standardised test of mathematics problem solving", *Educational and Psychological Measurement,* 49, 277-286.

Antill, J.K. y Cunningham, J.D. (1982): "Sex differences in performance on ability tests as a function of masculinity, femininity, and androgyny", *Journal of Personality and Social Psychology*, 42, 718-728.

Aranya, N., Barak, A. y Amernic, J. (1981): "A test Holland's theory in a population of accountants", *Journal of Vocational Behaviour*, 19, 15-24.

Arvey, R.D. (1986): "General ability in employment: A discussion", *Journal of Vocational Behaviour,* 29, 415-420.

Bair, J. (1951): "Factor analysis of clerical aptitude tests", *Journal of Applied Psychology*, 35-245-249.

Baird, L.L. (1985): "Do grades and tests predict adult accomplishment?", *Research in Higher Education,* 23, 3-85.

Banks, S.; Mooney, W.T.; Mucowski, R.J., y Williams, R. (1984): "Progress in the evaluation and prediction of successful candidates for religious careers", *Couselling and Values*, 28-82-91.

Barrett, H.O. (1949): "An examination of certain standardised art tests to determine their relation to classroom achievement and to intelligence", *Journal of Educational Research*, 42-398-400.

Barret, T.C. y Tinsley, H.E.A. (1977): "Vocational self-concept crystallisation and vocational indecision", *Journal of Counselling Psychology*, 24, 301-307.

Bartol, K.M. y Martin, D.C. (1987): "Managerial motivation among MBA students: A longitudinal assessment", *Journal of Occupational Psychology*, 60, 1-12.

Bartram, D. y Dale, H.C. (1982): "The Eysenck Personality Inventory as a selection test for military pilots", *Journal of Occupational Psychology*, 55, 287-296.

Bartram, D. (1991): "Addressing the abuse of psychological test's", *Personnel Management*, abril, 34-39.

Beck, N.C., Tucker, D., Frank, R., Parker, J., Lichty, W., Horwitz, E., Horwitz, B., y Merritt, F. (1989): "The latent factor structure of the WAIS-R: A factor analysis of individual item responses", *Journal of Clinical Psychology*, 45, 281-293.

Begley, T.M. y Boyd, D.P. (1987): "A comparison of entrepreneurs and managers of small business firms", *Journal of Management*, 13, 99-108.

Bem, S.L. (1974): "The measurement of psychological androgyny", *Journal of Consulting and Clinical Psychology*, 42, 155-162.

Belbin, R.M. (1981): *Management Teams: Why They Succeed of Fail*, Londres, Heinemann.

Bending, A.W. (1963): "The relation of temperament traits of social extroversion and emotionality to vocational interests", *Journal of General Psychology*, 69, 311-318.

— (1964): "Factor analytic scales of need achievement", *Journal of General Psychology*, 79, 59-67.

Bendig, A.W. y Martin, A.M. (1962): "The factor structure and stability of fifteen human needs", *Journal of General Psychology*, 67, 229-235.

Bennett, G.K., Seashore, H.G. y Wesman, A.G. (1989): *Differential Aptitude Tests for Personnel and Career Assessment: Directions for administration and scoring*, San Antonio, TX, Psychological Corporation. [Trad. esp.: *Tests de aptitudes diferenciales* (DAT), Buenos Aires, Paidós, 1992.]

Bennis, W. (1969): *Organisational Development, its Nature, Origins and Prospects*, Wokingham, Addison-Wesley.

Bentz, V.J. (1985): "Research findings from personality assessment of executives", en H.J. Bernardin y D.A. Bownans (comps.) *Personality assessment in organisations*, Nueva York, Praeger, págs. 84-144.

Berdie, R.F. (1943): "Factors associated with vocational interests", *Journal of Educational Psychology*, 34, 257-277.

Bernardin, H.J. y Bownas, D.A. (comps.) (1985): *Personality assessment in organisations*, Nueva York, Praeger.

Blatt, S.J. y Allison, J. (1981): "The intelligence test in personality assessment", en

A.I. Rabin (comp.): *Assessment with projective techniques: A concise introduction*, Nueva York, Springer, págs. 187-231.

Boam, R. y Sparrow, P. (comps.) (1992): *Focusing on Human Resources: A Competency-Based Approach*, Londres, McGraw Hill.

Borkenau, P. (1988): "The multiple classification of acts and the big five factors of personality", *Journal of Research in Personality*, 22, 337-352.

Bouchard, M.A.; Lalonde, F. y Gagnon, M. (1988): "The construct validity of assertion: Contributions of four assessment procedures and Norman's personality factors", *Journal of Personality*, 56, 763-783.

Boyatzis, R.E. (1982): *The Competent Manager*, Chichester, Wiley.

Boyd, D.P. y Gumpert, D.E. (1983): "Coping with entrepreneurial stress", *Harvard Business Review*, 61, 44-51.

Boydell, T.H. (1990): *Guide to the Identification of Training Needs*, Londres, BACIE.

— (1990): *Joy Analysis*, Londres, BACIE.

Bray, D.W., Campbell, R.J. y Grant, D.I. (1974): *Formative years in business: A long-term ATET study of managerial lives*, Malabar, FL, Robert E. Krieger Publishing.

— y Grant, D.L. (1966): "The assessment center in the measurement of potential for business management", *Psychological monographs*, 80 (17 todo el Nº 625).

Bretz, R.D., Jr.; Ash, R.A., y Dreher, G.F. (1989): "Do people make the place? An examination of the attraction-selection-attrition hypothesis", *Personnel Psychology*, 42, 561-581.

Bridges, J.S. (1988): "Sex differences in occupational performance expectations", *Psychology of Women Quarterly*, 12, 75-90.

Briggs, K.C. y Myers, I.B. (1977): *Myers - Briggs Type Indicator*, Palo Alto, CA, Consulting Psychologists Press.

Bronfenbrenner, U.; Harding, J., y Gallwey, M. (1958): "The measurement of skill in social perception", en D. McClelland, A. Baldwin, U. Bronfenbrenner y F. Strodbeck (comps.), *Talent and society: New perspectives in the identification of talent*, Princeton, NJ, Van Nostrand, págs. 29-111.

Brown, D. (1984a): "Mid-life career change", en D. Brown y L. Brooks (comps.) *Career choice and development*, San Francisco, Jossey-Bass, págs. 369-387.

— (1984b): "Trait and factor theory", en D. Brown, L. Brooks y otros (comps.), *Career choice and development*, San Francisco, Jossey-Bass, págs. 8-30.

Brown, D., Brooks, L. y otros (1984): *Career choice and development*, San Francisco, Jossey-Bass.

Brown, J.S., Grant, C.W. y Patton, M.J. (1981): "A CPI comparison of engineers and managers", *Journal of Vocational Behaviour*, 18, 255-264.

Burbeck, E. y Furnham, A. (1985): "Police officer selection: A critical review of the literature", *Journal of Police and Administration*, 13, 58-69.

Burrough, W. A., Rollins, J.B., y Hopkins, J.J. (1973): "The effect of age, departmental experience, and prior rater experience on performance in assessment center exercises", *Academy of Management Journal*, 16, 335-339.

Campbell, J.P., Dunnette, M.D., Lawler, E.E., III, y Weick, K.E., Jr. (1970): *Managerial Behaviour, Performance, and Effectiveness,* Nueva York, MacGraw-Hill.

Cartledge, G. (1987): "Social skills, learning disabilities, and occupational success", *Journal of Reading, Writing, and Learning Disabilities International*, 3, 223-239.

Cascio, W.F. (1987): *Applied Psychology in Personnel Management,* Hemel, Hempstead, Prentice Hall.

Cattell, R.B. (1945a): "Personality traits associated with abilities: I. With intelligence and drawing ability", *Educational and Psychological Measurement*, 5, 131-146.

— (1945b): "Personality traits associated with abilities: II, With verbal and mathematical abilities", *Educational and Psychological Measurement*, 5, 475-486.

— (1946): *Description and measurement of personality*, Yonkers-on-Hudson, Nueva York, World Book.

— (1987): *Intelligence: Its structure, growth and action*, Amsterdam, ed. revisada.

Cattell, R.B.; Eber, H.W. y Tatsuoka, M.M. (1970): *Handbook for the system Personality Factor Questionnaire*, Champaign, IL, Institute for Personality and Ability Testing.

Cattell, R.B. y Horn, J.L. (1964): *Handbook and individual assessment manual for the Motivation Analysis Test (MAT)*, Champaign, IL, Institute for Personality and Ability Testing.

Cattell, R.B. y Kline, P. (1977): *The scientific analysis of personality and motivation*, Nueva York, Academic Press.

Childs, A. y Klimoski, R.J. (1986): "Successfully predicting career success: an application of the biographical inventory", *Journal of Applied Psychology*, 71, 3-8.

Chlopan, B.E.; McCain, M.L.; Carbonell, J.L., y Hagen, R.L. (1985): "Empathy: Review of available measures", *Journal of Personality and Social Psychology*, 48, 635-653.

Churchill, G.A.; Ford, N. M.; Hartley, S.W., y Walker, O.C. (1985): "The determination of salesperson performance: A meta-analysis", *Journal of Marketing Research,* 22, 103-118.

Chusmir, L.H. (1984a): "Motivational need pattern for police officers", *Journal of Police Science and Administration*, 12, 141-145.

— (1985b): "Short-form scoring for McClelland's version for the TAT", *Perceptual and Motor Skills,* 61, 1047-1052.

Clarck, K.B. (1980): "Empathy: A neglected topic in psychological research", *American Psychologist,* 35, 187-190.

Cockerill, A. (1989): "The kind of competence for rapid change", *Personnel Management*, septiembre, 52-56.

Colberg, M. (1985): "Logic-based measurement of verbal reasoning: A key to increased validity and economy", *Personnel Psychology*, 38, 347-359.

Constantinople, A. (1973): "Masculinity-femininity: An exception to a famous dictum?" *Psychological Bulletin*, 80, 389-407.

Cooper, S.E.; Fuqua, D.R. y Hartman, B.W. (1984): "The relationship of trait indecisiveness to vocational uncertainty, career indecision, and interpersonal characteristics", *Journal of College Student Personnel*, 25, 353-356.

Cornelius, E.T. y Lane, F.B. (1984): "The power motive and managerial success in a professionally oriented service industry organisation", *Journal of Applied Psychology*, 69, 32-39.

Crawley, B.; Pinder, R., y Herriot, P. (1990): "Assessment centre dimensions, personality, and aptitudes", *Journal of Occupational Psychology*, 63, 211-216.

Crew, J.C. (1982): "An assessment of needs among Black business majors", *Psychology: A Quarterly Journal of Human Behaviour*, 19, 18-22.

Crites, J.O. (1974): *Measuring vocational maturity for counselling and evaluation*, Washington, DC, National Vocational Guidance Association.

— (1981): *Career Counselling: Models, methods and materials,* Nueva York, McGraw-Hill.

Dale, M. e Iles, P.A. (1992): *Assessing Management Skills*, Londres, Kogan Page.

Deb, M. (1983): "Sales effectiveness and personality characteristic", *Psychological Research Journal*, 7, 59-67.

Derman, D., French, J.W. y Harman, H.H. (1978): *Guide to Factor Referenced Temperament Scales 1978*, Princeton, NJ, Educational Testing Service.

Dillard, A. (1989): "Write till you drop", *New York Times Book Review*, págs. 1, 23.

Dorval, M. y Pepin, M. (1986): "Effect of playing a video game on a measure of spatial visualisation", *Perceptual and Motor Skills*, 62, 159-162.

Drakeley, R.J. y Herriot, P. (1988): "Biographical data, training success and turnover", *Journal of Occupational Psychology,* 61, 145-152.

Drucker, P. (1955): *The Practice of Management*, Londres, Heinemann.

Dulewicz, V. y Fletcher, C. (1982): "Experience, intelligence and background characteristics and their perfomance in an assessment center", *Journal of Occupational Psychology*, 55, 197-207.

Eden, D. (1988): "Pygmalion, goal-setting, and expectancy: Compatible ways to boost productivity", *Academy of Management Review*, 13, 639-652.

Eddwards, A.L. (1959): *Edward's Personal Preference Schedule Manual*, San Antonio, TX, Psychological Corporation.

Edwards, M.R (1983): "OJQ offers alternative to assessment centre", *Public Personnel Management,* 12, 146-155.

Elias, P.K., Elias, M.F., Robbins, M.A. y Gage, P. (1987): "Acquisition of wordprocessing skills by younger, middle-age, and older adults", *Psychology and Aging,* 2, 340-348.

Elton, C.F. (1971): "The interaction of environment and personality: A test of Holland's theory", *Journal of Applied Psychology*, 56, 114-118.

Ericsson, K.A. y Faivre, I.A. (1988): "What's exceptional about exceptional abilities?", en L.K. Obler y D. Fein (comp.): *The exceptional brain: Neuropsychology of talent and special abilities*, Nueva York, Guilford Press, págs. 436-73.

Eysenck, H.J. (1953): *The Structure of human personality,* Londres, Methuen.

— y Eysenck, S.B.G. (1964): *Manual of the Eysenck Personality Inventory*, Londres, London University Press.

Faver, C.A. (1984): "Women, achievement and careers: Age variations in attitudes", *Psychology: A Quarterly Journal of Human Behaviour*, 21, 45-49.

Fayol, H. (1949): *General and Industrial Management*, Londres, Pitman.

Feather, N.T. (1984): "Masculinity, femininity, psychological androgyny, and the structure of values", *Journal of Personality and Social Psychology*, 47, 604-620.

Feather, N.T. y Said, J.A. (1983): "Preference for occupations in relation to masculinity, femininity, and gender", *British Journal of Social Psychology*, 22, 113-127.

Ferris, G.R., Bergin, T. G. y Gilmore, D.C. (1986): "Personality and ability predictors of training performance for flight attendants", *Group and Organisation Studies*, 11, 419-435.

Flanagan, J.C. (1954): "The critical incident technique", *Psychological Bulletin*, vol. 51.

Fleishman, E.A. (1984): *Taxonomies of human performance: The description of human tasks*, Nueva York, Academic Press.

Fletcher, C. (1991): "Candidates reactions to assessment centres and their outocomes: a longitudinal study", *Journal of Occupational Psychology*, 64, 2, 117-128.

Frederiksen, N., Saunders, D.R. y Wand, B. (1957): "the in-basket test", *Psychological Monographs*, 71 (todo el nº 438).

Frey, R.S. (1984): "Need for achievement, entrepreneurship, and economic growth: A critique of the Mc Clelland thesis", *Social Science Journal*, 21, 125-134.

Garbin, A.P. y Stover, R.G. (1980): "Vocational behaviour and career development, 1979: A review", *Journal of Vocational Behaviour*, 17, 125-170.

Gardner, H. (1973): *The arts and human development*, Nueva York, Wiley.

Garratt, B. (1987): *The Learning Organisation*, Londres, Fontana.

Gaulger, B.B., Rosenthal, D.B., Thornton, G.C. y Bentson, C. (1987): "Metaanalysis of Assessment Center", *Journal of Applied Psychology*, 72, 491-511.

Getter, H. y Nowinski, J.K. (1981): "A free response test of interpersonal effectiveness", *Journal of Personality Assessment*, 45, 301-307.

Getzels, J.W. y Csikszentmihalyi, M. (1976): *The creative vision: A longitudinal study of problem finding in art*, Nueva York, Willey.

Ghiselli, E.E. (1963): "Managerial talent", *American Psychologist*, 18, 631-642.

— (1966): *The validity of occupational aptitude tests,* Nueva York, John Wiley.

— (1968): "Some motivational factors in the success of managers", *Personnel Psychology,* 21, 431-440.

— (1971): *Explorations in Managerial Talent*, Pacific Palisades, CA, Goodyear.

Goodenough, D.R. (1985): "Styles of cognitive-personality functioning", en H.J. Bernardin y D.A. Bownans (comps.): *Personality assessment in organisations,* Nueva York, Praeger, págs. 217-235.

Gordon, H.W. y Leighty, R. (1988): "Importance of specialised cognitive function in the selection of military pilots", *Journal of Applied Psychology*, 73, 38-45.

Gough, H. (1984): "A managerial potential scale for the California Psychological Inventory", *Journal of Applied Psychology,* 69, 233-240.

— (1987): *CPI: The California Psychological Inventory administrator's guide*, Palo Alto, CA, Consulting Psychologists Press.

Gratton, L. (1989): "Work of the manager", en P. Herriot (comp.): *Assessment and Selection in Organisations*, Chichester, John Wiley and Sons.

Guilford, J.P. (1967): *The nature of human intelligence*, Nueva York, MacGraw-Hill. [Trad. esp.: *La naturaleza de la inteligencia humana*, Buenos Aires, Paidós, 1977, 1ª. ed.]

Guion, R.M. (1987): "Changing views for personnel selection research", *Personnel Psychology*, 40, 199-213.

Guion, R.M. y Gottier, R.F. (1965): "Validity of personality measures in personnel selection", *Personnel Psychology*, 18, 135-164.

Hall, D.T. y Associates (1987): *Career development in organisations*, San Francisco, Jossey-Bass.

Handy, C. (1987): *The Gods of Management*, Londres, Pan Books.

— (1987): *The Making of Managers*, Londres, NEDO, MSC and BIM.

Harrell, T.W. y Harrell, M.S. (1973): "The personality of MBA's who reach general management early", *Personnel Psychology*, 26, 127-134.

Harrison, R. (1972): "Understanding your organisations's character", *Harvard Business Review.*, 50 (3).

— (1988): *Training and Development*, Londres, IPM.

Hartup, W.W. (1989): "Social relationships and their developmental significance", *American Psychologist*, 44, 120-126.

Hassler, M. y Birbaumer, N. (1986): "Witelson's Dichaptic Stimulation Test and children with different levels of musical talent", *Neuropsychologia*, 24, 435-440.

Hayes, J.R. y Flower, L.S. (1986): "Writing research and the writer", *American Psychologist*, 41, 1106-1113.

Heiner, T. y Meir, E.I. (1981): "Congruency, consistency, and differentiation as predictors of job satisfaction within the nursing occupation", *Journal of Vocational Behaviour*, 18, 304-309.

Helmreich, R.L., Sawin, L.L. y Carsrud, A.L. (1986): "The honeymoon effect in job performance: Temporal increases in the predictive power of achievement motivation", *Journal of Applied Psychology*, 71, 185-188.

Hendrichks, M.; Guiford, J.P. y Hoepfner, R. (1969): *Measuring creative social intelligence: Reports from the psychological laboratory* (Tech. Rep. nº 43). Los Angeles, University of Southern California.

Henning, M. y Jardin, A. (1977): *The managerial woman*, Garden City, Nueva York, Anchor Press.

Herriot, P. (1989): *Recruitment in the IPM*, Londres.

Herzberg, F. (1968): "One more time: how do you motivate employees", *Harvard Business Review*.

Higgs, M. (1988): *Management Development Strategy in the Financial Sector*, Londres, McMillan.

Hisrich, R.D. (1990): "Entrepreneurship/intrapreneurship", *American Psychological,* 45, 209-222.

Hoffman, M.L. (1981): "Perspectives on the difference between understanding people and understanding things: The role of affect", J.H. Flavell y L. Ross (comps.): *Social cognitive development: Frontiers and possible futures*, Cambridge, Cambridge University Press, págs. 67-81.

Hogan, J. (1969): "Development of an empathy scale", *Journal of Consulting and Clinical Psychology*, 33, 307-316.

— (1986): *Hogan Personality Inventory manual,* Minneapolis, MN, National Computer Systems.

— y Hogan, R. (1986): *Hogan Personnel Selection Series manual*, Minneapolis, MN, National Computer Systems.

Holland, J.L. (1962): "Some explorations of a theory of vocational choice: I. One-and two-year longitudinal studies", Psychological Monographs, 76 (26, todo el nº 545).

— (1963a): "Explorations of a theory of vocational choice and achievement: II. A four year prediction study", *Psychological Reports,* 12, 545-594.

— (1976a): "The virtues of the SDS and its associated typology: A second response to Prediger and Hanson", *Journal of Vocational Behaviour*, 8, 349-358.

— (1976b): "Vocational preferences" en M.D.Dunnette (comp.): *Handbook of industrial/organisational psychology*, Chicago, Rand McNally, págs, 521-70.

— (1979): *Profssional manual for the Self-Directed Search,* Palo Alto, CA, Consulting Psychologists Press.

— (1985a): *Making vocational choices: A theory of vocational choices and work environments*, Englewood Cliffs, NJ, Prentice-Hall, 2ª. ed.

Horn, J.L. (1976): "Human abilities: "A review of research and theory in the early 1970s", *Annual Review of Psychology,* 27, 437-485.

— (1977): "Personality and ability theory", en R.B. Cattell y R.M. Dregers (comps.): *Handbook of modern personality theory,* Washington, DC, Hemisphere, págs. 139-65.

House, R.J. y Singh, J.V. (1987): "Organisational behaviour: Some new directions for I/O psychology", *Annual Review of Psychology*, 38, 669-718.

Howard, A. (1974): "An assessment of assessment centers", *Academy of Management Journal*, 17, 115-134.

Howell, W. y Fleishman, E.A. (1981): *Human performance productivity: Information processing and decision making*, Hillsdale, NJ, Erlbaum.

Huck, J.R. (1973): "Assessment centers: A review of the external and internal validities", *Personnel Psychology*, 26, 191-212.

Iles, P.A. (1989): "Using assessment and development centres to facilitate equal opportunity in selection and career development", Equal Opportunities International, 8, 5, 1-26 (monografía).

— (1990): "Managing change in the UK financial services sector through strategic HRD", trabajo para IODA International Congress, Caracas, Venezuela, noviembre.

— y Robertson, I.T. (1989): "The impact of personnel selection procedures on candidates", en P. Herriot (comp.): *Assessment and Selection in Organisations*, Chichester, John Wiley and Sons.

Iles, P.A.; Robertson I. T., y Rout, U. (1989): "Assessment based development centres", *Journal of Managerial Psychology*, 4, 3, 11-16.

Jacob's, R. (1989): "Getting the measure of management competence", *Personnel Management,* junio.

Jackson, D.N.; Ahmed, S.A., y Heapy, N.A. (1976): "Is achievement a unitary construct?", *Journal of Research in Personality*, 10, 1-21.

Jackson, D.N.; Paunonen, S.V., y Rothstein, M.G. (1987): "Personnel executives: Personality, vocational interests, and job satisfaction", *Journal of Employment Counselling,* 24, 82-96.

Jackson, L. (1989): "Turning airport managers into high fliers", *Personnel Management,* octubre, 80-85.

Janz, T. (1982): "Initial comparisons of behaviour description interviews versus unstructured interviews", *Journal of Applied Psychology*, 67, 577-580.

Jaskolka, G.; Beyer, J.J. y Trice, H. M. (1985): "Measuring and predicting managerial success", *Journal of Vocational Behaviour*, 26, 189-205.

Jastak, S. y Wilkinson, G. S. (1984): *The Wide Range Achievement Test-Revised: Administration manual*, Wilmington, DE, Jastak Associates.

Jenkins, S. (1987): "Need for achievement and women's careers over 14 years: Evidence for occupational structure effects", *Journal of Personality and Social Psychology*, 53, 922-932.

Johansson, C.B. (1986): *Career Assessment Inventory: The enhanced version,* Minneapolis, MN, National Computer Systems.

Johnson, J.A. (1986): "Can job applicants dissimulate on personality tests?", trabajo presentado en el 94th Annual Convention of the American Psychological Association, Washington, agosto.

Johnson, J.A.; Cheek, J.M. y Smither, R. (1983): "The structure of empathy", *Journal of Personality and Social Psychology*, 45, 1299-1312.

Jones, A. (1988): "A case study in utility analysis", *Guidance and Assessment Review*, 4, 3, 3-6.

Jons, A.; Herriot, P.; Long, B., y Drakely, R. (1991): "Attempting to improve the validity of a well-established assessment centre", *Journal of Occupational Psychology*, 61, 1-21.

Junge, D.A.; Daniel's, M.H., y Karmos, J.S. (1984): "Personnel managers' perceptions of requisite basic skills", *Vocational Guidance Quarterly*, 33, 138-146.

Kamp, J. y Gough, H.G. (1986): "The big five personality factors from an assessment context", trabajo presentado en la 94th Annual Convention of the American Psychological Association, Washington, agosto.

Katz, D. y Kahn, R.L. (1978): *The social psychology of organisations*, Nueva York, Wiley, 2ª. ed.

Kelso, G.I.; Holland, J.L., y Gottfredson, G.D. (1977): "The relation of selfreported competencies to aptitude test scores", *Journal of Vocational Behaviour*, 10, 99-103.

Keown, C.F. y Keown, A.L. (1982): "Success factors for corporate woman executives", *Group and Organisation Studies*, 7, 445-456.

Kets de Vries, M.F.R. (1985): "The dark side of entrepreneurship", *Harvard Business Review,* 63, 160-168.

King, A.S. (1985): "Self-analysis and assessment of entrepreneurial potential", *Simulation and Games,* 16, 399-416.

Klemp, G.L. Jr. y McClelland, D.C. (1986): "What constitutes intelligent functioning among senior managers", en R.J. Sternberg y R.K. Wagner (comps.), *Practical intelligence: Nature and origins of competence in the everyday world,* Nueva York, Cambridge University Press, págs. 31-50.

Klimoski, R. y Strickland, W.J. (1977): "Why do assessment centers work? The puzzle of assessment center validity", *Personnel Psychology*, 40, 234-260.

Korman, A.K. (1968): "The prediction of managerial performance: A review", *Personnel Psychology*, 21, 295-322.

Kotter, J.P. (1982): *The general managers*, Nueva York, Free Press.

Latham, G., Saari, L.M.; Pursell, E.D., y Campion, M.A. (1980): "The situational interview", *Journal of Applied Psychology*, 65, 422-427.

Lipman-Blumen, J.; Handley-Isaksen, A., y Leavitt, H.J. (1983): "Achieving styles in men and women: A model, an instrument, and some findings", en J.T. Spence (comp.): *Achievement and achievement motives: Psychological and sociological approaches*, San Francisco, Freeman, págs. 147-204.

Lipman-Blumen, J.; Leavitt, H.J.; Patterson, K.J.; Bies, R.J., y Handley-Isaksen, A. (1980): "A model of direct and relation achieving styles", en L. J. Fyans (comp.), *Achievement motivation*, Nueva York, Plenum Press, págs. 135-168.

Livenh, H. y Livenh, C. (1989): "The five-factor model of personality: Is evidence of its cross-measure validity premature?", *Personality and Individual Differences*, 10, 75-80.

London, M. (1985): *Developing managers*, San Francisco, Jossey-Bass.

Lounsbury, J.W.; Bobrow, W., y Jensen, J.B. (1989): "Attitudes toward employment testing: Scale development, correlates, and 'known-group' validation", *Professional Psychology*, 20, 340-349.

Lowman, R.L. (1989): *Pre-employment screening for psychopathology: A guide to professional practice,* Sarasota, FL, Professional Resource Exchange.

Lowman, R.L. y William's, R.E. (1987): "Validity of self-ratings of abilities and competencies", *Journal of Vocational Behaviour*, 31, 1-13.

Lubinski, D.; Tellegen, A., y Butcher, J.N. (1983): "Masculinity, femininity, and androgyny viewed and assessed as distinct concepts", *Journal of Personality and Social Psychology*, 44, 428-439.

Lurie, J. y Watts, C. (1991): "Using Assessment Centre in the Process of Organisational Change", trabajo presentado en la British Psychological Society, Occupational Psychology Conference, Cardiff, enero.

Mabey, C. e Iles, P.A. (1991): "HRM from the other side of the fence", *Personnel Management,* febrero.

Maccoby, M. (1976): *The gamesman,* Nueva York, Simon & Schuster.

Macher, K. (1986): "The politics of people", *Personnel Journal*, 65, 50-53.

MacKinnon, D.W. (1962): "The nature and nurture of creative talent", *American Psychologist,* 17, 484-495.

Maitra, A.K. (1983): "Executive effectiveness: Characteristic thematic phantasy", *Managerial Psychology*, 4, 59-68.

Mager, R. y Piper, P. (1984): *Analysing Performance Problems*, Londres, Pitman Learing.

Mayer, D. y Greenberg, H.M. (1964): "Make makes a good salesman?, *Harvard Business Review*, 42, 119-125.

McClelland, D. (1961): *The achieving society,* Princeton, NJ, Van Nostrand.

— (1975): *Power: The inner experience*, Nueva York, Irvington-Wiley.

— (1985): *Human motivation,* Glenview, IL, Scott, Foresman.

— (1986): "Characteristics of successful entrepreneurs", *Journal of Creative Behaviour*, 21, 219-233.

— (1965): "Towards a theory of motive acquisition", *American Psychologist* (20).

— ; Baldwin, A.; Bronfenbrenner, U., y Strodbeck, F. (comps.) (1958): *Talent and society: New perspectives in the identification of talent*, Princeton, NJ, Van Nostrand.

— y Boyatzis, R.E. (1982): "The leadership motive pattern and long-term success in management", *Journal of Applied Psychology*, 67, 737-743.

— y Burnham, R.E. (1976): "Power is the great motivator", *Harvard Business Review,* 25, 159-166.

— y Pilon, D.A. (1983): "Sources of adult motives in patterns of parent behaviour in early childhood", *Journal of Personality and Social Psychology*, 44, 564-574.

— y Winter, D.G. (1969): *Motivating economic achievement*, Nueva York, Free Press.

McCrae, R.R. (1987): "Creativity, divergent thinking, and openness to experience", *Journal of Personality and Social Psychology*, 52, 1258-1265.

McCrae, R.R. y Costa, P.T. (1987): "Validation of the five-factor model of personality across instruments and observers", *Journal of Personality and Social Psychology*, 52, 81-90.

McCrae, R.R.; Costa, P.T., y Busch, C.M. (1986): "Evaluating comprehensives in personality systems: The California Q-Set and ten five-factor model", *Journal of Personality*, 54, 430-446.

McCutchen, D. (1986): "Domain knowledge and linguistic knowledge in the development of writing ability", *Journal of Memory and Language*, 25, 431-444.

McEvoy, G.M. y Beatty, R.W. (1989): "Assessment center and subordinate appraisals of managers: A seven-year examination of predictive validity", *Personnel Psychology*, 42, 37-52.

Megargee, E.I. y Carbonell, J. (1988): "Evaluating leadership with the CPI", en C. D.

Spielberger y J.N. Butcher (comps.), *Advances in personality assessment*, Hillsdale, NJ, Erlbaum, vol. 7, págs. 203-219.

Mehrabian, A. y Epstein, N. (1972): "A measure of emotional empathy", *Journal of Personality*, 40, 525-543.

Mehta, M. y Agrawal, R. (1986): "Effect of need for achievement and repression sensitisation dimension upon job satisfaction of bank employees", *Indian Journal of Applied Psychology*, 23, 39-44.

Melamed, S. y Meir, E.T. (1981): "The relationships between interests, job incongruity and selection of avocation activity", *Journal of Vocational Behaviour*, 18, 310-325.

Metcalfe, R.J. y Dobson, C.B. (1983): "Factorial structure and dispositional correlates of 'locus of control' in children", *Research in Education*, 30, 53-63.

Metzler, B.E.; Lewis, R.J., y Gerrard, M. (1985): "Childhood antecedents of adult women's msculinity, femininity, and career role choices", *Psychology of Women Quarterly*, 9, 371-381.

Miner, J.B. (1978): "Twenty years of research on role-motivation theory of managerial effectiveness", *Personnel Psychology*, 31, 739-760.

— (1985): "Sentence completion measures in personnel research: The development and validation of the Miner Sentence Completion Scales", en HA. Bernardin y D.A. Bownas (comps.): *Personality assessment in organisations*, Nueva York, Praeger, págs. 145-176.

Mintzberg, H. (1973): *The nature of Managerial Work,* Nueva York, Harper & Row.

Misra, P. y Jain, N. (1986): "Self-esteem, need-achievement and need-autonomy as moderators of the job performance-job satisfaction relationship", *Perspectives in Psychological Researches*, 9, 42-46.

Modjeski, R.B. y Michael, W.B. (1983): "An evaluation by a panel of psychologists of the reliability and validity of two tests of critical thinking", *Educational and Psychological Measurement,* 43, 1187-1197.

Mohan, J. y Tiwana, M. (1987): "Personality and alienation of creative writers: A brief report", *Personality and Individual Differences*, 8, 449.

Mohan, V. y Brar, A. (1986): "Motives and work efficiency", *Personality Study and Group Behaviour,* 6, 37-45.

Morris, L.W. (1979): *Extroversion and introversion: An interactional perspective,* Nueva York, Hemisphere.

Morrow, J. M., Jr. (1971): "A test of Holland's theory of vocational choice", *Journal of Counselling Psychology*, 18, 422-425.

Moses, J.L. (1973): "The development of assessment center for the early identification of supervisory potential", *Personnel Psychology*, 26, 569-580.

— (1975): "Task Force on development of assessment centre standards", Third International Congress on the assessment centre method, Quebec, mayo.

Mossholder, K.W.; Bedeian, A.G.; Touliatos, J., y Barkman, A.I. (1985): "An examination of intra-occupational differences: Personality, perceived work climate, and outcome preferences", *Journal of Vocational Behaviour*, 26, 164-176.

Mount, M.K. y Muchinsky, P.M. (1978a): "Concurrent validation of Holland's hexagonal model with occupational workers", *Journal of Vocational Behaviour,* 13, 348-354.

— (1978b): "Person-environment congruence and employee job satisfaction: A test of Holland's theory", *Journal of Vocational Behaviour,* 13, 84-100.

Mumford, M.D. y Gustafson, S.B. (1988): "Creativity syndrome: Integration, application, and innovation", *Psychological Bulletin,* 103, 27-43.

Murphy, K.R. (1989): "Is the relationship between cognitive ability and job performance stable over time?", *Human Performance,* 2, 183-200.

Myers, I.B. (1980): *Gifts differing,* Palo Alto, CA, Consulting Psychologists Press.

— (1987): *Introduction to type,* Palo Alto, CA, Consulting Psychologists Press.

Myers, I.B. y McCaulley, M.H. (1985): *Manual: A guide to the development and use of the Myers-Briggs Type Indicator,* Palo Alto, CA, Consulting Psychologists Press.

Myers, P.B. y Myers, K.D. (1985): *A guide to the development and use of the Myers-Briggs Type Indicator,* Palo Alto, CA, Consulting Psychologists Press.

Nafzinger, D.H., Holland, J.L. y Gottfredson, G.D. (1975): "Student-college congruency as a predictor of satisfaction", *Journal of Counselling Psychology,* 22, 132-139.

Nash, A.N. (1965): "Vocational interests of effective managers: A review of the literature", *Personnel Psychology,* 18, 21-37.

Nauss, A. (1973): "The ministerial personality: Myth or reality?, *Journal of Religion and Health,* 12, 77-96.

Niebuhr, R.E. y Norris, D.R. (1982): "The influence of individual characteristics on performance under varying conditions", *Journal of Social Psychology,* 117, 249-255.

Norris, S.P. (1988): "Controlling for background beliefs when developing multiple-choice critical thingking tests", *Educational Measurement Issues and Practice,* 7, 5-11.

Nykodym, N. y Simonetti, J.L. (1987): "Personal appearance: Is attractiveness a factor in organizational survival and success?", *Journal of Employment Counselling,* 24, 69-78.

Oda, M. (1982): "An analysis of relation between personality traits and job performance in sales occupations", *Japanese Journal of Psychology,* 53, 274-280.

— (1983): "Predicting sales performance of car salesmen by personality traits", *Japanese Journal of Psychology,* 54, 73-80.

Olson, P.D. y Bosserman, D.A. (1984): "Attributes of the entrepreneurial type", *Business Horizons,* 27, 53-57.

O'Malley, M.N. y Schubarth, G. (1984): "Fairness and appeasement: Achievement and affiliation motives in interpersonal relations", *Social Psychology Quarterly,* 47, 364-371.

Orpen, C. (1983): "The development and validation of an adjective check-list measure of managerial need for achievement", *Psychology: A Quarterly Journal of Human Behaviour,* 20, 38-42.

Osborn, H.H. (1983): "The assessment of mathematical abilities", *Educational Research*, 25, 28-40.

Osipow, S. (1983): "Theories of career development", Englewood Cliffs, NJ, Prentice-Hall, 3ª. ed.

O'Sullivan, M. y Guilford, J.P. (1975): "Six factors of behavioural cognition: Understanding other people", *Journal of Educational Measurement*, 12, 255-271.

Owens, W.A. (1976): "Background data", en M.D. Dunnette (comp.): *Hadbook of Industrial and Organizational Psychology,* Chicago, Rand McNally, págs. 609-644.

Parvathi, S. y Rama-Rao, P. (1982): "Problem solving, need for achievement, expectancy of academic achievement and social desirability", *Journal of Psychological Research,* 26, 88-92.

Pearm, M. y Kandola, R.C. (1988): *Job Analysis*, Londres, IPM.

Phillips, S.D. y Bruch, M.A. (1988): "Shyness and dysfunction in career development", *Journal of Counselling Psychology*, 35, 159-165.

Plotkin, H. M. (1987): "What makes a successful salesperson?", *Training and Development Journal*, 41, 54-56.

Powell, J.L. y Brand, A.G. (1987): "The development of an emotions scale for writers", *Educational and Psychological Measurement*, 47, 329-338.

Powers, E. y Cane, S. (1989): "AMED conference on the competency approach to management development and assessment", Association of Management Education and Development.

Prediger, D.J. y Hanson, G.R. (1976a): "A theory of careers encounters sex: Reply to Holland (1976)", *Journal of Vocational Behaviour*, 8, 359-366.

— (1976b): "Holland's theory of careers applied to women and men: Analysis of underlying assumptions", *Journal of Vocational Behaviour*, 9, 167-184.

Rachman, D.; Amernic, J., y Aranya, N. (1981): "A factor-analytic study of the construct validity of Holland's Self-Directed Search", *Educational and Psychological Measurement*, 41, 425-437.

Reeve, J.; Olson, B.C., y Cole, S.G. (1987): "Intrinsic motivation in competition: The intervening role of four individual differences following objective competence information", *Journal of Research in Personality*, 21, 148-170.

Reilly, R.R. y Chao, G.T. (1982): "Validity and fairness of some alternative employee selection procedures", *Personnel Psychology,* 35, 1-15.

Riggio, R.E. (1986): "Assessment of basic social skills", *Journal of Personality and Social Psychology*, 51, 649-660.

— y Sotoodeh, Y. (1987): "Screening tests for use in hiring microassembles", *Perceptual and Motor Skills*, 65, 167-172.

Ritchie, R.J. y Moses, J.L. (1983): "Assessment center correlates of women's advancement into middle management: A 7-year longitudinal analysis", *Journal of Applied Psychology*, 68, 227-231.

Robertson, I. T.; Gratton, L. y Rout, U. (1990): "The validity of situational interviews", *Journal of Organisational Behaviour*.

Ryan, A.M. y Sackett, P.R. (1987): "A survey of individual assessment practices by I/O psychologists", *Personnel Psychology*, 40, 489-504.

Rychlak, J.F. (1982): *Personalities and lifestyles of young male managers*, Nueva York, Academic Press.

Salomone, P.R. y Slaney, R.B. (1978): "The applicability of Holland's theory to non-professional workers", *Journal of Vocational Behaviour*, 13, 63-74.

Scanlan, T.J. (1980): "Toward an occupational classification for self-employed men: An investigation of entrepreneurship form the perspective of Holland's theory of career development", *Journal of Vocational Behaviour*, 16, 163-172.

Schein, E.H. (1984): "Coming to a new awareness of organisational culture", *Sloan Management Review*, invierno.

Schilit, W.K. (1986): "An examination of individual differences as moderators of upward influence activity in strategic decisions", *Human Relations*, 39, 933-953.

Schmidt, F.L. y Hunter, J.E. (1977): "Development of a general solution to the problem of validity generalisation", *Journal of Applied Psychology*, 62, 529-540.

Schmitt, N. (1977): "Inter-rater agreement in dimensionality and combination of assessment center judgments", *Journal of Applied Psychology*, 62, 171-176.

—; Noe, R.A., y Fitzgerald, M.P. (1984): "Validity of assessment center ratings for the prediction of performance ratings and school climate of school administrators", *Journal of Applied Psychology*, 69, 207-213.

Schneider, B. (1987): "The people make the place", *Personnel Psychology*, 40, 437-453.

Schneider, B. y Schmitt, N. (1986): *Staffing organisations*, Glenview, IL, Scott, Foresman, 2ª. ed.

Schroder, H.M. (1989): *Managerial Competence: The Key to Excellence*, Iowa, Kendall/Hunt.

Schroth, M.L. (1987): "Relationships between achievement-related motives, extrinsic conditions, and task performance", *Journal of Social Psychology*, 127, 39-48.

Schroth, M.L. y Andrew, D.F. (1987): "Study of need-achievement motivation among Hawaiian college students", *Perceptual and Motor Skills*, 64, 1261-1262.

Sedge, S.K. (1985): "A comparison of engineers pursuing alternate career paths", *Journal of Vocational Behaviour*, 27, 56-70.

Shackleton, V. (1992): "Using a competency approach in a business change setting", en Boam, R. y Sparrow, P., *Focusing on Human Resources: A Competency-Based Approach*, Londres, McGraw.

Shackleton, V. y Newell, S. (1991): "Management selection: a comparative suvery of methods used in top British and French companies", *Journal of Occupational Psychology*, 64, 1, 23-37.

Shanley, L.A.; Walker, R.E., y Foley, J.M. (1971): "Social intelligence: A concept in search of data", *Psychological Reports*, 29 1123-1132.

Shore, T.H.; Thornton, G.C., y Shore, L.M. (1990): "Construct validity of two categories of assessment center dimension ratings", *Personnel Psychology*, 43, 101-116.

Sid, A.K. y Lindgren, H.C. (1982): "Achievement and affiliation motivation and their correlates", *Educational and Psychological Measurement*, 42, 1213-1218.

Silver, E.M. y Bennett, C. (1987): "Modification of the Minnesota Clerical Test to predict performance on video display terminals", *Journal of Applied Psychology*, 72, 153-155.

Sincoff, J.B. y Sternberg, R.J. (1987): "Two faces of verbal ability", *Intelligence*, 11, 263-276.

Smart, J.C. (1975): "Environments as reinforcement systems in the study of job satisfaction", *Journal of Vocational Behaviour*, 6, 337-357.

Smith, P.C., Kendall, L.M. y Hulin, C.L. (1969): *The measurement of satisfaction in work and retirement*, Chicago, Rand McNally.

Smith, J.M. y Robertson, I.T. (1986): *The Theory and Practice of Systematic Staff Selection*, Londres, McMillan.

Smith, M.; Gregg, M., y Andrews, D. (1989): *Selection and Assessment: A New Appraisal*, Londres, Pitman.

Solan, H.A. (1987): "The effects of visual-spatial and verbal skills on written and mental arithmetic", *Journal of the American Optometric Association*, 58, 88-94.

Spence, J.T. (comp.) (1983): *Achievement and achievement motives: Psychological and sociological approaches*, San Francisco, Freeman.

Spence, J.T. y Helmreich, R.L. (1983): "Achievement-related motives and behaviours", en J.T. Spence (comp.): *Achievement and achievement motives: Psychological and sociological approaches*, San Francisco, Freeman, págs. 7-74.

Sprowl, J.P. y Senk, M. (1986): "Sales communication: Compliance-gaining strategy choice and sales success", *Communication Research Reports*, 3, 64-68.

Stahl, M.J. (1983): "Achievement, power and managerial motivation: Selecting managerial talent with the job choice exercise", *Personnel Psychology*, 36, 775-789.

Stahl, M.J. y Harrell, A.M. (1982): "Evolution and validation of a behavioural decision theory measurement approach to achievement, power, and affiliation", *Journal of Applied Psychology*, 67, 744-751.

Steinberg, R. y Shapiro, S. (1982): "Sex differences in personality traits of male and female master of business administration students", *Journal of Applied Psychology*, 67, 306-310.

Sternberg, R.J. (1988): *The triarchic mind: A new theory of human intelligence*, Nueva York, Viking Press.

Sternberg, R.J. y Smith, C. (1985): "Social intelligence and decoding skills in non-verbal communication", *Journal of Social Cognition*, 3, 16-31.

Sternberg, R.J. y Wagner, R.K. (comps.) (1986): *Practical intelligence: Nature and origins of competence in the everyday world*, Nueva York, Cambridge University Press.

Stewart, R. (1976): *Contrasts in Management: A Study of Different Types of Managers, Jobs, Their Demands and Choices*, Maidenhead, McGraw Hill.

Stokes, F.S. y Reddy, S. (1992): "Use of background data in organizational decisions", *International Review of Industrial and Organizational Psychology*, 7, 285-321.

Super, D.E. y Hall, D.T. (1978): "Career development: Exploration and planning", *Annual Review of Psychology*, 29, 333-372.

Tannenbaum, R. y Schmidt, W.H. (1973): "How to choose a leadership pattern", *Harvard Business Review*.

Taylor, C.W.; Albo, D.; Holland, J., y Brandt, G. (1985): "Attributes of excellence in various professions: Their relevance to the selection of gifted/talented persons", *Gifted Child Quarterly*, 29, 29-34.

Taylor, M.C. y Hall, J. A. (1982): "Psychological androgyny: Theories, methods, and conclusions", *Psychological Bulletin*, 92, 347-377.

Tenopyr, M. (1967): "Social intelligence and academic success", *Educational and Psychological Measurement*, 27, 961-965.

Thornton, G.C. III (1992): *Assessment Centers in Human Resource Management,* Reading, MA, Addison-Wesley.

— y Byham, W.C. (1982): *Assessment Center and Managerial Performance*, Nueva York, Academic Press.

Townsend, A. (1986): "The inner critic, the creative, and the feminine", *Psychological Perspectives,* 17, 49-58.

Tsui, A.S. y Gutek, B.A. (1984): "A role set analysis of gender differences in performance, affective relationships, and career success of industrial middle managers", *Academy of Management Journal*, 27, 619-635.

Turnage, J.J. y Muchinsky, P.M. (1984): "Trans-situational variability in human performance with assessment centers", *Organizational Behavior and Human Performance*, 30, 174-200.

U.S. Employment Service (1957): *Estimates of worker trait requirements for 4,000 jobs,* Washington, DC, U.S. Gobernment Printing Office.

Vernon, P.E. (1950): *The structure of human abilities*, Londres, Methuen; Nueva York, Wiley.

— (1970): *Creativity,* Nueva York, Penguin Books.

Virmani, K.G. y Mathur, P. (1984): "Intelligence to use intelligence: Managerial trait theory revisited", *Abhigyan*, 4, 39-48.

Von Bergen, C.W. y Shealy, R.E. (1982): "How's your empathy?" *Training and Development Journal*, 36, 22-28.

Wadldell, F.T. (1983): "Factors affecting choice, satisfaction, and success in the female self-employed", *Journal of Vocational Behaviour*, 23, 294-304.

Wagner, R.K. y Sternberg, R.J. (1985): "Practical intelligence in real-world pursuits: The role of tacit Knowledge", *Journal of Personality and Social Psychology*, 49, 436-458.

Wallbrown, F.H.; McLoughlin, C.S.; Elliott, C.D. y Blaha, J. (1984): "The hierarchical factor structure of the British Ability Scales", *Journal of Clinical Psychology*, 40, 278-290.

Waller, J.D. y Rothschild, G. (1983): "Comparison of need for achievement versus need for affiliation among music students", *Psychological Reports*, 53, 135-138.

Walsh, J.P.; Weinberg, R.M., y Fairfield M.L. (1987): "The effect of gender on assessment centre evaluations", *Journal of Occupational Psychology*, 60, 4, 305-309.

Walters, J.M. y Gardner, H. (1986): "The theory of multiple intelligence's: Some issues and answers", en R.J. Sternberg, y R.K. Wagner (comps.): *Practical intelligence*, Cambridge, Inglaterra, Cambridge University Press, págs. 163-192.

Warrier, S.K. (1982): "Values of successful managers: Implications for managerial success", *Management and Labour Studies*, 8, 7-15.

Watson, G. y Glaser, M. (1980): *Watson-Glaser Critical Thinking Appraisal: Manual*, San Antonio, TX, Psychological Corporation.

Weekley, J.A. y Gier, J.A. (1987): "Reliability and validity of the situational interview for a sales position", *Journal of Applied Psychology*, 72, 484-487.

White, P.A. (1988): "The structured representation of information in long-term memory: A possible explanation for the accomplishments of 'idiots savants', *New Ideas in Pyschology*, 6, 3-14.

Whittington, J.E. (1988): "Large verbal-non-verbal ability differences and underachievement", *British Journal of Educational Psychology*, 58, 205-211.

Wiener, Y. y Vaitenas, R. (1977): "Personality correlates of voluntary midcareer change in enterprising occupations", *Journal of Applied Psychology*, 62, 706-712.

Wiley, M.G. y Eskilson, A. (1982): "The interaction of sex and power base on perceptions of managerial effectiveness", *Academy of Management Journal*, 25, 671-677.

— (1983): "Scaling the corporate ladder: Sex differences in expectations for performance, power and mobility", *Social Psychology Quarterly*, 46, 351-359.

William's, S.W. y McCullers, J.C. (1983): "Personal factors related to typicalness of career and success in active professional women", *Psychology of Women Quarterly*, 7, 343-357.

Winter, D.G. (1973): *The power motive*, Nueva York, Free Press.

Witkin, H.A.; Moore, C.A.; Goodenough, D.R., y Cox, P.W. (1977): "Field-dependent and field-independent cognitive styles and their educational implications", *Review of Educational Research,* 47, 1-64.

Wong, P.T.; Kettlewell, G.E., y Sproule, C.F. (1985): "On the importance of being masculine: Sex roles, attribution, and women's career achievement", *Sex Roles,* 12, 757-769.

Wood, L.E. y Steward, P.W. (1987): "Improvement of practical reasoning skills wiht a computer game", *Journal of Computer-Based Instruction*, 14, 49-53.

Woodruffe, C. (1990): *Assessment Centres: Identifying and Developing Competencies*, Londres, IPM.

Yogev, S. (1983): "Judging the professional woman: Changing research, changing values", *Psychology of Women Quarterly*, 7, 219-234.

York, D.C. y Tinsley, H.E.A. (1986): "The relationship between cognitive styles and Holland's personality types", *Journal of College Student Personnel*, 27, 535-541.

Zaleznik, A. (1974): "Charismatic and consensus leaders: A psychological comparison", *Bulletin of the Menninger Clinic,* 38, 222-238.

— (1977): "Managers and leaders: Are they different?", *Harvard Business Review,* 55, 67-78.

— (1989): *The managerial mystique: Restoring leadership in business,* Nueva York, Harper & Row.

Zytowski, D.G. y Hay, R. (1984): "Do birds of a feather flock together? A test of the similarities within and the differences between five occupations", *Journal of Vocational Behaviour*, 24, 242-248.

Bibliografía general

Baruch, L., Shwartz, A.: "*On the use of the economic concept of human capital in financial statements*", The Accounting Review, enero de 1971, págs. 103-112.
Cattell, H.B.: *Lo profundo de la personalidad: aplicación del 16-PF*, México, El Manual Moderno, 1993.
Cuvillier, R. *Vers la reduction du temps de travail?*, OIT, 1981, Ginebra.
Davis, S.: *Managing corporate culture*, Nueva York, Harper & Row, 1984.
Drucker, P. F.: *La gerencia en tiempos difíciles*, Barcelona, Orbis, 1987.
Fernández-Ballesteros, R., Carrobles, J.A. *et al.*: *Evaluación Psicológica*, Barcelona, Pirámide, 1980.
Fauvet, R.: *Tratamiento de las tensiones y conflictos sociales en la Empresa*, Madrid, Tecnos, 1977.
Gelinier, O.: *Estrategia social de la Empresa*, Madrid, APD, 1987.
Genescá, E.: *Motivación y enriquecimiento del trabajo*, Barcelona, Hispano Europea, 1977.
Hans, F.: *La moderna dirección de personal*, Madrid, Ibérico Europea Ediciones, 1976.
Harris (Jr.), O.J.: *Administración de recursos humanos*, México, Limusa, 1980.
Hirsch, S. y Kummerov, J.: *Cómo soy en realidad (y cómo son los demás)*, Barcelona y Buenos Aires, Paidós, 1990.
Karson, S. y O'Dell, J.W. : *16-PF: guía para su uso clínico*, Madrid, TEA Ediciones, 5ª ed. 1995.
Kressler, H.W.: *La dirección de personal en la nueva Europa*, AEDIPE, Deusto, 1995.
Leavitt, H.J.: *Managerial Psychology*, Chicago, Londres, 1978.
Lester, C.: *Inversión en capital humano*, México, Trillas, 1978.
Myers, Isabel Briggs y McCaulley, Mary H.: *Manual for the Myers-Briggs Type Indicator: A guide to the Development and use of the MBTI*, Palo Alto, California, Consulting Psychologists Press, 1985.
Ouchi, W.: *Teoría Z (Cómo pueden las empresas hacer frente al desafío japonés)*, México, Fondo Educativo Interamericano, 1982.
Peña Baztán, M.: *Dirección de personal. Organización y Técnicas*, Barcelona, Hispano Europea, 1982.

Recio, E. M.: *La planificación de los recursos humanos en la Empresa*, Barcelona, Hispano Europea, 1980.
Seisdedos, N.: *16-PF: monografía técnica*, Madrid, TEA Ediciones, 1992.
Sikula, A. F.: *Administración de Personal*, México, Limusa, 1979.
Strauss, G. y Sayles, L.R.: *Personal, Madrid*, Prentice. Hall Internacional, Dossat, 1981.
Werther (Jr.), W.B. y Davis, K.: *Dirección de personal y Recursos Humanos*, México, McGraw-Hill, 1982.
Varios Autores: *Formación, Perfeccionamiento, Asesoramiento de la Dirección Empresarial*, Madrid, Fundación Universidad-Empresa, 1977.